一 兰州大学教材建设基金资助

公共部门人力资源管理：
理论、方法与实践

GONGGONGBUMEN RENLIZIYUAN GUANLI:
LILUN、FANGFA YU SHIJIAN

郭晟豪　编著

兰州大学出版社
LANZHOU UNIVERSITY PRESS

图书在版编目（CIP）数据

公共部门人力资源管理 ：理论、方法与实践 / 郭晟
豪编著. -- 兰州 ： 兰州大学出版社，2024. 5. -- ISBN
978-7-311-06663-5

Ⅰ．D035.2

中国国家版本馆 CIP 数据核字第 2024HB6536 号

责任编辑　陈红升
封面设计　汪如祥

书　　　名　公共部门人力资源管理:理论、方法与实践
作　　　者　郭晟豪　编著
出版发行　兰州大学出版社　（地址:兰州市天水南路222号　730000）
电　　　话　0931-8912613(总编办公室)　0931-8617156(营销中心)
网　　　址　http://press.lzu.edu.cn
电子信箱　press@lzu.edu.cn
印　　　刷　西安日报社印务中心
开　　　本　710 mm×1020 mm　1/16
印　　　张　18.75(插页2)
字　　　数　337千
版　　　次　2024年5月第1版
印　　　次　2024年5月第1次印刷
书　　　号　ISBN 978-7-311-06663-5
定　　　价　78.00元

（图书若有破损、缺页、掉页,可随时与本社联系）

前　言

党的二十大提出的"实施科教兴国战略，强化现代化建设人才支撑"，再次强调了教育、科技、人才作为全面建设社会主义现代化国家的基础性、战略性支撑的重要意义。在以中国式现代化全面推进中华民族伟大复兴的进程中，人才是第一资源，是推动党和人民事业发展的核心力量。新时代，建设堪当民族复兴重任的高素质公共部门人才队伍，既是我国发展中国特色社会主义的重要保障，也是全面建设社会主义现代化国家的关键基础。

本书的核心目标是期望建立一个从理论到方法再到实践的系统教学框架，致力于为公共管理专业的本科生、研究生、MPA（公共管理硕士）以及从事公共部门工作的专业人士提供一个理论与实践并重的全面学习资料。

本书具有以下五个特色：

一是，注重理论教学。本书每章设置的公共部门人力资源管理的理论内容，可以帮助读者构建扎实的理论知识框架，为读者开展公共部门人力资源管理实践提供理论支撑。

二是，注重实践应用。本书各篇章中加入我国公共部门真实的管理案例以及实际问题，鼓励读者将理论知识应用于实践，强化学习的针对性。

三是，注重培养读者的批判性思维。本书通过引导读者对公共部门人力资源管理实践案例的深入思辨，帮助他们批判性地评估和学习各种人力资源管理理论与方法，提升他们在公共部门相关领域的实践技能。

四是，注重思政教育。本书着重强调"四个自信"的教育，通过引入中国经典人力资源管理案例和中国特色社会主义思政教育，深化读者对新时代中国特色社会主义核心价值观的理解。

五是，专注公共部门特色。本书专注于公共部门的具体情境，选取的案例全部为我国公共部门的实践案例，旨在为读者提供专业知识和技能，满足公共部门人力资源管理教育和实践的需求。

本书能够编撰成书，首先要感谢公共部门人力资源管理领域先行者和权威专家们的多年积累，尤其衷心感谢萧鸣政教授，书中的诸多思想和内容来自萧老师作为我博士生导师的直接教导和他对我潜移默化的影响，他的贡献不仅体现在书中的每一个章节，更渗透在本书的整体构架和核心理念之中。也要感谢兰州大学教材建设基金促成了本书的编写和出版。此外，还要感谢兰州大学管理学院修读课程的学生，尤其是我的MPA学生们，他们在公共部门实际工作中的见识、反馈和总结是这本书编纂过程中的关键养分。

希望本书不仅是我国公共部门人力资源管理领域的一份重要参考资料，也可以成为一本引领读者探索与成长的指南。

郭晟豪

2024年3月

目　录

第一部分　理论基础篇

第二部分 方法技术篇

第三部分　实践探索篇

第一部分

理论基础篇

第一章 导论

【学习要点】

1. 公共部门的特征。
2. 公共部门人力资源管理的概念与特征。
3. 公共部门人力资源管理的价值与思想。
4. 公共部门人力资源管理的目标、任务与方法。

【引入案例】

2024年国家公务员考试（简称"国考"）报名人数高达291万，再次创下历史新高，可见公务员考试热度仍然不减。特别值得注意的是，此次国考报考人数与计划录用人数之比约为77∶1，表明了公务员职位的高竞争性。以大四学生小戴为例，她选择报考国家税务总局江西某县税务局的一级行政执法员职位。小戴坦言，她选择考公务员主要是出于对稳定工作的追求，以及满足父母的期望。她的选择并非仅基于对待遇或生活成本的考量，还出于对未来人生稳定性的渴望。

从国家的角度看，选拔优秀人才进入国家公务员队伍对于提升国家治理体系和治理能力的现代化至关重要。对于大学生而言，成为公务员不仅是实现个人职业发展的途径，也是参与国家建设和服务人民的机会。小戴认为，公务员是连接政府与群众的一线联络员，对于像她这样缺乏社会经验的年轻人来说，更是一份生活的养料，能够帮助她更深入地了解社会，提升解决实际问题的能力。

然而，公务员职位的吸引力也带来了一些问题。一方面，许多考生对于公务员岗位的职责了解不足，他们关注更多的是工作条件和环境。这导致了岗位竞争比例的严重不平衡，一些岗位应聘者众多，而另一些岗位则鲜有人问津。另一方面，报考者对东西部地区的偏好不均，大城市的岗位竞争激烈，而偏远地区则相对冷清。这种现象在一定程度上反映了部分大学生对公务员职位的功利主义思想。

考公务员热的背后，还隐藏着盲目追随的风险。由于缺乏对公务员工作的真正认识，一些青年可能对公务员岗位抱有不切实际的幻想。这种心理预设与实际工作的差距，导致他们难以适应工作环境，进而在工作中表现不佳。可见，成为公务员并非适合所有人的最佳职业选择。面对这种情况，大学生在决定是否报考公务员时应更加慎重。与此同时，公共部门在招聘和培养年轻人才时，也应考虑如何更好地引导和回应他们对于加入公共部门的热情。

思考与讨论：

　　1. 你认为报考公务员热是如何形成的？

　　2. 在你的认识中，公共部门的工作是怎样的？

　　3. 公共部门应当用何种人力资源战略和政策来回应青年的热情？

公共部门的组织研究包括公共部门的本质、结构、设计方法，组织过程或行为，组织环境以及组织变革与发展等组织问题。其中，所涉及的公共部门人力资源管理占据主导位置。作为推动公共部门高效运作的关键因素，人力资源管理包括如何招聘、培养、激励以及留住从事公共服务的关键人才等。公共部门人力资源管理的特殊之处在于它必须同时满足公共利益的要求和政府政策的约束，同时还要应对来自社会多样化和技术变革的挑战。这不仅需要专业的知识和技能，还需要深刻理解公共部门的特殊性和复杂性。因此，公共部门人力资源管理便成了一门不可或缺的独立学科，它对于确保公共部门能够有效地满足公共需求和应对未来挑战至关重要。为了引导青年学生正确认识与运用人力资源管理，本章首先对公共部门进行简要介绍，继而就什么是人力资源、什么是人力资源管理以及战略性人力资源管理理论、人力资源管理在公共部门的价值与作用、公共部门人力资源管理系统的内容等问题进行探讨。

第一节　公共部门的特征

公共部门是公共部门人力资源管理的实践土壤，本节将着重介绍公共部门的特征，通过对公共部门的了解，我们可以更好地理解公共部门是如何通过有效的人力资源管理，不断提升其服务效能和公共价值的。

一、认识公共部门

　　公共部门在现代社会架构中占据了一个既重要又独特的位置，尤其当与私营部门相比较时，其特性尤为显著。区分公共部门与其他形式的部门，特别是私人部门，通常会依赖于各种标准，目的是为公共部门找到一个恰当的定义。其中最根本的标准是所谓的"边界问题"，涉及对"公共"与"私人"这两个概念的区别，用以区分哪些部门属于公共部门、哪些部门属于私人部门或两者的混合体，以及这些部门如何实现自己的组织目标。

　　"公共"（public）与"私人"（private）通常是相对的。"公共"通常指属于大众、公众或与某民族、国家内的人民相关的事务；而"私人"则指涉及个人或私人事务，与公共或政府事务相分离。"公共"与"私人"之间的区别可以从三个方面来划分：受影响的利益属于团体还是个人，服务、信息和资源来源于个人还是社会，以及组织是为个体服务还是为整个社会服务[①]。沃尔多总结了"公共"的多方面含义：从国家、政府角度看，它涉及主权、合法性、福利等问题；从经验层次上，即从公共职能和其活动范围来定义，以及从政府执行活动或职能的角度来分析[②]，"公共"作为"私人"的对立概念，表示的是国家、政府及其他公共部门的职能和活动范围，与大多数人的利益相关，涉及广泛的社会公众参与的事务领域。

　　由于"公共"和"私人"之间的差异，对公共部门和私人组织的区分也存在多种标准。基于"公共"与"私人"的差异，社会学家常将社会活动分为公域、私域和第三域，对应着政治活动领域、经济活动领域和社会活动领域。这种分类方式也将社会中的部门划分为三类：在政治活动领域主要是公共部门或政府组织（第一部门）；在经济活动领域主要是营利部门或私人组织（第二部门）；在社会活动领域主要是非营利性组织（第三部门）。第一部门负责宏观调控和制定重大政策；第二部门追求营利，致力于生产、运输、贸易等经济活动；第三部门则由非政府且非营利组织构成，广义的公共部门也包含了第三部门。

---

　　① BENN S I, GAUS G F. Public and private in social life[M]. New York: St. Martin's Press; London: Croom Helm, 1983.

　　② WALDO D. The Administrative State: A Study of the Political Theory of American Public Administration[M]. New York: Ronald Press Co, 1948.

公共部门的基本特征可以概括为六个方面：一是公共部门以追求公共利益为价值取向；二是公共部门的活动受法律规制并具有强制性；三是公共部门受到高度的公共监督；四是公共部门具有明显的政治性；五是公共部门的目标大多不易衡量；六是公共部门具有独占性或非竞争性。表1-1介绍了公共部门、第三部门、私人组织三者的差异。

表1-1　公共部门、第三部门、私人组织三者的差异

因素		部门		
		公共部门	第三部门	私人组织
环境	市场	市场由监督机构构成	市场由监督机构和委托人的购买行为构成	人们的购买行为决定了市场
		提供同一服务的组织相互合作	相互默认或谈判而达成各自只为某一特定市场领域提供服务的协议	为提供某项服务相互竞争
		资金来源依赖预算拨款(免费服务)	资金来源既依赖预算拨款，又依赖服务收费和税金	资金来源依赖收费
		缺乏数据	合作以提供数据并且共享数据	数据充分可用
		市场信号弱	有的市场信号清晰,有的模糊	市场信号清晰
	制约	指令和义务限制了自主权和灵活性	签约限制了自主权和灵活性(例如,医院的医生,表演艺术中心的用户)	自主权和灵活性只受到法律和内部多数人意见的限制
	政治影响	需要缓冲装置以应对外部影响和帮助谈判	需要缓冲装置以应对签约方	政治影响被当作例外处理,没有特别的安排
		政治影响源于权威网络和用户	政治影响源于权威网络和签约方	政治影响是间接的

续表1-1

因素		部门		
		公共部门	第三部门	私人组织
环境	强制力	人们必须资助和消费组织的服务	对服务的资助和使用依赖于对此做出规定的合同及安排	消费是自愿的,依据所用情况付费
	影响范围	具有较大社会影响的大范围问题	协议的指令限制了社会关注的范围,不受立法干预	具有较小社会影响的窄范围的关注
交易		不能将计划保密或暗地里制订计划	定期检查计划及其活动,并将此作为一项任务	可以隐蔽地制订计划并将计划保密
	公众审查	公民经常以所有者身份向组织活动及其执行提出期望和要求	所有权属于促进了他们利益的使用者(如医院的医生)	所有权属于股东,他们的利益可以用财务指标来衡量
	所有权	无所不在的利益相关者	许多利益相关者	除了股东外,几乎没有利益相关者
组织程序	目标	长期和短期目标不断变化、复杂、相互冲突且难以界定	多重长期目标,很难将它们按照优先顺序排列,使得短期目标不清	清楚的、大家认同的目标
		最关注公平	既关注公平,又关注效率	最关注效率
	权力限制	执行依不受权威领导控制的利益相关者而定	执行依赖于获得关键的签约方(如医院的医生)的同意	执行被授权给有权利行动的权威人物
		政府控制下的机构管理	权威结构下的机构管理	基本不受外界影响的机构管理
		公共行动所带来的限制	传统所带来的限制	没有限制

续表1-1

因素		部门		
		公共部门	第三部门	私人组织
组织程序	权力限制 绩效期望	模糊并处于不断变化中，随选举和政治任命的变化而变化	有共同的看法出现之前，对紧迫感有多种解释	清楚，在长时间内稳定不变，因而使人产生紧迫感
	激励	稳定的工作、赞同、任务和角色	专业标准创造了对工作的期望值	金钱

转引自：陈振明.公共管理学原理[M].3版.北京：中国人民大学出版社，2017.

二、公共部门的组织结构

组织结构在实现组织目标中扮演着重要的角色。结构是组织的骨架，通过工作分工的几何图式和层级排列来体现。组织结构不仅对组织的过程和行为有显著影响，还直接影响组织的效率。换言之，一个结构不合理的组织很难达到高效运作。公共部门的组织结构可以被视为其构成要素之间的互动模式，其中每个要素主要通过两种方式进行互动：横向和纵向。公共部门组织结构的复杂性也源于其中的多样性，具体表现为横向和纵向的差异。

公共部门组织结构的横向结构差异，反映在组织成员的教育、培训、专业方向、技能以及工作性质和任务等的不同上，导致部门或单位间存在显著差异。这些差异和组织活动的复杂性促成了公共部门组织结构的部门化和专业化发展。部门化，由古利克和厄威克提出，指的是根据工作性质划分部门，使每个部门都有明确的职责和权限。专业化则是将总任务分解为更小的相互关联的部分，形成专业化系统或部门。在复杂的组织中，部门化和专业化是必然趋势，二者相互依赖，共同影响组织结构的横向复杂性。

公共部门组织结构的纵向差异关系到管理层级的数量及其之间的区别，即管理层次和管理幅度。管理层次是组织内部纵向等级的划分，通常包括高层（决策）、中层（协调）和基层（执行）。管理幅度则指单个管理者能有效管理的下属数量，是衡量管理复杂性的关键。管理层次多，则管理幅度小，形成"尖形结构"，特点是权力集中但信息传递可能失真。管理层次少，管理幅度大的"扁形结构"则传递信息迅速，下属有更大自主权，但组织可能较为松散。因此，理想的组织结构设计旨在结合这两种结构的优点，取长补短。

随着对公共部门的了解不断深入，多种组织结构形式应运而生，其中大部分都是基于"科层组织"发展而来的。科层组织作为现代组织结构的主流形态，已成为组织设计的核心。图1-1为公共部门的几种组织结构模式。

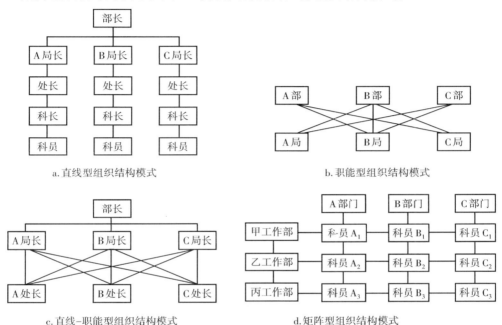

a.直线型组织结构模式 b.职能型组织结构模式

c.直线-职能型组织结构模式 d.矩阵型组织结构模式

图1-1 公共部门的几种结构模式

直线型组织结构以单一垂直管理为主，简化了组织框架，确保了领导层次的清晰，每个层级仅有一个直接上级，不与其他层级发生指令关系。这种结构的优势在于信息传递快速，但可能限制了基层的自主性，且固定的工作程序容易造成僵化。通常适用于规模较小、任务简单的公共组织。

职能型组织结构则是根据各部门不同职能在水平方向上进行的分工，各部门对不同下级部门负责，提高了管理的复杂性和灵活性，适合复杂的管理任务。然而，多头领导可能导致混乱和缺乏协调。

直线-职能型组织结构融合了上述两种结构，强化了层级间的协调，虽然有助于决策的科学性和民主化，但也可能产生垂直与水平领导间的冲突，使组织关系更加复杂。

矩阵型组织结构以完成特定任务为核心，结合了垂直和水平领导层级，促进了组织成员的综合利用和效率提升。这种结构适应性强，特别适合大型公共组织和行政机构。与其相似的旁系组织则是从常规科层中抽调人员，形成负责特定任务的组织，成员同时参与本职和旁系任务，政府的临时办公机构、协调小组等通常采用这种结构。

由于这些组织结构的复杂性，公共部门的人力资源管理显得尤为关键。人力资源管理不仅需要确保员工在不同组织结构中有效协作，还要保证信息流通顺畅，冲突及时解决，进而实现组织目标。高效的人力资源管理能够提高员工的工作满意度，增强组织内的创新和适应能力，同时确保组织策略和运营的高效性。随着组织规模的扩大和任务的复杂化，人力资源管理的作用愈发重要，成为组织发展不可或缺的一环。正确的人力资源策略不仅有助于吸引和保留优秀人才，还能够提升整个组织的绩效和市场竞争力。因此，公共部门必须不断优化人力资源管理，以应对不断变化的组织结构和工作环境。

第二节　公共部门人力资源管理概述

在公共部门存在着诸多制约人力资源管理规范化建设的因素，影响着公职人员工作效率的提高。为了正确认识与运用人力资源管理，本节主要就人力资源的概念及特点、公共部门人力资源管理的概念及特点进行探讨。

一、人力资源的概念及特点

（一）人力资源概念的形成与发展

人力资源是人力资源管理的对象，是对人的劳动能力以及劳动价值的一种判断标准，该判断标准的关键在于"资源"二字，这意味着人们关注到人力本身是可以管理的。人力资源主要是对人的劳动能力及其劳动价值在财富或者产品中作出贡献的一种经济学观点，后来发展成为一种资源管理学观点。在国外有关人力资源思想出现的时间可以追溯到20世纪90年代。第二次世界大战之后，经济的蓬勃发展、日益激烈的国际竞争、马歇尔计划的实施、"经济之谜"的解决等使经济学家们将关注重点转向人力因素，并使人们逐渐认识到人力资源的重要性。"人力资源"这一概念最初在约翰·科蒙斯的著作《产业信誉》（1919）与《产业政府》（1921）中被使用，在舒尔茨、库兹涅茨与E.丹尼森提出人力资本理论之后，随着MBA与MPA专业的出现及其教育的普及，人力资源概念开始被社会普遍接受。

　　尽管人力资源管理的概念起源于20世纪早期的西方，但直到20世纪90年代，随着全球经济一体化和市场化的推进，这一概念才在中国逐渐形成和发展。它的兴起与中国经济改革开放政策的实施有着密切的关系，特别是国有企业的改革和外资企业的引入，为人力资源管理理念的引进和本土化提供了土壤。20世纪90年代，随着MBA等管理教育的引入和普及，人力资源管理成为中国高等教育和企业管理实践中的一个重要领域。许多国内顶尖学府如北京大学和清华大学等开始开展MBA教育，并将人力资源管理作为核心课程，这标志着人力资源管理的教育和专业化在中国的确立。1988—1998年的高等教育专业目录调整中，国务院学位办把人事管理（人力资源管理）先后从政治学领域调整到行政管理学和企业管理学领域，实现了人力资源概念的实质性变革与发展。未来，高新技术产业和知识经济的发展将不断推动人力资源概念在我国更加深入地普及与发展，助力中国经济的蓬勃发展与中华民族的伟大复兴。

　　最初，人力资源管理主要集中在企业层面，涉及招聘、培训、薪酬等基本功能。但进入21世纪，随着公共行政和服务的改革，人力资源的概念已经扩展到了公共部门和政府机构。这种转变反映了一个更广泛的视角——每个人都是"人力资源"，每个人都具有为社会作出贡献的潜力。2000年之后，人力资源管理开始从企业界扩展到更广泛的领域，其中包括政府机构和非营利组织。在这个阶段，人力资源管理不再仅仅是企业的内部事务，而且是国家宏观管理和战略的重要组成部分。这一转变体现了人力资源在社会发展中的重要性，强调了培养、利用和管理人才对国家未来发展的关键作用。随着知识经济和高科技产业的崛起，人力资源在中国的重要性将持续增长。未来的人力资源管理将更加重视员工的知识、技能和创新能力，同时也会关注员工的个人发展和职业生涯规划。在这个过程中，人力资源管理的功能将从履行传统的管理职能转变为对员工的管理和培养并重，为中国经济的持续增长和社会的全面进步做出更大贡献。

　　总的来说，中国的人力资源概念经历了从引入到本土化，再到深化和全面化的过程，这反映了国家在全球化背景下对人力资本价值认识的提升和管理理念的不断进步。这一概念的演变和发展不仅影响了企业和组织的管理模式，也对中国的社会经济发展产生着深远影响。

　　关于人力资源的解释，有三种比较有代表性的观点："成年人口观"认为人力资源是16岁以上的具有劳动能力的全部人口；"在岗人员观"认为人力资源是目前正在从事社会劳动的全部人员，强调"正在"的状态，更加关注人的主观能动性，相较"成年人口观"具有更为积极的意义；"人员素质观"则由个体观转变为素质观、由人员观转变为人力观，认为人力资源是劳动生产过程中可以直接投入的体力、脑力和心力的总和，强调人的活力、知识和技能。

上述三种观点支配了我国不同时期的人力资源管理实践。"人员素质观"是我们现在所关注的人力资源观点，强调人力资源包括技能与知识、体力与脑力，并且用于生产或服务。按照这种观点，人力资源管理是一个系统的，对员工的培养、促进、改进与作用发挥等的综合过程。

（二）人力资源的特点

总体来说，人力资源与其他资源相比，具有灵活和不可捉摸的特点，因为个体都有其独特性。在人力资源的众多特点中，需要特别注意的是增值性、稀缺性和难以模仿性。

1.增值性：卓越的产品质量或低廉的生产成本带来的优势所具有的增值性均由人力资源创造。人力资源管理实践也可以创造或增加组织价值，其具体途径如下：人力资源管理实践→以个人为中心的结果→以组织为中心的结果→实现成本领先和产品分化，进而创造价值。

2.稀缺性：人力资源的稀缺性有两种：一种是显性稀缺，即一定时期内劳动力市场上严重缺乏具有某一特定能力的人才，导致组织间互相争夺稀缺人才；另一种是隐性稀缺，即由于人力资源某种特性行为所表现的非均质分布，其稀缺价值难以用市场化标准评估，且必须依赖于组织的培训与开发，导致不同组织在人才开发与管理方面的差异，而造成的人力资源稀缺。

3.难以模仿性：这是组织可持续发展更为重要的影响因素。首先，组织外的竞争者很难像分析机器设备一样去洞悉组织内部人力资源的能力及作用。其次，组织中人力资源的形成取决于组织独特的发展历史、组织价值标准和文化氛围，竞争者倘若全盘复制，必然会与原有公司文化和人际关系发生冲突。因而人力资源是组织的核心竞争力之一。

上述三个特点决定了人力资源不应该被视为组织的成本，而应被视为能够为组织带来价值增值及持久竞争优势的战略性资产。因此，有两个重点必须贯穿公共部门人力资源始终：一是开发思想，二是战略思维。也即人力资源管理必须服务于组织战略。

经典理论——组织复杂性理论

组织复杂性理论是一种用于研究组织在动态非线性的复杂环境中如何制定

战略、适应变化、创造价值的理论。该理论认为，组织是一种复杂系统，由不同的元素、层次和关系构成，具有自组织性、自适应性、自相似性、自组织临界态、动态性、不可预测性、突现性、新生性、多层性等特征。组织复杂性来源于组织内外部的多样性、相互关联性、模糊性和快速变化性[①]。

该理论从结构视角、行为视角和认知视角来界定组织复杂性，并分析了从本体论视角向认识论视角的转变过程。该理论指出，组织复杂性对组织绩效有双刃剑效应，即既有积极作用，也有消极作用。该理论还发现，组织复杂性与组织绩效之间存在曲线关系，即在过高或过低的组织复杂性之间有可能存在最优组织复杂性状态[②]。

组织复杂性理论提出了一些核心问题和策略，比如，如何在组织内外部建立平衡的复杂性，如何发挥组织复杂性与环境复杂性的匹配效应，如何利用复杂性创造竞争优势等[③]。

（三）人力资源与人力资本的关系

在常见的三种人力资源的解释中，人力资源与人力资本在成年人口观与在岗人员观中具有显著区别，但在人员素质观中容易产生混淆，需要加以区分。

在语义方面，"人力资本"更多地强调人力的经济性、依据性、功用性与利益性，而"人力资源"则更多地强调人力的基础性、物理性和来源性等特点。在能力方面，二者在内容与形式方面具有相似之处，但在内涵与本质方面具有显著区别。人力资本是针对经济增值、经济贡献与收益分配来说的，是劳动者作为自己拥有的无形资产投入生产经营活动，并以此索取一定的劳动报酬与经济利益，即由因索果；而人力资源是针对经济管理、经济运营来说的，是劳动者作为自己拥有的能力基础而投入劳动生产过程中，并以此产生出一定的工作能力，创造出一定的工作成果，即由果溯因。虽然同是劳动者身上具备的能力，但作为人力资本，它是一种经济效益分配的依据，是一种经济投资中的股份；而作为人力资源，它是一种经济运营中的力量基础，是一种能够创造经济效益的工具。除此之外，人力资本和人力资源两者概念上的区别还表现在以下三个

---

① ANDERSON P.Complexity theory and organization science[J].Organization Science,1999,10(3):216-232.

② ASHMOS D P,DUCHON D,MCDANIEL R R,JR.Organizational responses to complexity:the effect on organizational performance[J].Journal of Organizational Change Management,2000,13(6):577-594.

③ 吕鸿江,刘洪,程明.最优组织复杂性理论探析[J].外国经济与管理,2008,10:59-65.

方面。

1.不同的研究视角和关注焦点。人力资本是从投入与产出的角度来研究人力在效益和经济增长中的作用，关注的焦点是收益问题（即投资是否划算以及收益率的高低）。人力资源是从人的潜能（包括体力的和智力的）与财富之间的关系角度来研究人力问题，是从更广泛意义上对人力问题的研究。

2.不同的计量形式。人力资源是存量概念，而人力资本则兼具存量和流量概念的特点。人力资源（劳动力资源）指一定时间、空间内劳动力人口所具有的现实的和潜在的体力、智力、技能和品性素质的总和，是劳动力人口质和量的统一，其存量表现为质和量的乘积。就人力资本而言，从生产活动的角度看，人力资本与流量核算相联系，表现为产出量的变化（增加或减少）和劳动者体能的损耗，表现为经验的不断累积（即知识增进）及技能（主要表现为技术熟练程度）的不断增进。从投资活动结果看，人力资本与存量核算相关联，表现为投资活动的沉淀或积累，即知识和健康状况的改善等。

3.不同的概念范畴。人力资源包括自然人力资源和开发后的人力资源，是一个概括性的范畴，可以从开发、配置、管理和收益等角度进行研究；而人力资本指能够投入到经济活动中并带来新价值的资本，是一个反映价值量的概念，一般从投资和收益的角度进行分析。

举例来说，早期的人力资源概念近似于人口资源或劳动力资源的概念，更关注数量，把人本身视为工具，如同一定量的水。将人口资源比作水时，人力资源类似于一口井，突出其可挖掘、可开发的特性。人力资本则类似于井和挖掘机的组合，突出其投资与回报的特性，在投入的前提下才能有更多的产出。因此作为组织管理者，关注的重点应该是人力资源而非人力资本。人力资本主要是经济学家关注的对象。

综上所述，本书认为，人力资源是在一定区域范围内，可以被管理者运用于以产生经济效益和实现管理目标的体力、智力与心力等人力因素的总和及其形成基础，包括知识、技能、能力与品性素质等。我国公共部门对人力资源的理解仍处于前两个阶段，众多人力资源管理者将人力资源的关注点聚焦于体力和智力，忽视了心力的作用。人力资源管理者则应更加注重对人员进行投资，挖掘其潜能，以期为组织带来更多的产出，这种理念正在成为新的趋势。

二、公共部门人力资源管理的概念及特点

（一）公共部门人力资源管理的概念

在公共部门中，人力资源管理的重要性不仅源于部门内部组织结构的复杂性，还与其承担的社会职责和功能紧密相关。公共部门的任务通常涉及广泛的社会福利和公共利益，这就要求其人力资源管理不仅要高效，而且要符合公众的期望和监督。有效的人力资源管理策略包括适应组织结构的变化、优化团队合作、提升员工工作满意度、增强组织创新和适应能力等多个方面。随着公共部门角色和功能的不断演变，人力资源管理在实现公共服务效能和提升公共价值方面扮演着关键角色。

公共部门人力资源管理，从某种程度上说，可视为企业人力资源管理模式在公共领域的扩展与应用。它专注于对公共部门雇员（如政府公务员）和非营利组织员工（包括我国的党政机关、群众团体、中介组织和特定事业单位的工作人员）的全方位管理。这包括从招聘、录用，到培训、晋升、调动、考核、评价，再到工资福利的分配，以及人力资源的需求预测、规划和开发等。其核心目标是激发员工的积极性，提升其工作能力和服务质量。公共部门人力资源管理继承了企业人力资源管理的精神，将人力视为核心资源，并致力于人力资源的优先发展。这一管理理念强调尊重、理解个体，发掘和实现人的潜力和价值，将人事管理视为组织发展战略的一部分。它采用灵活多样的制度和方法，强调人性化、服务式、民主参与式管理，注重公共部门文化的建设，培养员工的合作精神和团队意识。同时，公共部门人力资源管理在管理内容和功能活动上，也与企业人力资源管理有着相似之处。但值得注意的是，公共部门人力资源掌握着公共权力和公共资源配置权，执行国家的法律、法规和政策，服务于全体人民，其行为的过程和结果直接关系到公共部门工作的效能、形象和合法性。为此，公共部门人力资源必须强化责任意识，具备良好的公共精神，将个人和集体的发展与社会的发展相衔接，并且把公众利益置于首位。同时，由于公共部门人力资源所从事的是公共事务，关乎公共利益和社会发展，具有更强的综合性，因此要求公共部门的人力资源具有较强的专业性和管理技能以及较高的知识水平。

（二）公共部门人力资源管理的特点

公共部门人力资源管理与私营部门人力资源管理虽然在许多基本理念、目

标、基本职能以及主要理论与方法上存在共同之处，但也有一些明显的不同点。这些不同主要表现在组织的目标、利益相关者的需求、工作稳定性、政策和法规遵循等方面。了解这些异同有助于我们更好地理解公共部门人力资源管理的特点。

1.公共部门与私营部门人力资源管理的相同点

第一，基本理念相同。公共部门和私营部门在人力资源管理的基本理念上有很多共同之处。两者都认识到员工是实现组织目标的关键资源，因此，都强调通过一系列的管理过程，如招聘、培训、绩效评估等，来提高劳动生产率和工作质量。这种共识构成了人力资源管理在不同组织类型中的基础框架。

第二，管理目标相同。无论是公共部门还是私营部门，人力资源管理的目的都是通过提高员工的工作能力来实现组织和个人的目标。这种目标导向的管理思想促进了组织发展和个人职业成功的双重目标，反映了两种类型的组织在人力资源管理中追求效率和效果的共同愿景。

第三，基本职能相同。在获取、保持、发展、评价和调整员工方面，两种类型的组织都采取了类似的策略和程序。例如，无论是公共部门还是私营部门，都要进行工作分析以确定职位需求，采取招聘措施吸引合适的候选人，通过培训和发展计划提高员工能力，进行绩效评估以及根据需要进行人员调配和晋升。

第四，理论与方法相同。公共部门和私营部门在应用工作分析、人员规划、招聘、培训、绩效管理等方面的主要理论和方法上，存在较多的相似性。这些方法和理论的应用，体现了两种类型的组织都通过系统化的人力资源管理流程来达成组织目标的共同实践。

2.公共部门与私营部门人力资源管理的差异

公共部门和私营部门人力资源管理的差异主要体现在对于相关理论与方法应用的具体方式上，这是由公共部门和私营部门的不同性质、组织活动的不同目标以及对人员素质的不同要求决定的。虽然这些差异并非本质与主流的，但是对于它们的区分认识，有助于提高管理实践中的针对性与有效性。

第一，价值取向差异。公共部门的价值取向更加强调公平和效率，管理者在进行人力资源管理时，需要考虑社会资源的合理分配和政治目标的实现。相比之下，私营部门的价值取向更加注重效率和市场导向，人力资源管理的目标是提高组织的竞争力和市场份额。

第二，服务理念差异。公共部门的服务理念集中在提供公共服务和产品，关注的是社会效益和公共利益。私营部门则以获取利润为核心，关注点在于经济效益和企业成长。

第三，人员素质差异。在人员素质要求上，公共部门强调公共服务意识、政治素养和稳定性，这是因为公共部门的员工需要处理公共事务，面对的是全体公众。私营部门则更看重员工的经营能力、创新能力和市场开拓能力，因为这些能力直接关系到企业的盈利能力和市场竞争力。

第四，绩效考评差异。公共部门的绩效考评体系往往更加复杂，因为它需要反映社会公共效益，涉及的指标不仅包括工作效率和质量，还可能包括服务公众的广度和深度、政策执行的效果等。相反，私营部门的绩效考评相对简单且更加直接，通常以利润和市场份额等经济指标为主要考核内容。这种考评方式直接关系到企业的盈利能力，反映了私营部门对效率和成本控制的高度重视。

第五，收入来源差异。公共部门工资的来源是国家财政，这导致了其工资体系的刚性和稳定性。而私营部门的工资收入来源于企业的利润，这使得私营部门在薪酬体系上具有更高的灵活性和变动性。

第六，管理者差异。公共部门的管理者受到更多的政治因素影响，他们的决策和管理行为不仅要追求组织效率，还要满足政治目标和社会公共利益。这要求公共部门的管理者具有高度的政治敏锐性和公共服务意识，他们的工作往往涉及更广泛的利益相关者和更复杂的利益协调。

第三节　公共部门人力资源管理的实现

本节将深入介绍公共部门人力资源管理的价值、目标、任务、方法及其核心思想，并从哲学角度分析人力资源管理的价值，探讨公共部门人力资源管理的具体目标和任务，分析不同的人性假设对人力资源管理方法的影响，以及如何通过各种管理方法实现这些目标。

一、公共部门人力资源管理的价值

从哲学角度讨论价值时，我们把它看作是客体能够满足主体需求的效益关系。价值虽与需求相连，却不仅仅由需求定义，它根据客观实际，既包含物理意义上的效用，也包括心理意义上的满足。价值具有客观性和普遍性、目的性和指导性、多元性和冲突性等特征，同时又超越这些特征的简单映射，对于个人、各个社会阶层及社会整体的发展具有正面意义。这意味着价值满足了对某些特质的需求，并成为人们思考和行动的指引、追求和关注的焦点。在这个视角下，我们如何理解人力资源管理的价值所在呢？

公共领域中，人力资源管理的重要性体现在其对机构、国家政体及社会作用的关键影响。此处所说的管理，特指人力资源在推动组织发展和管理效能中的关键角色。虽然人力资源管理的职能广泛且分层次，但其核心价值主要集中在以下几个关键方面。

（一）政治功能

政治功能在组织管理中占有核心地位，涵盖了从国家社会层面到具体组织实践的全方位，涉及方针政策、政权结构、政令发展以及行政活动的全过程。人力资源管理的角色在这一框架内显得尤为关键，它影响着组织各层级，从高层领导到基层员工的方方面面。组织方针政策的形成通常是高层管理的责任，而政权和政令的稳定性则大量依赖于中层管理的效能，同时，行政活动的成效不仅取决于中层，也与基层管理的日常决策密切相关。"权力精英"理论在此背景下尤为贴切，该理论强调了少数精英在社会结构中的支配作用，这一点在组织的政策决策中也有所体现。根据这一理论，人力资源的策略性管理对组织的政治稳定和发展具有重要的，甚至是决定性的影响。

公共部门人力资源管理的复杂性不仅体现在对人才的选拔和配置上，还涉及如何塑造和保持一支与组织目标协调一致的团队。西蒙的"有限理性"模型表明，决策者（在本例中特指人力资源管理者）的理性是有限的，因此，需要通过组织内外部的信息收集和处理来做出最优决策[①]。这就要求人力资源部门，无论是在公共领域的组织部、人事部、劳资部，还是在私营部门的教育培训部门，都必须积极主动地承担起维护和促进组织政治稳定的责任。

（二）经济功能

公共部门人力资源管理在组织的经济构成中发挥着至关重要的作用，这一点在其经济功能的体现上尤为明显。它的经济角色主要集中在以下两个方面。

一方面，人力资源管理通过一系列综合性活动，如精准的选拔、有针对性的培训、公正的考评以及激励性的报酬机制，确保组织能够吸引和留住那些可以推动组织经济增长的关键人才。这一过程不仅满足了当前的经济发展需求，

---

① ［美］赫伯特·西蒙.管理行为：管理组织决策过程的研究［M］.杨砾，等，译.北京：北京经济学院出版社，1988.

而且为组织的长远发展奠定了坚实的基础。这种人力资源的优化配置与发展，正是加里·贝克尔所提倡的"人力资本"理论的实际应用。贝克尔强调，员工的知识、技能和经验是一种投资，通过教育和培训可以增强其生产力，从而推动组织和社会的经济增长。

另一方面，人力资源管理本身也是组织经济活动的重要组成部分。它通过有效地减少招聘成本、降低员工流失率、提高员工满意度和工作效率等方式，为组织创造经济价值。例如，精细化的人力资源规划可以预防盲目扩张带来的不必要的成本，通过科学高效的管理可以提高员工的绩效与生产力，而适当的薪酬结构则可以激发员工的积极性，增强他们的忠诚度和对组织的归属感，这些都是经济效益的直接体现。

（三）社会稳定功能

公共部门人力资源管理在维护组织内部稳定方面的作用主要体现在薪酬福利管理和劳资关系协调上。公平和客观的薪酬体系，以及针对员工需求的福利和保障措施，都是确保员工满意度和组织稳定的关键因素。此外，有效的劳资关系管理也有助于预防和解决劳动争议，促进组织和谐，进而实现社会稳定。

（四）其他功能

除了上述功能外，公共部门人力资源管理还有配置资源和提升效能的功能。任何组织都需要明确的目标和任务，以及必要的物力和财力资源，但这些还不足以支撑组织的运作。只有通过合理的人力资源配置，组织的各项资源才能得到充分利用，从而使组织充满活力并有效地实现其目标。同时，通过激励和开发员工的潜力，人力资源管理也能显著提高组织的整体表现和效率。

总的来说，公共部门人力资源管理的价值不仅体现在直接的经济效益和社会稳定上，也体现在它对组织长远发展的影响以及对社会整体稳定和进步的贡献上。有效的人力资源管理策略和实践是任何成功组织不可或缺的核心要素。

二、公共部门人力资源管理的目标与任务

人力资源管理的目标与任务是多维度的，涵盖了管理人员和专门的人力资源部门在整个组织内的活动。这些目标和任务虽然在某些方面有所区别，但主要的共同点可以概括为以下几个核心领域。

（1）满足组织的人力资源需求

确保组织对人力资源的需求得到最大限度的满足，这是人力资源管理的首

要任务。这不仅意味着招募合适的人才以填补空缺职位，还包括通过细致的工作分析和人力资源规划，预测未来的人力需求，并制定相应的招聘和配置策略。有效的需求满足策略要求管理人员和人力资源部门紧密合作，以确保组织能够迅速适应市场变化和业务需求的演进。

（2）促进组织的持续发展

人力资源的开发与管理是促进组织持续发展的关键。这包括了内部和外部的人力资源开发战略，其中，内部人力资源开发战略有自主培养人才战略、定向培养人才战略和鼓励自学成才战略等，比如我国针对公职人员颁布的《干部教育培训工作条例》《全国干部教育培训规划（2023—2027年）》等，就属于公共部门内部的人力资源开发战略，旨在自主培养干部队伍以提高其能力素质。外部人力资源开发战略有引进人才战略、借用人才战略和招聘人才战略等，比如我国党政机关中的人员借调，一般是由上级部门从下级单位借调相关干部以缓解短期内人手不足、人岗不匹配等问题，最终得以实现组织的持续发展。

（3）维护与激励人力资源

维护和激励组织内部的人力资源，是实现人力资本最大化的重要环节。这包括建立公正的评价体系、提供有竞争力的薪酬福利、制定有效的员工发展计划以及创建积极健康的工作环境。通过这些措施，可以激发员工的潜力，促使他们为组织的目标而努力工作。此外，识别并培养潜在的领导者，对于确保组织的长期成功和可持续发展至关重要。人力资源管理的这一方面，旨在通过提升员工的职业满意度和忠诚度，来增强整个组织的凝聚力和竞争力。

通过以上三个方面的全面实施，人力资源管理不仅可以帮助组织满足当前的人力需求，还可以为应对未来的挑战做好准备，同时保持员工的积极性和创造力。这种综合性的管理策略，使得人力资源成为组织最宝贵的资产之一，为组织实现长期目标和持续发展提供了坚实的基础。

在公共部门，人力资源管理承担着关键角色，它不仅关注填补当前职位空缺，更致力于构建一个能够适应社会变革和发展需求的多层次人才体系。这一过程涉及一系列专业化和系统化的管理活动，旨在优化人才结构，促进公共服务效率和质量的提升。以下是对前述任务的进一步扩展和专业化解读。

（1）人力资源规划。在人力资源规划环节，公共部门人力资源管理者须深入理解组织的长期愿景和即时目标，将这些目标转化为具体的人力资源策略和行动计划。这包括对未来人力需求的预测、人才盘点以及人力资源配置的优化。专业化的规划还涉及使用先进的数据分析技术，如人工智能和大数据分析，来提高规划的准确性和效率。

（2）工作分析。在岗位和人员分析方面，不仅要进行表面的匹配分析，还要深入挖掘岗位的核心能力需求与员工的潜在能力。通过职业发展路径规划、能力模型构建和绩效数据分析，人力资源部门能更准确地识别组织的关键人才需求和员工的成长潜力，从而实现更为精准的人岗匹配。

（3）人力资源配置。人员配置不应被视为一次性活动，而是一个持续的动态过程。随着组织目标的变化和个人能力的发展，人力资源部门需要定期重新评估人员配置，通过晋升、转岗、培训等手段不断优化人力资源结构。这要求人力资源管理专业人员不仅要具备良好的判断力，还需要掌握人才发展和组织变革管理的专业知识。

（4）人才招聘。在招聘环节，除了传统的广告发布和人才搜索外，公共部门人力资源管理者还应探索多样化的招聘渠道和方法，如社交媒体招聘、校园招聘、人才储备计划等。同时，引入科技工具进行人才筛选和评估，确保招聘过程的公平性、高效性和战略性。

（5）人才维护。人才维护不仅关注于物质激励，更重视精神激励和职业成长支持。建立全面的员工关怀计划，如员工的健康计划、心理咨询服务、职业生涯规划支持等，可以提升员工的归属感和满意度，从而降低人才流失率。

（6）人力资源开发。人才开发的核心在于激发员工的潜能，支持其持续成长和创新。公共部门人力资源管理者应制定个性化的人才培训和发展计划，鼓励员工参与跨部门项目、领导力培训和创新工作坊等，以促进其技能提升和视野拓展。同时，通过建立知识共享平台和学习社区，促进组织内部的知识流动和创新氛围。

三、公共部门人力资源管理的思想

20世纪30年代开始，人本主义观点开始影响公共管理领域，对原本的行政理性模式提出了挑战。这种观点认为，个人可以被看作是社会发展过程中的积极参与者，人的需要、意图和自我价值在决定人类事务的过程中发挥着主要作用。以下详述了四大人性假设及其对人力资源管理的影响。

（一）经济人假设

经济人假设（economic man）是经济学中的一个理论假设。这一理论源自科学管理之父泰勒的观点，后被麦格雷戈的X理论进一步总结。经济人假设指的是一个总是理性的、自我中心的、利己主义的个体在追求个人利益最大化时会权衡成本与收益。这是对人性的一种早期的、传统的认识。

经济人会获取并正确处理有关其选择的信息，做出理性决策，以实现其目标或需求的最大满足。经济人的动机被认为是追求个人利益或效用最大化，不考虑社会利益或他人的福利。这种假设通常假定个体在做决策时，能够获得所有相关的信息，并且理解这些信息。这意味着个体能够预见所有可能的结果及其相应的概率。经济人假设认为，个体的偏好是稳定且一致的，不会随意或随情境的改变而改变。

（二）社会人假设

梅奥基于霍桑实验提出了社会人假设（social man）。社会人假设是对经济人假设的一种反应和补充，它更多地考虑了人类行为的社会和情感方面。这个概念最初源于组织行为和管理领域，特别是在对人类工作动机和行为的研究中得到了发展。它认识到人们不仅仅是被个人经济利益所驱动的理性决策者。

与经济人假设不同，社会人假设强调人们有社会需求，如归属感、认同感、社交和尊重。这些需求在工作场所和其他社会结构中是非常重要的，它们影响着个人的行为和动机。社会人假设认识到人类决策受到情感、偏见、传统和价值观的影响。人们不总是进行理性的成本-收益分析，也可能基于同情、友谊或道德原则来行动。人们通常是在团体中工作和生活的，他们的行为会受到团体规范、角色期望和社会压力的影响。社会人会考虑团体的利益，甚至可能将团体利益置于个人利益之上。社会人假设强调合作的重要性。在许多情况下，通过合作，个人和团体能够实现更大的共同利益，这可能优于单纯的个人竞争所获得的收益。

霍桑实验

霍桑实验（Hawthorne experiments）是一系列的社会科学实验，主要指1924年至1932年间，在美国伊利诺伊州的西部电气公司霍桑工厂进行的实验。这些实验旨在研究工人的生产效率与工作环境之间的关系，包括工作条件、工作时间，以及休息时间等因素。实验最著名的部分是照明实验和继电器装配测试室研究。

照明实验探索了工作场所照明水平对工人生产率的影响，结果表明生产率的变化与预期的情绪反应有关，而不仅仅是物理的工作环境改善。继电器装配测试室研究则更加深入，研究者选择了一群女工，并改变了她们的工作条件，包括休息时间、工作时长、薪酬等。有趣的是，无论条件改善还是变差，女工的生产率都有所提高。这导致了"霍桑效应"的提出，即人们知道自己被观察时，其行为可能会发生变化。

霍桑实验的结果对工业管理和组织心理学产生了深远的影响，它揭示了工人的社会需求和工作满意度对生产率的重要性，以及对管理实践的改变。这些发现促进了人际关系在工作场所管理中的重视，为后来的人本管理理论奠定了基础。

（三）自我实现人假设

自我实现人假设（self-actualizing man）是一个相对于"经济人假设"和"社会人假设"更进一步的心理和管理理论，它基于人类的需求层次理论，特别是强调个人成长、个性发展和潜能实现的重要性。这个概念最早由心理学家亚伯拉罕·马斯洛提出，他的需求层次理论强调，在基本的生理和安全需求得到满足后，人类有一种自然倾向，追求更高层次的心理需求，最终达到自我实现。

该假设认为自我实现的个体不仅仅寻求基本需求的满足，他们有内在的成长动力，推动他们发展个人潜力，实现自我完善。这样的个体愿意尝试新事物，接受新观念，并且具有解决问题的创造性。他们对自我和世界的认知不受固有偏见或恐惧的限制。自我实现的个体不太可能受外在奖励或社会压力的驱使，其动机更多来自内心，去追求个人价值和满足感。他们往往有明确的人生目标或使命，这些目标通常与个人成长、帮助他人或对社会作出贡献等积极目标相关。

（四）复杂人假设

复杂人（complex man）即权变人，"复杂人假设"是对上述所有假设的一种综合和扩展，它认识到人类在不同情境下的行为和动机是多维、复杂和多变的。这个理论超越了单一的、固定的行为模式（如只追求个人利益的"经济人"，或只追求社会接受和归属感的"社会人"，或是完全专注于个人成长和自我实现的"自我实现人"），而尝试整合不同的行为和动机因素。

这种观点是20世纪60年代末70年代初由薛恩提出的一种体现权变思想的人性观。该假设认为人的行为模式因个体、环境和情境的不同而具有多样性。这种观点强调，没有统一的管理策略适用于所有人，因为人的需求、动机和期望都在不断变化。因此，管理者需要采取更灵活、个性化的管理方法，以适应员工不断变化的需求。

中国经典人力资源管理案例——秦昭王五跪得范睢

引才纳贤是国家强盛的根本，而人才，尤其是高才，并不那么容易得到。

秦昭王雄心勃勃，在引才纳贤方面显示了非凡的气度。范睢原为一隐士，熟知兵法，颇有远略。秦昭王驱车前往拜访范睢，跪而请教："请先生教我！"但范睢支支吾吾，欲言又止。于是，秦昭王"第二次跪地请教"，且更加恭敬，范睢仍不语。秦昭王又跪，说："先生不幸教寡人耶？"这第三跪打动了范睢，道出自己不愿进言的重重顾虑。秦昭王听后第四次下跪，说道："先生不要有什么顾虑，更不要对我怀有疑虑，我是真心向您请教。"范睢还是不放心，就试探道："大王用计也有失败的时候。"秦昭王对此责问没有发怒，领悟到范睢可能要进言了，于是，跪下说："我愿意听先生说其详。"言辞更加恳切，态度更加恭敬。这一次范睢觉得时机成熟，便答应。后来范睢鞠躬尽瘁地辅佐秦昭王成就霸业。秦昭王五跪得范睢的典故，今天的管理者做何感想，如何引才纳贤呢？

四、公共部门人力资源管理的方法

人性假设在人力资源管理中扮演着核心角色，影响着管理策略和实施方式的选择。各种假设指向不同的管理方法，每种方法都与特定的人力资源管理理论和实践相对应。下面详细探讨这些方法及其与人力资源管理专业内容的关联。

1.任务导向管理

基于经济人理论，任务导向管理是员工主要受经济激励驱动，倾向于执行明确的任务以获得报酬。这种管理方法与泰勒的科学管理原理紧密相关，强调通过系统化的工作设计、时间和动作研究以及标准化流程来提高生产效率。在人力资源管理实践中，这意味着强调绩效管理目标的设置和奖惩机制的设计，以确保员工的行为与组织的目标一致。任务导向管理通常采用严格的监督和控制手段，包括绩效考核和标准工作程序监控，以确保任务的有效执行。

2.人本管理

立足于社会人和自我实现人的假设，人本管理方法强调人的心理和社会需求的重要性。这与马斯洛的需求层次理论和赫茨伯格的双因素理论相呼应，人本管理提出员工不仅受物质激励影响，同样重视自我实现、尊重和归属感等心理需求。人本管理在人力资源实践中，注重员工参与、职业生涯发展、员工培训和工作生活平衡，其核心在于建立一个支持和开放性的工作环境，鼓励员工参与决策，提高员工满意度和组织忠诚度。

３.发展中心管理

作为人本管理的发展，发展中心管理更加专注于员工的个人成长和潜能开发。这与成人发展理论和终身学习概念相符，强调通过持续教育、技能培训和职业规划等支持员工的全面发展。在人力资源管理中，这体现为制定个性化的发展计划、提供学习和成长机会、设计激发创造性和创新性的工作任务。发展中心管理旨在通过培养员工的能力和潜力，实现员工与组织共同成长，强化组织的核心竞争力。

４.优化核心管理

综合了对人性的各种假设，优化核心管理认识到没有一种管理方法能够一概适用于所有情况。它借鉴了情境领导理论和权变理论的观点，强调管理策略和做法需要根据组织的具体情况、员工的不同特点和外部环境的变化灵活调整。在人力资源管理中，这要求进行细致的需求分析，制定灵活多变的人力资源策略，包括但不限于灵活的工作安排、多样化的激励机制、个性化的员工发展计划以及适时的组织结构调整。优化核心管理的目标是在确保员工满意和激励的同时，最大化组织效能和适应性。

在公共部门的背景下，上述人力资源管理方法的应用需要考虑特定的政府和社会环境。例如，以任务为中心的管理方法在公共部门中可能表现为对政策和法规的严格执行，强调规章制度和组织纪律。而以人为中心的管理方法则更注重公务员的福利、职业发展和工作满意度，以增强公共服务的效率和质量。公共部门在以开发为中心的管理方法中可能着重于公务员的持续教育和技能提升，以适应政策和社会需求的变化。最后，以优化为中心的管理方法在公共部门中可能意味着不断调整和改进人力资源策略，以更好地满足公共利益和提高政府机构的效能。这种方法认识到公共部门的特殊性和复杂性，要求管理者灵活应对不断变化的政治、经济和社会环境。

经典理论——组织构型理论

组织构型理论是一种用于研究组织在复杂环境中如何形成不同的结构、战略、领导和绩效的理论。该理论认为，组织是一种动态稳定的系统，由多个属性和关系构成，可以被归纳或演绎为几种典型的模式或构型。不同的构型具有不同的优势和劣势，适应不同的环境和任务。组织构型之间存在非线性的双向因果关系，即组织的某些属性会影响其他属性，也会受到其他属性的影响①。组织构型也会随着时间和环境的变化而发生演化或变革，从一个相对稳定的状态转变为另一个相对稳定的状态②。

该理论的代表人物有米勒（Miller）、明茨伯格（Mintzberg）、迈尔斯（Miles）和斯诺（Snow）等。他们分别提出了不同的组织构型，如创业型、机械型、专业型、创新型、使命型等，也探讨了组织构型与组织绩效之间的关系，他们认为组织构型可以部分解释组织间的绩效差异，并受到个体特质和环境因素的调节作用③。

五、战略人力资源管理概述

（一）战略人力资源管理的概念及特征

战略人力资源管理是指组织为能够实现目标所采取的一系列有计划的、具有战略性意义的人力资源部署和管理行为。战略人力资源管理具有人本性、战略性、系统性、动态性、导向性、知识性等六个基本特征。

（1）人本性，主要表现在管理者对人的认识、态度和管理方式上。

（2）战略性，主要体现在人力资源战略和组织总体战略的匹配。

（3）系统性，主要体现在以系统论的观点看待人力资源管理。

（4）动态性，指人力资源管理的柔性和灵活性。

（5）导向性，指人力资源管理紧紧围绕组织的战略目标展开工作。

（6）知识性，指知识成为人力资源管理最重要的一个影响因素。

在现代组织管理中，人力资源管理的角色和方法已从传统的职能人力资源管理转向战略人力资源管理。传统人力资源管理主要是职能导向的，专注于员工关系，由人力资源部门管理人员执行，倾向于被动反应，并且往往局限于短期视野。在这种模式下，监控手段倾向于机械性，关键资源包括资本和产品，且人力资源部门通常被视为成本中心。相比之下，战略人力资源管理以战略导向为特征，关注所有利益相关者，并将人力资源的职责分散至全体经营管理者。

---

① MILLER D.Configurations revisited[J].Strategic Management Journal，1996，17（7）：505–512.

② MEYER A D，TSUI A S，HININGS C R. Configurational approaches to organizational analysis[J].Academy of Management Journal，1993，36（6）：1175–1195.

③ 李超平，徐世勇.管理与组织研究常用的60个理论[M].北京：北京大学出版社，2019：64–72.

这种方法强调主动进取，结合短期、中期与长期规划，展现出更宽阔的视野。其监控方式采用权变管理，强调人员和知识都是关键资源，并且把人力资源部门视为投资中心，强调人力资源对组织战略目标的贡献和价值。这种从职能到战略的转变表明，组织越来越意识到人力资源在实现组织目标中的重要性，以及其作为一个动态和集成的战略伙伴的潜力。因此，战略人力资源管理是对传统管理实践的扩展和深化，代表了对人力资源管理先进理念的采纳。表1-2比较了传统人力资源管理和战略人力资源管理在各个维度上的差异。

表1-2　职能人力资源管理和战略人力资源管理的比较

比较项目	传统人力资源管理	战略人力资源管理
导向	职能导向	战略导向
关注焦点	员工关系	利益相关者
职责权限	人力资源部管理人员	全体经营管理者
行为方式	被动反应	主动进取
时限	短期,视野狭小	短期、中期与长期相结合,视野开阔
监控	机械	权变管理
关键资源	资本、产品	人员、知识
职能地位	成本中心	投资中心

（二）战略人力资源管理的目标

战略人力资源管理正处在一个迅猛发展的时代。从本质上来说，战略人力资源管理服务于组织总体战略，旨在通过提升组织绩效进而使得组织获得竞争优势。图1-2为战略人力资源管理的结果。

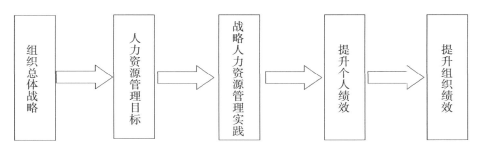

图1-2　战略人力资源管理的结果

在当代的组织管理中，人力资源的有效利用被视为增强竞争力的关键因素。越来越多的组织开始认识到人力资源在战略实施中的核心作用，并将其整合为战略决策的一部分。为了在战略层面上发挥作用，人力资源管理的目标必须定位在对组织战略的长期影响上。此外，人力资源部门应从仅仅响应组织战略转变为参与制定和执行战略的角色，进而成为组织战略的积极贡献者。战略和人力资源的结合可带来多方面的优势：首先，提升了组织执行战略的能力；其次，增强了组织适应快速变化的能力；最后，创造了与顾客需求相一致的战略方向。战略一致性体现在三个层面：垂直一致性，确保所有层级的员工都能理解并支持战略目标；水平一致性，实现了跨部门间的同步合作；外部一致性，确保组织的服务或产品能够满足客户期望。这三个层面的协同作用，使组织更易于构建并保持竞争优势。

为适应组织不同阶段的需求，人力资源管理的响应和策略也应展现出足够的灵活性。目前，学界普遍认可三个理论假设。首先是普遍性观点，该观点认为存在一套超越组织战略差异的优越人力资源管理系统。该系统能普遍提升组织的绩效，尽管这一理论获得了广泛支持和实证验证，但关于哪些人力资源管理实践最为有效，学界尚未达成共识。其次是权变观点，它主张组织的人力资源管理系统应当与其战略紧密对应。如果人力资源管理系统与组织战略不吻合，不仅不能提升绩效，反而可能造成绩效下降。这种理论认为，人力资源管理系统与组织战略间的协调性对组织绩效至关重要，但其有效性和必要性尚未得到充分证实。最后是结构性理论，该理论认为将所有员工视为同质群体并由单一人力资源管理系统来管理的做法过于简化。实际上，不同特质的员工对组织作出不同贡献，因此应采取差异化的管理方法。这种观点强调，针对员工的不同特性和贡献，组织应当实施多元化的管理策略。如果组织能够有效地利用其独特的资源、能力及核心竞争力，就能够创造出持久的竞争优势，在这一过程中，人力资源及其管理方式日益显得至关重要。

随着竞争基础的转变，人的因素成为决定竞争优势的关键。战略管理专家迈克尔·波特认为，通过战略性的人力资源管理，既可以降低成本也可以增加产品和服务差异化，促使组织能够获得竞争优势。实际上，组织的外在竞争力表现为其具有竞争力的产品或服务，而这种竞争力的源泉就是组织内部的员工。战略人力资源管理通过一系列实践来提升个人绩效，包括目标设定、绩效评估、能力发展和激励机制，进而促进整个组织的绩效，最终形成竞争优势。它强调了"人力资源管理实践→以员工为中心的结果→以组织为中心的结果→竞争优势"的链条，该链条直接或间接地推动组织取得竞争优势。从竞争优势和核心竞争力的角度来看，激发个人潜力对于形成组织核心竞争力和保持长期竞争优势具有重要性。在这个链条中，战略人力资源管理是连接个人绩效提升与组织竞争优势增强的桥梁，从而确保员工的成长和组织的战略目标同步前进。

【复习思考题】

1.人力资源的概念和性质是什么？

2.人力资本与人力资源的区别与联系是什么？

3.公共部门人力资源有哪些特点？

4.人力资源管理有哪些特点？常见的方法是什么？

5.公共部门人力资源管理有哪些特点？为什么？

6.战略人力资源管理的目标是什么，为什么要在公共部门体现这种目标？

【案例与讨论】

湾村是依山而建、临水而居形成的自然村落。湖南省衡阳市有行政村2268个，每个行政村一般有十多个湾村，每个湾村一般十几户，全市湾村共33216个。面对湾村散落、村干部难以兼顾的情况，市域社会治理现代化试点工作以来，衡阳市委政法委出台《衡阳市推行"湾村明白人"群众自治工作品牌创建工作方案》，因地制宜打造"湾村明白人"队伍，努力做到"小事不出湾村、大事不出行政村、问题不到乡镇"。

"湾村明白人"是第一线的社会治理力量，必须接地气、立得住。如何立好"规"，让明白人过得硬？衡阳市委政法委制定"湾村明白人"评选规则，通过村组摸底、群众海选，推选有威望、热心肠的"五老"、退休"两委"干部、返乡创业人员等担任"湾村明白人"，在基本不增加财政支出情况下有效充实基层自治力量。乡镇对"湾村明白人"人选的政治素养、个人品行、遵纪守法情况进行审查，按一个湾村一名"明白人"予以确认。县级党委政法委对"湾村明白人"开展政策法规、矛盾调处等岗前培训，并颁发聘书，增强荣誉感、责任感。

如何明好"责"，让明白人干得实？据衡阳市委政法委有关负责人介绍，"湾村明白人"对村"两委"负责，充分发挥与村民"同饮一湾水"的地缘优势和村民"认理也认人"的亲情优势，履行好四项职责。一是搭好党群"连心桥"，用群众爱听能懂的乡音俚语，将政策法规宣传到最后一米，收集反馈困难群体需求等社情民意。2021年以来全市"湾村明白人"共收集反馈群众意见3.2万条，办结率达91%。二是当好解纷"和事佬"，实行没事定期上门、有事随时上门、事了回访上门，把麻烦事解决在湾村，去年化解家庭邻里等民间纠纷12万起，成功率98.6%。因祖山边界问题，耒阳市黄市镇白鸡冲湾和牛里塘湾多年来发生纠纷乃至斗殴，两湾的"明白人"通过依法说理、以德明理，联手化解了这个老大难问题。三是做好新风"带头人"，带头遵守村规民约、移风易俗，推动了家庭和睦、邻里友善等文明乡风逐渐形成，扭转了农闲时打牌赌博、红白喜事相互攀比、大操大办的陋习。四是当好应急"吹哨人"，"湾村明白人"按照疫情防控部署，带领村民在重点村居、路段、巡逻执勤卡点值守，组织开展政策宣传、防疫消杀等工作，共筑疫情防控网。

如何赋好"能"，让明白人行得远？为鼓励"湾村明白人"甘于乐于管好湾村事，衡阳市委政法委注重助其力，市、县两级平安建设先进个人表彰中，确定"湾村明白人"名额不少于15%，让他们更有荣誉、更添威望。此外，该委大力推荐602名优秀"湾村明白人"当选市、县、乡"两代表一委员"。解其难，在"湾村明白人"正常履职受到干扰、工作生活遇到困难时，旗帜鲜明地为其撑腰打气、排忧解难。比如，74岁的退休教师廖树生放弃与妻儿定居海南的机会，独自扎根湾村当"明白人"，镇、村主动帮助其解决就医困难，免费安装网络视频系统方便与家人联系，让其一门心思为乡亲办好"明白事"。

思考题：

1.衡阳市在乡村治理中实施了哪些人力资源管理措施？这些措施实现了人力资源管理的哪些目标？

2.衡阳市在人力资源管理实践中打出的"组合拳"体现了公共部门人力资源管理的哪些特征？

3.衡阳市的人力资源管理方法是什么？运用了什么理论？

【现实思考】

把一生献给党和祖国的"布衣"院士

卢永根，男，汉族，1930年12月出生于香港，祖籍广东省广州市，1947年

12月参加工作，1949年8月加入中国共产党，华南农业大学原校长、教授、博士生导师，中国科学院院士。2019年8月12日，因病医治无效逝世，享年89岁。

卢永根同志一生学农、爱农、为农，全心全意奋斗在祖国最需要的地方，把毕生精力都献给了祖国的农业科学和教育事业。他主持编写的《中国水稻品种的光温生态》，成为我国水稻育种工作者最重要的参考书之一，获得全国科学大会奖。他和助手提出的水稻"特异亲和基因"的新学术观点以及相关设想，被认为是目前对栽培稻杂种不育性和亲和性比较完整系统的新认识，对水稻育种实践具有指导意义。他常年跋山涉水寻找野生稻，在继承导师丁颖生前收集的7000多份野生稻种基础上，逐步扩充到1万多份水稻种质资源，为我国水稻种质资源收集、保护、研究和利用作出了巨大贡献。他担任华南农业大学校长12年间，始终把党的教育事业放在首位，以身作则、公而忘私，大刀阔斧推动改革，不拘一格选人用人，深受广大师生的崇敬和爱戴。他坚持"科学家有祖国"，把爱国之情、报国之志自觉融入中华民族伟大复兴的历史进程中。他时刻以党员标准严格要求自己，即便晚年身患重病卧床，仍然坚持参加病房临时党支部组织生活，认真学习习近平新时代中国特色社会主义思想。他穿不讲究、吃不挑剔，家中一床简席、四壁白墙，却将一辈子省吃俭用积攒下的880余万元全部捐献给华南农业大学，用于支持农业教育事业；他还提前办理了遗体捐献卡，去世后将遗体无偿捐献给医学科研事业。

中国共产党是世界上最大的马克思主义政党，截至2022年底，我们党拥有超过500万个基层党组织和9800万名党员，党的建设工作更加重视人力资源管理。卢永根同志的案例体现了我们党在人力资源管理方面的重要思想，即"坚持不懈用习近平新时代中国特色社会主义思想凝心铸魂，全面加强党的思想建设，加强理想信念教育，引导全党牢记党的宗旨，自觉做共产主义远大理想和中国特色社会主义共同理想的坚定信仰者和忠实实践者"。

思考题：

1.党建工作中为什么要重视人力资源管理？

2.党建工作中的人力资源管理实践体现了什么价值取向？

3.卢永根同志的案例如何反映党培养人才的重要性？

【拓展阅读】

[1]陈鼎祥,刘帮成.人工智能时代的公共部门人力资源管理:实践应用与理论研究[J].公共管理与政策评论,2022,11(04):38-51.

[2]陈振明.公共管理学[M].2版.北京:中国人民大学出版社,2017.

[3]杰克逊,舒勒.人力资源管理:从战略合作的角度[M].范海滨,译.8版.北京:清华大学出版社,2005.

[4]李燕萍,李乐,胡翔.数字化人力资源管理:整合框架与研究展望[J].科技进步与对策,2021,38(23):151-160.

[5]刘帮成,陈鼎祥.何以激发基层干部担当作为:一个战略性人力资源管理分析框架[J].公共行政评论,2019,12(06):6-19.

[6]邱茜,李姝婷.数字时代公共部门的人力资源管理:机遇、挑战与应对策略[J].中国行政管理,2021(12):44-51.

[7]唐贵瑶,陈琳,陈扬,等.高管人力资源管理承诺、绿色人力资源管理与企业绩效:企业规模的调节作用[J].南开管理评论,2019,22(04):212-224.

[8]唐纳德·E.克林格勒,约翰·纳尔班迪,贾里德·洛伦斯.公共部门人力资源管理系统与战略[M].孙柏瑛,于扬铭,译.6版.北京:中国人民大学出版社,2013.

[9]萧鸣政,张满.试论中国选贤任能制度中的政治优势[J].中国行政管理,2023,39(04):123-129.

[10]谢小云,左玉涵,胡琼晶.数字化时代的人力资源管理:基于人与技术交互的视角[J].管理世界,2021,37(01):200-216.

[11]杨焕,卫旭华.关系型人力资源管理实践对受益人利他行为的影响:基于道德补偿的视角[J].心理学报,2022,54(10):1248-1261.

[12]赵曙明,张敏,赵宜萱.人力资源管理百年:演变与发展[J].外国经济与管理,2019,41(12):50-73.

[13]赵源.新时代地方政府人力资源管理评价体系研究[J].中国行政管理,2019(05):96-100.

[14]BATTAGLIO P. The future of public human resource management [J]. Public Personnel Management,2020,49(4):499-502.

[15]DRUKER J.Strategy and human resource management[J].Management Decision,2003,41(5),523-524.

［16］KRUYEN P M，Sowa J E.Essential but ignored：Including blue-collar government workers into human resource management research［J］.Public Personnel Management，2023，52（4）：521-542.

［17］STROHMEIER S.Digital human resource management：A conceptual clarification ［J］.German Journal of Human Resource Management，2020，34（3）：345-365.

［18］WOOD S.Human resource management and performance［J］.International Journal of Management Reviews，1999，1（4）：367-413.

第二章   公共部门人力资源开发

【学习要点】

1.公共部门人力资源开发的特点。

2.公共部门人力资源开发的方法与应用。

3.公共部门人力资源开发战略的特点与作用。

【引入案例】

在吉林长春，"长春人才创新港"启动建设，"四个服务"持续深入开展，人才服务局挂牌成立，激励人才助力"六城联动"发展的若干政策出台，隆重举办企业家节……这一整套人才工作"组合拳"，有力激发了各类人才创新创业热情，人才获得感、幸福感和归属感不断增强，为加快新时代长春振兴发展提供了坚强的人才支撑。

在长春新区，"长春人才创新港"建设正积极推进。通过人才创业、孵化载体、产业园区等不同类别人才承载平台的打造，各类人才创新创业的热情不断被激发。

"得益于孵化平台给予的人才项目申报、房租补贴、推广宣介等帮助，公司虽然只有12名员工，但2021年却实现产值1000多万元。"在长春创业的科技型企业负责人说道。他口中的"孵化平台"就是位于"长春人才创新港"的吉林省国科创新孵化投资有限公司。作为中国科学院控股有限公司落户东北三省的首家新型科技创新孵化平台，中科吉林科技产业创新平台自2019年6月份成立以来，依托中国科学院和吉林省，院地双方合作力量，精选科研项目入孵，通过"基地＋基金"双轮驱动模式，以知识产权为核心打造全链条科技服务体系，激发科技势能转化为发展动能。三年间引进孵化了75家科技含量高、成长性强的科技型中小企业，实现年销售收入8000余万元，带动就业600余人，帮助一个个科创企业驶入高速发展快车道，成为吉林省科技产业异军突起的新生代。

据中科吉林科技产业创新平台负责人介绍，目前，创新平台拥有博士生3人、硕士生13人、本科生20人，团队成员分别获得了国家知识产权专利信息实务人才、国际技术经理人、科技成果评估师、项目管理专业人士认证等多项资质证书。同时，创新平台围绕智能制造、新材料、生物医药、新能源等领域组建专家智库，集聚了以王立军、张洪杰、陈学思等院士为首的省内外行业领域专家122人，其中包括中国科学院及省内外技术人才60人、创新管理人才23人、投融资领域专家21人、高层次创新创业人才18人。"我们得益于吉林省、长春市和长春新区的政策支持，希望继续为科技企业提供有温度的孵化器，保证科研人员专心从事成果转化。"该负责人说道。

长春市委组织部副部长表示，"长春人才创新港"通过高端人才引领、产学研用融合、专项支持配套、人才服务提升等措施，加快建设吸引和集聚人才的平台，力争打造东北地区人才创新政策制高点，更好推动经济社会发展和东北振兴。

思考与讨论：

1. 长春市的人力资源开发战略是什么？
2. 你认为这种战略能否有效推广？
3. 公共部门应当采取怎样的人力资源开发战略？

人力资源开发，是一种与人力资源管理有所不同的领域，它在战略人力资源管理中具有十分重要的作用。本章所讨论的内容主要包括人力资源开发、人力资源开发战略及其价值、人力资源开发的原理与方法，以及当前我国政府人力资源开发面临的问题与对策等。

第一节　公共部门人力资源开发概述

本节将详细讨论人力资源开发的组成部分、不同类型及其特点，以及多种人力资源开发方法的实践应用。通过对这些要素的深入分析，研究人力资源开发的多维概念及其在不同组织环境中的应用，以理解人力资源开发的战略性、目的性与效益中心性等，以及其在组织长远发展中的关键作用。

一、人力资源开发的概念

人力资源开发指开发者（如政府机关，学校、团体，私营机构、公共部门，企业雇主、主管、被开发者自我等）为实现一定的经济目标与发展战略，通过一定的方式（如学习、教育、培训、管理，组织文化和制度建设等）对既定的人力资源进行利用、塑造、改造与发展的活动。

当开发者是个体自我时，开发方式主要表现为自我驱动的学习，目的在于个人成长和能力提升。当开发者是企业时，通常采用的开发方式包括培训、管理以及组织文化和制度建设，旨在增强企业的竞争力和生产力，提高盈利能力，并实现公司的战略目标。当政府机关、团体和事业单位担任开发者时，他们通常也采用培训、管理以及组织文化和制度建设等方式，目的则是提升工作的效率和质量，从而达成组织目标。当学校、教育机构和家庭成为开发者时，他们通过教育、教学、知识转移和宣传等方式进行人力资源开发，目的是提高个人素质，促进个人和社会整体的进步。当政府和社会权威机构充当开发者时，他们可能通过教育、医疗保健、社会保障体系、人口发展政策等方面的建设开发，以提升全民的整体素质和能力，确保人们具备参与国家经济和社会发展所需的体力、智力、技能以及正确的价值观和工作态度，从而满足国家和社会的持续发展需求。

人力资源开发的策略和方法应具有针对性，以特定群体为目标。在确定哪种开发方式最有效之前，需要进行试验性的尝试，识别潜在问题，然后根据发现的问题采取针对性的开发和学习措施。通过这种方式，不断调整和优化，以期达到最佳的开发效果。任何一种人力资源开发活动都包含表2-1所示的要素。

表2-1 人力资源开发活动的组成部分

组成部分	描述
开发主体	领导者、计划者和执行者,他们设计、组织并实施人力资源开发战略,以促进组织和个人的成长。
开发客体	组织中的个人或团队,他们接受培训和参与开发活动,以提高自己的技能、知识和绩效水平。
开发对象	针对提升的特定技能、知识、能力和其他相关素质,例如沟通能力、团队合作能力、技术技能、创新能力、领导力等。
开发方式	用于促进人力资源开发的方法和策略,例如在职培训、研讨会、远程学习、项目分配等。

续表2-1

组成部分	描述
开发手段	支持开发活动的具体工具和资源,例如网络学习平台、模拟案例研究,反馈、评估和监控系统等。
开发计划	对培训和开发活动的详细规划,包括目标、时间表、预期结果、参与者、预算和评估标准等。

人力资源开发的类型划分多种多样,根据不同的要求会有不同的分类。一般可以根据空间形式、时间范围以及具体对象等来进行具体划分。

首先,从空间形式划分,有以下几种:

(1)行为开发,指为改变某一种行为方式而进行的训练或激励活动。

(2)素质开发,指为培养、提高与改进某一素质的教育、培训、学习与管理的活动。技能开发、品德开发、能力开发等均属于素质开发的范畴。

(3)个体开发,指从既定的个人特点出发,对其人力资源进行合理的使用、充分的发挥、科学的促进与开发的活动。

(4)群体开发,指从既定的群体特点出发,采取优化组合、优势互补等人力资源配置手段进行结构上的调整,以实现群体人力资源结构优化和功能的提高。

(5)组织开发,指在组织范围内所进行的一切人力资源开发的活动,其主要手段是文化建设、组织建设、制度建设与管理活动。

(6)区域开发,指为提高一定区域内人力资源数量、质量与功效而进行的活动。

(7)社会开发,指一个国家为提高其人力资源数量与功效而进行的活动。

(8)国际开发,指世界各国为全球经济发展有组织、有计划地进行的人力资源开发活动。

其次,从时间范围上划分,有以下几种:

(1)前期开发,指人力资源形成期间与就业前的开发活动,包括家庭教育、学校教育、就业培训等。

(2)试用期开发,指在就业过程中的开发活动,以在职培训与脱产培训为主。

(3)后期开发,指法定退休年龄后的人力资源开发活动。

最后,从对象上划分,有品德开发、潜能开发、技能开发、知识开发、体能开发，以及管理者开发、技术人员开发、普通职员开发等。

二、人力资源开发的特点

（一）长远的战略性

人力资源开发的长远战略性强调专业人员需具有前瞻性思维，具备识别和预见未来挑战与机遇的能力，通过教育、培训和员工发展计划，为未来可能出现的各种情境做好充分准备。此策略确保组织不只是满足当前的市场和业务需求，更重要的是能够适应经济社会的持续变迁。

长远战略性的实施，意味着专业人员的工作职责不应局限于日常操作或短期目标的实现，而是要展望组织的长远需求。这涉及对行业动向、技术创新、市场变化及其他可能影响组织长期定位和成败的宏观因素有深入的了解和洞察。

培训活动是针对当下工作需求而设计的，作为达成开发目标的工具和人力资源开发的一环，它本身不等同于人力资源开发的全部。在针对短期目标的人力资源开发计划执行阶段，培训是不可或缺的。然而，人力资源开发的真正目标应是着眼于未来改革、战略规划和发展需求。缺乏战略性视野和措施的人力资源开发是无法为组织带来根本性长远价值的。从本质上讲，人力资源开发是实现组织中长期目标的重要工具和途径。

（二）特定的目的性与效益中心性

有效的人力资源开发实践不仅需要有针对性和目的性，还要以创造实际和可衡量的组织价值为中心。所有人力资源开发活动都应该有明确的、预先设定的目标，特定的目的性强调的是人力资源开发活动不是随机进行的，而是为了满足具体的业务需求和解决实际问题。人力资源开发的所有努力都应当集中在创造可衡量的价值和收益上，其不仅针对个人和团队，更针对整个组织；效益中心性强调的是资源的投入（如时间、金钱和努力）必须能带来正面的回报。例如，政策规划部门为了提升公务员的政策分析和制定能力，可能会采取相关的人力资源开发思路，其目的是针对识别出的具体需求，提高公务员在处理复杂政策问题时的效率和效果；随着数字化转型的需要，公共部门可能需要对员工进行电子政务培训，以提升他们使用新技术和平台的能力，这种数字化人力资源开发的目标旨在满足公共部门在提供电子服务方面的具体业务需求。

（三）基础的存在性

任何开发活动，无论是技术、经济还是社会发展，都必须建立在拥有一定基础条件的对象之上。这样的前提条件确保了开发工作的有效性和目标的可达成性。在人力资源开发领域，这个原则同样适用，甚至可以说更为关键。人力资源的开发不仅仅是简单的数量增加或质量提升，它主要涉及人才的培养、技能的提升以及创新能力的激发等，只有当所针对的人力资源群体既有一定规模的数量，又具备基本的质量标准时，人力资源的开发活动才具有实际开展的基础。

（四）开发的系统性

人力资源构成了一个错综复杂的系统，涉及众多相互关联的子系统，如教育培训、劳动市场、健康福利以及法律法规等。这一复杂系统的特性要求人力资源的开发必须采取一种全面、协调的系统化方法。系统化的人力资源开发关注的是各个子系统之间的相互作用和整合，旨在通过一个统一的策略，实现人力资源的最优配置和利用。在公共部门中，系统化的人力资源开发体现在多个方面。例如，政府机构在进行人力资源规划时，会考虑到公共服务的需求、人才培养的路径、员工的职业发展以及福利安排等多个维度。通过这种全面的考虑，确保人力资源的持续发展与社会需求的匹配。系统化的人力资源开发不是孤立的活动，如果只是注意对其中某个子系统或子系统中某个要素的开发，最后取得的开发效果将十分有限。

（五）主客体的双重性

人力资源开发与其他类型的资源开发相比，最显著的区别之一便在于其独特的互动性和合作性，即主客体的双重性。在这一过程中，既包括个人或组织作为开发的发起方（主体），也涉及被开发的个人或组织（客体）。与传统资源开发不同的是，人力资源开发中的"客体"并非被动接受，而是具备主观能动性，能够对开发活动产生影响，甚至参与到决策过程中。这意味着，为了实现开发目标，发起方必须获得被开发方的积极参与和认可。开发发起方需与被开发方进行充分的沟通，就开发的目标、计划及措施达成共识，避免采取任何强迫性的手段，通过鼓励和激发被开发方的积极性，可以更好地发挥其主观能动性，实现双方共赢。

（六）开发的动态性

人力资源开发的动态本质是几个关键因素共同作用的结果。首先是人力资源本身的主观能动性，即每个个体或组织都有自主改变和适应环境的能力；其次是开发过程本质上的持续性，即人力资源的提升和发展是一个长期、连续的过程；最后是开发活动所需的高度责任感，确保开发过程中的每一步都考虑周全、执行得当。这些因素共同作用，要求人力资源开发必须具备高度的动态性和适应性，以便灵活应对开发过程中出现的各种不确定性和变化。在实践中，这意味着人力资源开发不是一个固定不变的过程，而是需要根据不同阶段出现的新情况、新问题和新机遇进行持续的调整和优化。开发者必须密切关注开发过程中的变化，及时调整开发目标、内容和方法。这种调整不仅涉及对外部环境变化的响应，比如技术进步、市场需求变化等，也包括对人力资源内在差异性的考虑，如个体的能力、兴趣和学习速度等。例如，对于个体差异性的考虑，人力资源开发可能需要采取个性化的培训和教育方案，以适应不同个体的特定需求和潜能。这种个性化的方法有助于最大化每个人的发展潜力，同时提高开发活动的总体效率和效果。

此外，人力资源开发的动态性还体现在对阶段性成果和问题的持续评估与反馈机制中。通过定期检查和评估开发成果，开发者可以了解哪些方法有效，哪些需要改进，进而调整下一阶段的开发计划和策略。这种灵活的调整和优化过程是确保人力资源开发成功的关键。

三、人力资源开发的方法

从宏观的个体开发到行为开发，人力资源开发方法主要包括以下几种。

1.自我开发，指人力资源的能动性决定了人力资源开发的核心主体是被开发者自我。自我开发是建构人力资源开发系统的出发点与目标点，外在主体的开发通过内在主体的开发才能发挥效用。常见的自我开发形式主要包括自我学习和自我申报。

2.职业开发，指通过职业活动提高与培训员工职业能力的人力资源开发形式，主要包括工作设计、工作专业化、工作轮换化、工作扩大化、工作丰富化等。

3.管理开发，指通过管理活动来开发人力资源，把人力资源开发的思想、原则与目的渗透到日常的管理活动之中。

4.组织开发，指通过组织这一中介对组织中的成员进行开发的一种形式与活动，即通过创设或控制一定的组织因素、组织行为而进行的组织内的人力资源管理。

针对不同的开发目标，开发主体应选择合适的开发策略。例如，个体自我开发旨在个人成长和能力提升，主要通过自我学习和自我完善实现。当企业作为开发者时，其增强竞争力、提升生产效率和盈利能力的目标，通常需要通过员工培训、管理改善和企业文化建设等方式达成。对于公共机构和非营利组织，提高工作效能和服务质量成为其主要目标，通常需要通过类似的培训和管理实践，以及塑造积极的组织文化来实现。在教育机构和家庭的情境下，开发的核心目的是培养高素质人才，促进学生和家庭成员的全面发展，开发方法包括但不限于教育引导、课堂教学，以及生活习惯的培养和积极价值观的引导。而政府和社会管理机构追求的是全民素质的提升，旨在为国家经济的持续发展培养具备必要体力、智力和技能的人才，同时培育健康的价值观和工作态度。为此，政府可能采取的措施包括推进教育改革、改善医疗条件、构建社会保障体系和制定促进人口健康发展的政策等。

第二节　公共部门人力资源开发的方法

上一节对公共部门人力资源开发的概念、特点和方法做了一个较为具体的描述，明确了概念之后，接下来重要的问题就是如何进行人力资源开发。本节将从个体进入组织开始，从宏观的个体开发到行为开发，逐一介绍有关的人力资源开发的方法。

一、自我开发

人力资源的主动性是其开发过程的关键，这意味着开发的核心在于个人的自我努力和成长。实际上，自我开发是构建人力资源开发体系的基础和目标，它涉及个人主动朝着设定目标的努力，以及通过自学和个人成长的过程。简而言之，自我开发是个体对自身潜能的探索和提升，它是个人职业发展和技能增长的重要驱动力。在当代组织环境中，自我开发主要通过自我学习和自我申报来实现。

（一）自我学习

自我学习涉及主动寻求信息、调整行为和适应环境以满足个人成长和改变的需求。个人通过经历、观察、模仿和思考，学习知识、技能和品德，从而实现自我提升。在快速变化的社会和经济环境中，个人钓自我学习能力显得尤为重要，这也与联合国教科文组织倡导的终身学习相契合。

自我学习的过程不仅是获取新知识和新技能的过程，也是通过工作和生活经验获得洞察能力和发展能力的途径。自学的方式多种多样，包括操作学习、经验积累、探索发现、观察模仿、相关联想、结构化学习、案例学习和试验性学习等，这些都是值得探索和应用的有效学习方法。

（二）自我申报

自我申报是一个涉及员工对自身工作评估和发展规划的过程。在这个过程中，员工主动分析和评价自己在工作中的表现和适应性，并定期提出职位轮换以及个人发展愿望和计划。最初，自我申报被用作收集员工信息的手段，辅助人事考核。但随着对职业发展管理的重视增加，它已成为员工发展的一个重要工具。

自我申报的内容通常包括个人的性格、资格、技术水平、特长、技能和工作能力等的自我分析，以及员工对未来工作角色和培训需求的期望。这种做法不仅有助于员工最大限度地发挥现有能力，而且按照行为科学理论，当员工从事与其个性和兴趣相符的工作时，他们的主观能动性和对组织的责任感也会增强。

二、职业开发

职业开发涉及通过日常工作活动促进员工的成长和能力提升。这一概念在现代组织中的实践主要体现为以下几个关键方面：工作的创新设计，专业化职能的提升，岗位间的灵活轮换，工作范围的扩展，以及工作内容的丰富多样化和实践锻炼等。通过这些措施，组织旨在提高员工的专业技能和综合素质，进而增强其对工作的投入和创新能力。

（一）职业开发中的工作设计

工作设计是一种根据组织的目标和员工的需求对工作职责和方法进行制定的过程。此过程可能涉及对现有职位的特性、任务、方式和功能等进行调整，以更好地符合组织和个人的需要。工作设计通常可以分为四种主要类型：拔高型工作设计（激励型设计）、优化型工作设计（机械型设计）、卫生型工作设计（生物型设计）和心理型工作设计（知觉型设计）。这些不同类型的设计对员工的影响和发展效果各不相同，组织可根据特定情境的需要进行选择和应用。

1.拔高型工作设计

拔高型工作设计基于赫茨伯格的双因素理论，该理论区分了激励因素和保健因素。激励因素能提升员工的满意度，而保健因素的不足可能导致不满和消极情绪。拔高型设计旨在提升工作要求，略高于员工现有水平，从而增加工作的多样性、完整性、自主性、重要性等。通过这种方法，能提升员工的知识、技能、能力和个人品质等，增加工作满意度，并促进员工创造性和全面发展。但是，这种设计可能给员工带来一定的身心压力。

2.优化型工作设计

优化型工作设计基于传统工业工程学和泰勒的科学管理思想。其核心是通过工作分析找到最高效和最简化的工作方法，旨在降低工作复杂性并简化任务执行流程。这种方法减少了培训成本和岗位资格要求，使得员工能经过简短的培训迅速胜任工作。虽然这种设计有利于释放员工个性，并培养他们的细心、耐心等品质，但也可能限制员工能力的全面发展，造成技能的单一化。

3.卫生型工作设计

卫生型工作设计基于人类工程学原理，重点关注个体的心理和生理特征与其工作环境之间的相互作用。这种设计的目的在于保护员工的身心健康，防止工作对其造成伤害。通过针对员工生理和心理的需求调整工作环境和条件，如办公椅和桌子的高度、计算机键盘的设置等，以降低工作带来的身心压力和负面影响。这样的设计能够提升员工的健康水平，但也可能导致他们对工作环境的适应性降低。

4.心理型工作设计

心理型工作设计根植于人本主义理念，认为工作应该适应人的需求和能力。这种设计重视人的心理能力和限制，旨在通过降低心理能力要求，使工作更加合理、可靠。例如，简化操作的设备——"傻瓜"相机和计算器等，就是这一理念的体现。此类设计使员工能够更轻松地适应工作，促进个性和兴趣的发展。然而，它也可能限制员工工作能力的提升和对岗位技能的深入探索。

（二）职业开发中的工作专业化

随着社会化生产的发展，工作复杂性和工作量不断增加，导致单个员工难以独立完成整个工作流程。因此，将整体工作细分为更简单、小型的部分变得必要，以便每位员工能够专注于特定的小范围任务，实现工作的专业化和标准化。

工作专业化有助于降低对员工的任职要求和工资成本，减少培训时间和费用，尤其是在与机械化结合时，还能降低管理成本。此外，专业化提高了组织工作效率和员工在专业领域内知识、技能和品质的发展。

然而，这种专业化分工也可能导致员工的单一化发展，正如马克思所指出，这可能将员工限制在特定的生产部门，压制他们的多样性和创造力，使他们成为只专注于某一局部任务的工具。

（三）职业开发中的工作轮换

工作轮换是一种员工发展策略，涉及将员工从一个职位转移到另一个职位，以保持工作流程的连续性并减少单调性。此策略的目标是通过增加工作的多样性来减轻员工的厌倦感。然而，工作轮换的效果依赖于岗位之间的差异程度。如果所有岗位都过于相似或过于机械化，轮换的效果将受限。另一方面，如果岗位之间差异太大，员工可能需要重新学习技能，这可能影响工作效率。

"台阶巡回"实习法是一种特定的工作轮换方法，主要用于高级职员的培训。这种方法是让领导人员在不同的职位上逐级进行实践锻炼，有助于他们获得更丰富的知识和更广泛的经验，从而提高其适应性和领导能力。通过结合实践工作与学习培训，这种方法有助于培养具有全面能力和广阔视野的高级管理人员。

（四）职业开发中的工作扩大化

工作扩大化是一种增加现有岗位职责和任务的工作发展策略。举例来说，一个本来只负责打字的员工可能需要扩展的技能包括校对和排版。同样，一个以前仅限于送货和收款的销售人员可能被要求参与谈判和合同签订。这种扩大化要求员工从单一技能转变为掌握更广泛的知识和技能，以适应更多样化的工作职责。

然而，在实施工作扩大化时，需考虑到新增职责与原有工作的相关性，确保员工能适应增加的工作量。否则，员工可能会感到压力过大，因为他们可能认为增加的职责仅仅是重复性劳动或无关紧要的额外工作，这可能导致工作满意度下降，影响人力资源开发的效果。

（五）职业开发中的工作丰富化

工作丰富化是一种提升工作质量和深度的策略，它不仅扩大了工作的范围，还提高了工作内容的质量。这种方法涉及对原岗位工作的多方面改善，包括增加员工的工作要求、提高其责任感、给予更多自主权、保持持续的沟通反馈，并提供必要的培训。

　　具体实施工作丰富化时，一些有效的策略包括将不同任务合并，让员工负责整个工作流程；促进员工与客户的直接互动；以及授权员工自主规划和控制他们的工作内容和时间安排。这些方法旨在全面提升员工的工作经验和满意度。图2-1是人力资源开发中工作丰富化的功用。

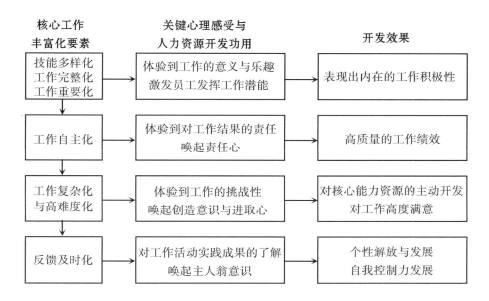

图2-1 人力资源开发中工作丰富化的功用

（六）职业开发中的实践锻炼

　　实践锻炼是一种在特定工作环境中提升员工能力和技能的策略。这种方法主要包括基层任职和挂职锻炼。基层任职特别适合刚毕业或缺乏经验的年轻员工，通过在实际工作岗位上的实践，他们可以增加工作经验，提高解决实际问题的能力。挂职锻炼则是公务员之间的交流形式，涉及将公务员派往不同的机关或企业进行一定时间的工作，以积累经验和提升能力。挂职锻炼的时间和地点由组织事先规划和安排，通常持续一至两年。

三、管理开发

　　管理开发是指在日常管理活动中整合人力资源开发的理念、原则和目标，以更好地提升员工个体工作素质的方法。这种方法不仅强调管理的日常实践，还强调通过管理提升员工的能力和潜力。接下来，我们将探讨如何在实际管理中有效实施人力资源开发。

管理开发的必要性和重要性在组织中体现在几个关键方面。首先，人力资源的活性特点要求采用人性化和以人为本的管理方法，以激发员工的积极性和潜能。这种管理不仅能促进员工个人发展，还能为组织带来更多效益。其次，组织的持续发展和竞争力的提升依赖于有效的人力资源开发，这在不同的管理模式中表现出不同的效果。此外，现代人力资源管理要求不断地对个体和群体进行发展和维护，以确保组织的长期成功和竞争优势。因此，管理者在日常活动中应深入理解并实施人力资源开发策略，确保全体员工都了解这不仅是人力资源部门的职责，而是所有管理者的共同责任。

（一）在管理过程中实现人力资源开发

人力资源管理的过程本身是一种综合性的开发活动，包括人力资源规划、人员招聘、配置、培训、激励、考评以及薪酬设计等多个环节。人力资源规划体现了管理战略，为人力资源的发展和管理提供了方向和目标，具有预见性、预测性和预防性。它通过设定人力资源开发的战略、目标、步骤、时间和措施，为组织的整个管理过程提供了开发导向。

人力资源规划以组织的总体发展战略为依据，评估开发需求，并据此制定开发计划，以确保人力资源的有效利用和增值。

人员招聘和选拔是针对组织需求，将人才从外部或内部纳入组织，将低层职位的人员提升至更高层次。人员配置则涉及将聘用人员与适当职位相匹配，是人力资源开发中最关键的环节之一。通过配置，人力资源与物力资源结合，为人力资源的有效利用和后续发展提供了基础。

人员培训针对配置职位的需求进行，不仅适用于新员工，也适用于老员工。培训过程中，基础能力和条件被转化为特定职位的具体需求，使得人员与职位能够更好地匹配。

人员激励则通过激发员工内在动机和鼓励相关思想，促使员工达到职位要求并实现组织目标。

人员考评是根据职位要求，对员工进行全面的素质、行为和结果评估。考评结果用于激励员工，给予成就感，并具体指出哪些行为达到或超出标准，哪些未达到。

最后，人员薪酬设计应根据考评结果和员工的实际贡献来分配薪酬。薪酬既是对员工行为的强化也是一种调整手段，影响员工的进一步发展或职位调整。

总体而言，人力资源管理的每个环节都是对员工进行综合开发的重要组成部分，旨在实现员工和组织的共同成长与发展。

（二）团队活动

团队活动，作为一种管理形式，通过特定的项目和任务将不同能力和特点的人员集结在一起，共同执行生产和经营活动，这也被称为项目管理。这种活动在国际上首次出现于全面质量控制（total quality control，TQC）的小组活动中。TQC代表着质量管理的一种更深层次的实践，它将所有管理职能纳入质量管理的范围，强调整个组织以质量为核心、全员参与、全面教育和培训。

全面质量管理的特点在于，它不仅重视每个工作领域的重要性，还强调这些领域在整体协作中产生的协同效应。TQC小组是企业员工自发组织，围绕生产中的问题，主动开展质量管理的活动，它们是现场质量管理的核心，也是推广全面质量管理理念的基础。TQC小组活动不仅提升了员工的团队合作能力、创新精神和能力，还对员工个性的解放、工作积极性的提升以及自我发展热情的培养起着重要作用。此外，组织管理中的提案奖励、体制改革和创新活动也在激发员工的创新意识和热情、培养其创造能力方面发挥着重要作用。

四、组织开发

组织开发，在这里不是指对组织本身的开发，而是指通过组织这个中介对组织中的成员进行开发的一种形式与活动。具体地说，是通过创设或控制一定的组织因素、组织行为而进行的组织内人力资源管理的活动与形式。组织不是开发的目标而是开发的手段。例如，通过组织文化改变员工的态度、价值观以及信念，以适应组织内的各种变化，包括组织设计、组织重组与变革带来的变化与影响。

在组织内影响人力资源开发的主要因素包括组织的性质、体制、结构和文化。不同类型的组织（如公共部门和私人部门）会对员工产生不同的影响，进而影响他们的行为和发展。组织体制，如首长制、委员会制等，也会对员工的参与感、创新精神等产生不同程度的影响。组织结构，如直线制、矩阵制等，会根据其管理特点和效应对员工的发展产生不同的影响。组织文化，包括其长期形成的基本信念、价值观和行为规范，对员工有深远的影响。这种文化可以是物质的、行为的、制度的或精神的，每一层面都以不同的方式影响着员工的行为和发展。例如，企业的经营理念和价值观可以引导员工认同组织的目标，并积极参与自我发展。

除上面组织的性质、体制、结构与文化外，组织发展的动机与发展阶段也对人力资源开发有着重要的影响。

组织发展的动机大致有三个，即追求自我发展和个人实现、追求留住优秀人才以及追求经济效益。当组织追求自我发展与自我个性实现时，有利于员工自主意识、个性意识与开拓意识的培养和开发；当组织追求留住优秀人才时，有利于员工专业能力的全面开发与提高；当组织追求经济效益时，有利于员工经济和竞争意识的培养与开发。

第三节　公共部门人力资源开发战略

人力资源开发应当具有明确的战略性，这决定了人力资源开发方法的成效是否可以产出组织绩效。因此，本节将深入探讨人力资源开发战略的背景、概念、特征和作用，分析其在当前快速变化和高度竞争的全球化市场环境中的重要性。

一、人力资源开发战略的背景

自21世纪初，组织所处的竞争环境变得更加动态和非线性。经济全球化发展导致传统的市场保护和控制壁垒减弱，使得组织不能仅依赖特定产业定位来获得竞争优势。资本市场的成熟和金融工具创新提高了资金的灵活性，促使组织探索新的资源开发途径。同时，技术的快速发展不仅增加了人力资源开发的可能性，也提高了其对战略性思维的需求。人力资源在赋予组织竞争优势方面扮演着关键角色，通过实施人力资源开发战略，组织能够挖掘员工的潜能，进而增强组织核心竞争力。这种战略旨在从组织的目标出发，识别和填补组织在人力资源方面的不足。

与此同时，一些相关领域的理论研究也不断地发展起来。例如，资源基础论认为组织的竞争优势已从组织的外部转移到组织内部的异质性资源上，人力资源的价值性、稀缺性、难以模仿性使得人的因素受到高度重视，人力资源开发也从幕后走到台前。学习理论主要是从组织的层面上探讨如何通过组织的学习来提高人力资源的能力，彼得·圣吉于20世纪90年代提出了学习型组织（learning organizaiton）的五个要素：系统思考、思维模式、共同愿景、团队学习和个人进取等，丰富了人力资源开发理论。理查德·斯旺西（1987）认为人力资源开发就是一个不断通过雇员的能力来提高组织绩效的过程，绩效理论的出现，标志着人力资源开发从以"学习"为中心转移到以"绩效"为中心。

由于现实中的紧迫需求，人力资源开发正经历从传统方法向战略性方法的转变。这一转变得到了资源基础理论、学习理论和绩效理论等相关理论的支持和完善，这些理论为实施人力资源开发战略提供了坚实的理论基础，标志着人力资源开发战略的正式形成。

二、人力资源开发战略的概念

对人力资源开发战略的研究，最早可以追溯到20世纪80年代，但那时对人力资源开发战略的研究只是零星的、分散的，研究的方向主要是集中于强调有规划的学习对于组织绩效的作用。

到了20世纪90年代，人们日益认识到拥有高技能、高技术、高能力的人力资源对于组织长期可持续发展的重要性。人力资源开发对组织战略贡献的重新评估使得人力资源开发战略一跃而上，成为组织管理者最为关注的战略议题。

那么，什么是人力资源开发战略，目前理论界对于人力资源开发战略的理解并未完全统一。我们认为，所谓人力资源开发战略，是指组织为了一定的组织目标，通过培训、职业开发、组织开发等多种形式，促进员工与组织共同成长，提高组织绩效，进而实现组织可持续发展的战略。人力资源开发战略具有以下特点。

1. 前瞻性，指人力资源开发战略不但支持组织的总体战略，而且还在组织战略的制定过程中起着至关重要的参与作用。战略往往是一个总体方向，对应的开发需要，预估战略在未来几年甚至十几年需要做什么，类似于我国的素质教育和信息技术教育。

2. 服务性，指人力资源开发战略的目标、内容、方式必须为组织的可持续发展服务。

3. 全局性，指人力资源开发战略的参与者不仅包括人力资源开发部门，还包括组织的高层、一线管理者和基层员工。

4. 系统性，指人力资源开发战略是一个系统性工程，作为组织的子系统，它在支持其他子系统运行的同时，也需要诸如组织文化等其他子系统的支持。

5. 弹性，指人力资源开发战略必须具有弹性，随时根据环境及组织战略的变化做出响应。

6. 动态性，指人力资源开发战略必须具有动态性，它应该与时俱进，随时根据环境变化、技术变革来调整开发的内容与方式。

因此，人力资源开发战略的范畴早已超过传统的人力资源开发，成为渗透到组织各种职能中的，决定组织发展方向、促进组织可持续发展的开发战略。

三、人力资源开发战略的作用

人力资源开发战略具有提升组织竞争力，提高个人绩效与组织绩效，以及有助于组织可持续发展的作用。图2-2展示了人力资源开发战略的轴心作用系统。

（一）增强组织竞争力

组织竞争力的核心在于其资源和能力，尤其是那些有价值、稀有且难以被竞争对手替代的资源。人力资源的这些特质构成了组织竞争优势的重要源泉。更进一步，系统化的人力资源开发战略能够显著提升这些特质：价值性、稀缺性和难以模仿性。这种战略能够通过一系列互补的实践来增强组织能力，其因果关系的复杂性和协同效应使其难以被模仿。

1.系统化的人力资源开发战略强调人力资源的价值，通过明确所需技能和能力，提高员工产出，提供差异化产品和个性化服务，创造更大的客户价值。

2.系统化的人力资源开发战略还突出了人力资源的稀缺性，通过选择适宜的开发内容和方式，创造了专用于组织的战略资产，这些知识和技能对组织具有特定价值。

3.系统化的人力资源开发战略的各个组成部分之间复杂的相互作用使其难以被竞争对手模仿。尽管竞争对手可能挖走一些关键人才，但模仿整个人力资源开发系统却是一项艰巨的任务。

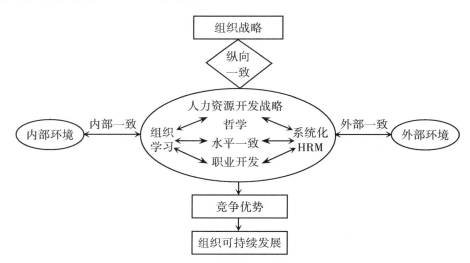

图2-2 人力资源开发战略的轴心作用系统

（二）提高个人绩效和组织绩效

行为科学研究表明，在一定的其他条件下，员工的工作绩效主要由两个关键因素决定：个人能力和组织激励，可以表示为：工作绩效= f（能力×激励）。这意味着，一方面，通过专注于挖掘员工潜能、增加知识的人力资源开发和教育活动，可以有效提升员工现有的技能和能力，使之达到组织的期望水平。这种开发旨在提高员工的专业技能，增强他们处理复杂问题和挑战的能力，从而提高工作效率和创新能力。另一方面，战略性的人力资源开发不仅是提高技能的工具，也是对员工的一种激励手段。在知识经济时代，员工不只满足于基本生活的需求，他们更加渴望实现个人价值和提升自我能力。因此，当组织投入资源进行战略性的人力资源开发时，不仅提升了员工的能力，也向员工传递了一种信号，即组织重视他们的个人成长和职业发展。这种关注提高了员工的忠诚度和工作满意度，激发了他们更大的工作热情和创造力。

这样的人力资源开发策略有助于构建一种互惠的工作环境，员工在提升个人能力的同时，也为组织带来更高的工作绩效和创新能力。随着员工技能的提升，他们能够更好地适应快速变化的工作环境，有效应对新的挑战。同时，组织的支持和关注也让员工感受到自己的努力被认可，进一步增强了他们的工作动力和组织归属感。总的来说，通过战略性的人力资源开发，组织不仅提升了员工的能力，还成功地激发了员工的积极性，创造出了一个更加高效和创新的工作环境。

（三）实现组织可持续发展

创新驱动本质上是人才驱动，人才是我们实现民族振兴、赢得国际竞争主动的战略资源。人才作为国家发展的核心资源，同样适用于组织层面。创新是组织持续竞争力的关键，通过人力资源开发，组织能够培养具有创新能力的人才，从而驱动技术和管理上的创新。在知识经济时代，拥有高素质人才队伍是组织竞争力的关键。通过战略性的人力资源开发，组织不仅能吸引优秀人才，还能持续提升现有人才的能力，从而建立起难以复制的竞争优势。

随着外部环境的不断变化，组织需要不断适应新的挑战和机遇。通过持续的人力资源开发，组织能更好地适应市场和技术的变化，确保长期稳定发展。人力资源开发提供了员工成长和进步的机会，这不仅提升了员工的职业技能，也增强了他们对组织的归属感和忠诚度，对维护组织的核心人才队伍，减少人才流失具有重要作用。因此，有效的人力资源开发战略是实现组织可持续发展的关键，它有助于构建强大的人才基础，推动创新，适应环境变化，并提高员工满意度和留存率。

【复习思考题】

    1.人力资源开发的概念和特点是什么？

    2.人力资源开发的方法有哪些，如何应用于公共部门？

    3.我国公共部门人力资源开发的特点是什么？

    4.人力资源开发战略的作用有哪些？

    5.人力资源开发战略有哪些特点？

【案例与讨论】

    2023年8月，中共中央办公厅、国务院办公厅印发了《关于进一步加强青年科技人才培养和使用的若干措施》（以下简称《若干措施》）。文件出台有何重要意义，有哪些支持青年科技人才成长发展的亮点举措，又如何保障《若干措施》落实落地？针对公众关注的热点话题，科技部负责同志进行了答疑解惑。

    《若干措施》出台的背景是什么，有何重要意义？

    青年科技人才处于创新的高峰期，是国家战略人才力量的重要组成部分。党中央高度重视青年科技人才队伍建设。习近平总书记多次就加强青年科技人才的培养和使用作出重要指示批示，要求把培育国家战略人才力量的政策重心放在青年科技人才上，给予青年人才更多的信任、更好的帮助、更有力的支持，支持青年人才挑大梁、当主角，造就规模宏大的青年科技人才队伍。党的二十大对加快建设包括青年科技人才在内的国家战略人才力量提出明确要求，中央人才工作会议对加强青年科技人才队伍建设作出具体部署。

    青年科技人才已成为我国科技创新发展的生力军。新时代，我国青年科技人才规模快速增长，源源不断充实科技人才队伍。2012—2021年间，我国研究与试验发展人员数量由416.7万人增长到858.1万人，增加441.4万人，年均增长7.67%。同期，自然科学领域博士毕业生总人数超过45万人，年均增长率4.73%。同时，青年科技人才在国家重大科技任务实施中发挥越来越重要的作用。国家重点研发计划参研人员中，45岁以下占比达80%以上；国家自然科学奖获奖者成果完成人的平均年龄已低于45岁；北斗导航、探月探火等重大战略科技任务的许多项目团队平均年龄都在30多岁。在人工智能、信息通信等新兴产业领域，优秀青年科技人才已成为技术创新的主力。

　　我国当代青年科技人才的职业生涯与到本世纪中叶全面建成社会主义现代化强国的时间高度契合。培养用好青年科技人才，对加快实现高水平科技自立自强，建设科技强国和人才强国意义重大。2022年，科技部等五部门聚焦青年科研人员启动实施"减负行动3.0"，有针对性地开展挑大梁、增机会、减考核、保时间、强身心等五项行动，取得了积极成效，起到了先行先试的探索作用。《若干措施》在此基础上，进一步加大政策力度，采取更多突破性措施，必将对我国青年科技人才队伍建设起到重要推动作用。

　　制定《若干措施》有什么基本考虑，主要举措有哪些？

　　《若干措施》的制定坚持以习近平总书记关于做好新时代人才工作的重要思想和关于科技创新的重要论述为根本遵循，贯彻落实党的二十大精神及中央人才工作会议任务部署，针对当前青年科技人才面临的职业早期科研支持不够、成长平台和发展机会不足、符合青年科技人才特点的评价机制不完善、非科研负担重、生活压力大等突出问题，深入科研一线开展调查研究，广泛听取广大青年科技人才和各方意见建议，努力找出"真问题"、提准"实举措"，不求面面俱到，力求务实管用，突出可操作性，研究提出政策举措。

　　《若干措施》涉及青年科技人才培养和使用的方方面面，涵盖青年科技人才关心的主要问题。在具体措施上，既注重思想政治引领，又注重科研支持、职业发展、生活保障服务和身心健康关爱；既注重解决当前面临的迫切问题，又注重构建青年科技人才工作长效机制；既有原则性要求，也有量化要求。

　　一是，加强思想政治引领。青年一代有理想、有担当，国家就有前途，民族就有希望。《若干措施》把加强对青年科技人才爱国奉献、科学报国的思想政治引领放在首要位置，坚持党对新时代青年科技人才工作的全面领导，强调用党的初心使命感召青年科技人才，激励引导青年科技人才大力弘扬科学家精神，传承"两弹一星"精神，在实现高水平科技自立自强和建设科技强国、人才强国实践中建功立业，在以中国式现代化全面推进中华民族伟大复兴进程中奉献青春和智慧。

　　二是，强化职业早期支持。《若干措施》提出，充分发挥基本科研业务费对青年科技人才科研职业生涯的启动助推作用，根据实际需要、使用绩效和财政状况，逐步扩大中央高校、公益性科研院所基本科研业务费对青年科技人才的资助规模，完善并落实以绩效评价结果为主要依据的动态分配机制。基本科研业务费重点用于支持35岁以下青年科技人才开展自主研究，有条件的单位支持比例逐步提到不低于年度预算的50%。

三是，突出大胆使用。《若干措施》充分落实给予青年人才"更多的信任、更好的帮助、更有力的支持"的要求，从引导支持青年科技人才服务高质量发展，支持青年科技人才在国家重大科技任务中"挑大梁""当主角"，深入实施国家重点研发计划青年科学家项目，国家科技创新基地大力培养使用青年科技人才，更好地发挥青年科技人才决策咨询作用等方面，赋予青年科技人才更多担纲领衔和脱颖而出的机会，出台了一系列有针对性和可操作性强的举措，支持大胆使用青年科技人才，充分发挥青年科技人才作用。

四是，促进国际化发展。《若干措施》提出加大青年科技人才出国学习交流支持力度，引导支持青年科技人才组织和参与国际学术交流活动，讲好新时代中国科技创新故事和中外科技合作故事，提升青年科技人才国际活跃度和影响力。

五是，构建长效机制。《若干措施》既注重解决当前青年科技人才强烈期盼、亟待解决的急迫问题，又注重构建促进青年科技人才队伍健康稳定发展的长效工作机制。要求各级党委和政府把青年科技人才工作作为战略性工作，纳入本地区经济社会发展和人才队伍建设总体部署，建立多元化投入保障机制和常态化联系青年科技人才机制。要求用人单位切实落实培育造就拔尖创新人才的主体责任，制定完善青年科技人才培养计划；建立和完善青年科技人才评价机制，提升自主评价能力；结合自身实际，采取适当方式提高职业早期青年科技人才待遇，加强对青年科技人才的关怀爱护。要求各类科技创新基地，如国家实验室、全国重点实验室、国家技术创新中心、国家临床医学研究中心等，大力培养使用青年科技人才，积极推进科研项目负责人及科研骨干队伍年轻化，推动重要科研岗位更多由青年科技人才担任。

《若干措施》出台了哪些支持青年科技人才成长发展的"硬举措"？

注重务实管用，是《若干措施》起草工作着力把握的一个基本原则。其中不少措施都明确了定量化的要求，具有很强的可操作性。

一是，在支持青年科技人才在国家重大科技任务中"挑大梁"方面。规定国家重大科技任务、关键核心技术攻关和应急科技攻关等大胆使用青年科技人才，40岁以下青年科技人才担任项目（课题）负责人和骨干的比例原则上不低于50%；鼓励青年科技人才跨学科、跨领域组建团队承担颠覆性技术创新的任务，不纳入申请和承担国家科技计划项目的限项统计范围；稳步提高国家自然科学基金对青年科技人才的资助规模，将资助项目数占比保持在45%以上，支持青年科技人才开展原创、前沿、交叉科学问题的研究。

二是，在深入实施国家重点研发计划青年科学家项目方面。规定国家重点研发计划重点专项进一步扩大青年科学家项目比例，负责人申报年龄可放宽到40岁，不设职称、学历限制。对高效组织实施、高质量完成任务目标的优秀青年科研团队，通过直接委托进行接续支持，经费使用可实行包干制。

三是，在国家科技创新基地大力培养使用青年科技人才方面。鼓励各类国家科技创新基地面向青年科技人才自主设立科研项目，由40岁以下青年科技人才领衔承担的比例原则上不低于60%。青年科技人才的结构比例、领衔承担科研任务、取得重大原创成果等培养使用情况纳入科技创新基地绩效评估指标，加强绩效评估结果的应用。

四是，在青年科技人才分类评价方面。明确要求不把论文数量和人才称号作为机构评价指标，避免层层分解为青年科技人才的考核评价指标。

针对支持青年科技人才参与科技决策，《若干措施》采取了什么措施？

吸纳更多青年科学家群体参与科技决策咨询，既有利于推动科技决策民主化、科学化，也是发现和培育战略科学家后备人才的重要途径。

《若干措施》积极回应广大青年科技人才的期盼和诉求，提出针对性举措。

一是，扩大科技评审专家库中青年科技人才的规模，要求高等学校、科研院所、企业等各类创新主体，积极推荐活跃在科研一线、负责任、讲信誉的高水平青年科技人才进入国家科技评审专家库。

二是，增加评审专家组成中青年科技人才的比例，规定国家科技计划等项目指南编制专家组，科技计划项目、人才计划、科技奖励等评审专家组，以及科研机构、科技创新基地等绩效评估专家组中，45岁以下青年科技人才占比原则上不低于三分之一。

三是，推动各类学术组织吸纳更多青年科技人才，高层次科技战略咨询机制、各级各类学会组织应根据需要设立青年专业委员会，推动理事会、专家委员会等打破职称、年龄限制，支持青年科技人才多层次参与学会组织治理运营。

在加强国家战略人才力量建设的大背景下，如何保障《若干措施》落实落地？

坚持党管人才原则和党中央对科技工作的集中统一领导，强化与相关部门和各地方的协同联动，统筹教育、科技、人才资源，加强对用人单位的指导和服务，调动各方积极性、主动性，推动青年科技人才工作体系化和创造性开展，确保各项措施落地并形成长效机制。

一是，广泛深入开展政策宣传解读。组织新闻媒体、科技管理和人才管理等领域的专家通过新闻报道、专题访谈、解读文章等形式进行广泛宣传和深入解读，提高政策知晓度和关注度，推动政策措施有效执行。

二是，督促各地和用人单位进一步细化落实。督促各地把青年科技人才工作纳入经济社会发展、人才队伍建设总体部署，根据各地实际，加快建立多元化投入保障机制和常态化联系青年科技人才机制，抓好政策落实。鼓励指导用人单位切实落实主体责任，结合实际细化具体举措，健全工作体系和配套制度，提升青年科技人才培养使用能力。

三是，开展动态评估和跟踪研究。组织专业机构适时对措施落实情况和效果开展评估，总结推广典型经验做法，分析解决难点问题。动态跟踪国际青年科技人才政策发展动向，持续开展青年科技人才重点问题和政策研究，推动青年科技人才工作机制不断完善。

思考题：

1.《若干措施》体现出我国科技人才人力资源开发的何种特点？

2.我国的科技人才人力资源开发的战略是什么？

3.《若干措施》能够实现我国科技人才开发的何种目标？

【现实思考】

愿做大山里的一盏灯

张桂梅同志，女，满族，1957年6月出生，中共党员，云南省丽江华坪女子高级中学党支部书记、校长，华坪县儿童福利院院长。曾荣获"时代楷模""全国优秀共产党员""全国先进工作者""全国师德标兵""全国最美乡村教师""全国脱贫攻坚楷模""感动中国2020年度人物"等荣誉称号。

张桂梅同志坚守初心、对党忠诚，响应党的号召，毅然到云南支援边疆建设，跨越千里、辗转多地，无怨无悔。她扎根贫困地区40多年，立志用教育扶贫斩断贫困代际传递，倾力建成全国第一所全免费女子高中，让1600余名贫困山区女学生圆梦大学，托举起当地群众决战决胜脱贫攻坚的信心和希望。

她坚决贯彻党的教育方针，将坚定的理想信念融入办学体系，用红色教育为师生铸魂塑形。2000年，她在领取劳模奖金后，把全部奖金一次性交了党费。她把对党的忠诚和对人民的热爱渗透在血脉里，在她身上充分体现着一名共产党员初心如磐的精神品质和至诚至深的家国情怀。

张桂梅同志爱岗敬业、爱生如子，为了不让一名女孩因贫困失学，坚持家访11年，遍访贫困家庭1300多户，行程十余万公里。她长期拖着病体工作，超量的付出透支了原本羸弱的身体，不遗余力践行着"只要我还有一口气，就要站在讲台上"的诺言，用实际行动铺就贫困学子用知识改变命运的圆梦之路。多年来她一直住在学生宿舍，和孩子们吃住在一起，陪伴学生学习生活。她在教书育人岗位上为贫困地区教育事业作出了重要贡献，在她身上充分体现了人民教师潜心育人的敬业精神和立德树人的使命担当。

张桂梅同志把工资、奖金和社会各界捐款共计100多万元全部投入到贫困山区教育中。她把全部身心献给了祖国西南贫困山区的教育和福利事业，在她身上充分体现了人民教师以德施教的仁爱之心和至善至美的师者大爱。新时代，我们党要求"我们要坚持教育优先发展、科技自立自强、人才引领驱动，加快建设教育强国、科技强国、人才强国，坚持为党育人、为国育才，全面提高人才自主培养质量，着力造就拔尖创新人才，聚天下英才而用之。"张桂梅同志的案例正是对科教兴国战略的最好回应。

思考题：

1. 科教兴国战略体现了党的什么价值理念？

2. 张桂梅同志的案例如何反映了党的人力资源开发战略？

3. 你还知道哪些能够体现科教兴国战略的人力资源管理实践案例？

【拓展阅读】

[1]程杰,李冉.中国退休人口劳动参与率为何如此之低？——兼论中老年人力资源开发的挑战与方向[J].北京师范大学学报(社会科学版),2022(02):143-155.

[2]顾昕,惠文.遏制"看病难"：医疗人力资源开发的治理变革[J].学习与探索,2023(02):130-141.

[3]李德志.公共部门人力资源管理与开发[M].3版.北京:科学出版社,2016.

[4]李树文,罗瑾琏,郭利敏,等.科创企业能力型、动机型与机会型战略人力资源管理对产品创新影响的周期演进[J].南开管理评论,2022,25(02):90-102.

[5]李志,谢梦华.人力资源服务助推乡村振兴发展研究——基于实现共同富裕目

标视角[J].重庆大学学报(社会科学版),2023,29(02):286-298.

[6]尚航标,杨学磊,李卫宁.战略人力资源管理策略如何影响组织惯例更新——基于员工情感反应视角的解释[J].管理世界,2022,38(03):162-182.

[7]宋斌.政府部门人力资源开发案例研究[M].北京:清华大学出版社,2007.

[8]孙柏瑛,祁凡骅.公共部门人力资源开发与管理[M].5版.北京:中国人民大学出版社,2020.

[9]孙鹃娟."60后"退休潮现象及老龄人力资源开发[J].人民论坛,2022(23):65-68.

[10]杨丽丽.乡村振兴战略与农村人力资源开发及其评价[J].山东社会科学,2019(10):147-152.

[11]杨嵘均.我国公共部门人力资源开发与管理的价值转型与制度设计——基于环境—价值—制度研究范式的探讨[J].中国行政管理,2014(04):73-78.

[12]姚建东.试论公共部门人力资源管理的特性、战略目标和发展趋势[J].中国人力资源开发,2010(04):101-103.

[13]朱斌,张佳良,范雪灵,等.匹配观视角下的战略人力资源管理模式——碧桂园集团人力资源管理之道解析[J].管理学报,2020,17(06):791-801.

[14]BREAUGH J.Too stressed to be engaged? The role of basic needs satisfaction in understanding work stress and public sector engagement [J].Public Personnel Management,2021,50(1):84-108.

[15]HAMEDUDDIN T, FERNANDEZ S.Employee engagement as administrative reform:Testing the efficacy of the OPM's employee engagement initiative [J].Public administration review,2019,79(3):355-369.

[16]JOHNSON B A M, COGGBURN J D, LLORENS J J.Artificial intelligence and public human resource management:questions for research and practice [J].Public Personnel Management,2022,51(4):538-562.

[17]KLINGNER D.Reinventing public personnel administration as strategic human resource management[J].Public Personnel Management,1993,22(4):565-578.

[18]LEVITATS Z, VIGODA-GADOT E.Emotionally engaged civil servants:Toward a multilevel theory and multisource analysis in public administration[J].Review of Public Personnel Administration,2020,40(3):426-446.

第二部分

方法技术篇

第三章　公共部门工作分析、评价与分类

【学习要点】

1.工作分析与评价的基本概念。

2.工作分析与评价的基本方法。

3.职位分类和品位分类的方法、特点以及优缺点。

【引入案例】

"小李，你过来一下。""哎，来啦！"小李匆忙保存好写到一半的方案，在桌上的文件堆里翻出记事本就往主任办公室走去。

小李今年年初考上某街道的公务员，入职后被分配到街道的核心部门——党政办工作。办理入职的时候，负责人事工作的林姐和蔼地跟小李说："党政办是个综合性很强的部门，忙是忙点，但也是个很锻炼人的地方，你们年轻人要好好干呀！"

"刚刚开会布置了一项工作，由党政办这边汇总各部门的材料后报送出去，这个事情你跟进一下。"刘主任把手上的通知递给小李，嘱咐道："涉及的部门比较多，你先找找老王，问他拿去年报送的材料，先熟悉一下。"

小李点点头，接过文件走出去，迎面进来的是街道财政所的张主任。张主任跟刘主任沟通完工作，忍不住打趣道："你也别太欺负新人了，大大小小哪个部门的事情都交给人家小李，我看闲人不少呢。"

刘主任感叹道："唉，没办法呀！我这里人少事多，老王过几年要退休了，其他几个……虽说小李是新人，但他肯干、踏实、做事不拖拉，比其他几个强多了！"

相比其他同一批进入单位的人，小李的确是最忙碌的一个，写会议记录、写方案、报送材料……渐渐地，各个部门别人不愿意干的活，领导都直接派给了他。小李一开始也认为，自己是新来的，多干点活也没错。可渐渐地，目送

同事们准点下班回家成为常态，看着自己桌上成堆的文件，看着电脑上还没写完的方案，小李陷入了沉思……

思考与讨论：

1. 从工作分析和职位管理的角度分析案例中"忙闲不均"的原因。
2. 从工作分析和职位管理角度出发，如何解决"忙闲不均"的问题？

对公共部门人力资源管理而言，工作分析、工作评价与工作分类不仅是其重要基础，也是一种基本方法与技术。本章将介绍工作分析、工作评价与工作分类的基本概念和基本方法。

第一节　公共部门工作分析概述

工作分析不仅是对特定职位的职责、责任、权限等的系统性理解，也是评价和分类工作的基础。本节内容包括工作分析的含义、相关概念、职位责任、资格条件、工作环境及其对职位分析的影响。

一、工作分析的含义及相关概念

（一）工作分析的含义

工作分析是人力资源管理和开发领域的一项核心活动，它为工作评价、职位分类以及整个公共部门的人力资源管理提供了基础性的支持。工作分析可以从广义和狭义两个角度来理解。广义的工作分析涵盖了对国家或社会范围内各种职位和工作的全面分析。而狭义的工作分析，也被称作职务分析，专注于利用科学方法和技术手段，对特定职位的职责、所承担的责任、授予的权限、与其他职位的关系以及任职条件等进行深入了解的系统性过程。本书主要探讨的是工作分析的狭义概念。

进行工作分析的实践者被称为工作分析师，他们的分析对象包括职位中的多个维度：工作内容、职责范围、所需技能、工作强度、工作环境、心理要求，以及该职位在组织内的运作方式等。工作分析的终极成果体现在两个重要文档上：一是工作描述书，明确指出工作所涵盖的具体任务和内容；二是岗位资格说明书，阐述该工作岗位所需的能力和素质标准。

工作本身可以进一步细分为职业、职务、职位、任务和要素等不同的形态。而工作分析的过程则包括一系列详细的步骤：开展调查、进行研究、任务分解、相互比较、综合归类、排序、评估、记录，以及对工作进行详尽的说明和描述。这些步骤共同构成了工作分析活动的核心，旨在通过深入调研个体的职业生涯和职业行为，系统地识别出相关的工作群组、职务、职位以及职责和任务，从而准确定义工作的内容范围、特性关系、难易程度以及所需的技能和素质标准。

（二）工作分析的相关概念

要素：指工作活动中不便再继续分解的最小单位。例如速记人员速记时能正确书写各种速记符号等行为。

任务：指工作过程中那些相对独立的基本活动单位，是达到某一工作目的的要素集合。例如打印一封英文信这一工作任务是以下四个要素的集合：熟悉每个英文单词，拼出相应的单词，修正语法错误，打印成稿。

职责：指个体在某一方面担负的一项或多项相互联系的任务集合。例如，进行工资调查是人事管理人员的职责之一，由下列任务所组成：设计调查问卷，把问卷发给调查对象，将结果表格化并加以解释，把调查结果反馈给调查对象等。

职位：指某一工作班制时间内某一个人所担负的一项或数项相互联系的职责集合。在公共部门，职位一般与职员一一对应，职位数量与成员数量相等。职位与职务、职能不同。一个职务下设一个或者数个职位，一项职能下设一个或者数个职务。例如，办公室主任是一个职位，同时担负人事调配、文书管理、日常行政事务处理三项职责。副县长是一个职务，该职务下设分管工业、农业、文化教育等数个不同的副县长职位。

职务：指主要职责在重要性与数量上相当的一组职位的集合或统称。例如，学校分管不同业务工作的领导，就工作内容而言二人职责不同，但对整个学校而言他们职责相当，缺一不可，因此这两个职位可以统称为"副校长"（职务）。

职业：指不同时间、不同组织中，工作要求相似或职责相近的职位集合。例如会计、工程师等。

职业生涯：指一个人在其生活中所经历的一系列职位、职务或职业的集合或总称。

职系：又叫职种，指职责繁简难易、轻重大小及所需资格条件并不相同，但工作性质充分相似的所有职位集合。例如人事行政、社会行政、财税行政、保险行政等均各属于不同的职系。

职组：又叫职群，指若干工作性质相近的所有职系的集合，是工作分类中的一个辅助划分。例如人事行政与社会行政可以并入普通行政职组，财税行政与保险行政可以并入专业行政职组。

职门：指若干工作性质大致相近的所有职组的集合。例如人事行政、社会行政、财税行政与保险行政均可并入同一个行政职门。职门、职组与职系是对工作的横向划分，职级与职等则是对工作的纵向划分。

职级：指同一职系中职责繁简、难易、轻重及任职条件十分相似的所有职位集合。例如，中教一级与小教高级的数学教师属于同一职级，一级语文教师与一级英语教师属同一职级。

职等：指不同职系之间，职责的繁简、难易、轻重及任职条件要求充分相似的所有职位的集合。职级的划分在于同一性质工作程度差异的区分，形成职级系列。职等的划分则在于寻求不同性质工作之间的程度差异的比较或比较的共同点。例如，大学讲师与研究所的助理研究员以及工厂的工程师属于同一职等。

在人力资源管理中的测评方面，既要有对人的测评，又要有对事的测评。为了弥补就人论人的不足，对人的测评必须通过或结合对事的分析。因此，无论是人员素质测评还是工作绩效考核，均离不开工作分析。

二、工作分析的类型与程序

工作分析有单一目的型与多重目的型两种，二者的主要区别在于细节和记录，而获取与分析资料的手段与过程本质上是相同的。工作分析的目的和侧重点不同，对应的计划、设计和分析的关键点也不同。工作分析包括以下五个环节。

1.计划

首先，确定工作分析的目的与结果的使用范围，明确所分析的资料到底用来干什么，解决什么管理问题；其次，界定所要分析的信息内容与方式，预算分析的时间、费用与人力；最后，组建工作分析小组，分配任务与权限。

2.设计

首先，明确分析客体，选择具有代表性与典型性的分析样本；其次，根据经验、专业知识与个性品质等来选择分析方法与人员；最后，制定时间安排、分析标准、选择信息来源等。

3.信息分析

工作信息分析包括对工作信息的调查收集、记录、描述、分析、比较、衡量、综合归纳与分类等。其中，工作名称分析包括对工作特征的揭示与概括，名称的选择与表达；工作规范分析包括工作任务、工作责任、工作关系与工作强度的分析；工作环境分析包括物理环境、安全环境与社会环境的分析；工作条件分析包括必备的知识、经验、操作技能和心理素质的分析。工作信息一般来源于工作者、主管者、顾客、分析专家、词典、文献汇编等。

4.分析结果的表述

分析结果的表述主要有工作描述、工作说明书、工作规范、资格说明书和职务说明书五种形式。

（1）工作描述，指对工作环境、工作要素及其结构关系的说明；

（2）工作说明书，指对某一职位或职位工作职责任务的说明；

（3）工作规范，指对职位或职位内工作方式、内容与范围的说明，包括完成工作操作方式方法与工具设备、职位之间的相互工作关系，但不一定包括责任、权限与资格要求；

（4）资格说明书，指对某一职位或职位任职资格的说明；

（5）职务说明书，指对某一职务或职位工作职责权限及其任职资格等内容的全面说明。

5.分析结果的运用

工作分析结果的运用指导，主要包括对运用范围、原则与方法的规定。其中，职位分类是人力资源管理各项工作的基础与依据，因此需要特别注意其重要性与基础性。职位分类是指将各职位按工作性质、责任轻重、繁简难易及所需人员的资格条件等因素划分为不同的类别和等级。职位分类有横向和纵向两种：横向分类，指根据职位工作性质的相似程度，将职位划分为不同职组与职系；纵向分类，指根据职位工作量值的大小，将职位划分到不同职级与职等。

在上述五个环节中，计划与设计是基础，信息分析是关键，结果表述与运用是目的，图3-1是工作分析活动的流程。

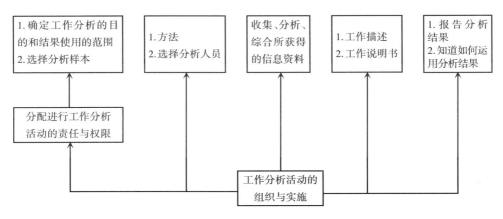

图3-1　工作分析活动流程

转引自：萧鸣政.公共部门人力资源开发与管理[M].1版.北京：北京大学出版社，2016.

三、工作分析的内容

（一）职位责任

职位责任分析指通过对不同员工和不同任务进行详细、全面、简洁、直观的描述来揭示工作内容，是工作分析内容的主要部分。

（二）资格条件

资格条件分析的主要内容有以下五个方面。

1.知识，指任职者开展工作、胜任职务的基础，包括职位工作过程中涉及的基础知识、专业知识与相关知识等。

2.工作经验，指圆满完成工作所必需的，对设备、技能等熟练程度的实践经验。由于知识更新迭代较慢，工作经验更具有针对性。

3.智力水平，指应对工作调整和工作中可能出现的紧急情况所必需的能力，涉及头脑反应、注意力集中程度与计划水平等，难以通过短期的培训提升，通常归纳为独创能力、判断能力、应变能力、敏感能力等四种类型。

4.技巧和准确性，指为达到工作要求的速度和精确程度所需要的手工或操作能力，这两个相关因素有细微的区别，技巧和速度、及时性、敏捷程度等与人体器官的反应有关，通过对工作者敏捷行动的种类和程度的描述进行测量；准确性指工作成果或者调配设备的精确程度，通常用允许范围内误差的明确术语来描述。

5.体力要求，指工作本身对工作人员体力方面的压力，由体力活动的频率和剧烈程度来衡量，可用语言、一个或多个参数体系来描述。体力要求与工作本身相联系，不包括个人自愿的表现和偶然性的指派。

（三）工作环境与危险性

完成工作任务时的特定环境与危险性有密切联系，但要分别予以考虑。

工作环境会影响工作人员的身体健康，决定特定工作所需要的特定的人，且不能由工作人员自由支配，在工作评价系统中作为一种可补偿因素。分析工作环境时，应当首先分析环境的性质及其对工作人员的影响，记录信息时应当使用简单语言、叙事体和便捷的检查表。

危险性指体力活动或工作环境对工作人员可能产生的危害，包括身体损伤和职业病。分析时应从工作人员可能会受到什么损伤、发生损伤的可能性以及严重程度依次进行，用叙事体或检查表方式记录。

除此之外，公众对某个职业或某一行业内不同分工的认知会随着时间和环境而变化，在某个时期，某些职业可能受到欢迎，某些职业则可能遭到负面评价。这些因素会影响职业的竞争力，因此社会环境也是工作分析的一个重要因素。不同职业需要不同的资质，如律师、医生、教师等需要相应的职业证书。一些特殊性或专业性强的职业，要求从业人员完成相立工作任务的同时承担相应的职业风险。

经典理论——权变理论

权变理论是一种实用主义的管理理论，它认为管理的有效性取决于组织内部和外部的各种因素，没有一种最佳的或普遍适用的管理方法。权变理论强调管理者应该根据具体的情境和条件，灵活地选择和调整管理模式、方案或方法，以达到组织的目标①。权变理论认为：组织是一个开放的系统，受到环境的影响和制约；组织应该根据环境变化，进行有效管理，以保持对环境的最佳适应；组织的活动是一个动态的过程，需要不断地反馈和调整；组织应该根据自身的目标和条件，采取依势而行的管理方式，以实现目标和效率的平衡；组织在结构、人性、领导等方面都是复杂的，受到多种内外因素的交互影响；组织应该根据不同的情况，确定最适合的组织结构、人力资源、领导风格等，以提高组

---

① LUTHANS F. The contingency theory of management：A path out of jungle ［J］. Business Horizons，1973，16（3）：67-72.

织的协调性和灵活性①②。

第二节　公共部门工作分析的方法

按照不同的标准，工作分析方法可以分为不同的形式。即按功用可分为基本方法与非基本方法；按分析内容的确定程度可分为结构性分析方法与非结构性分析方法；按对象可分为任务分析、人员分析与方法分析；按基本方式可分为观察法、写实法与调查法等。本节对上述方法作一综合介绍。

一、基本分析方法

1.观察分析法

观察分析法是一种常见且有效的工作分析技术，它主要依赖于经验丰富的分析师通过直接观察来收集工作相关信息。这种方法涉及对员工在一定时间内的具体工作行为、操作方式和任务执行过程进行隐蔽而详细的观察。观察者根据预设的标准格式，记录观察到的所有重要信息，包括工作的内容、形式和过程，并在此基础上对所观察到的各种工作因素进行系统分析，以达到对特定工作特性和要求的深入了解。此方法特别适合于捕捉和分析工作中的外在行为表现和技能操作，如工作动作的具体步骤、使用的工具和设备、工作条件下的表现等。但是，它对于评估工作中涉及的长期心理状态和情感态度等内在因素就显得不太适用。因此，观察分析法更常被用来分析那些外显行为特征明显、易于观察记录的职位。

为了确保观察分析的准确性和客观性，分析师需采取措施避免自身偏见影响分析结果，包括在不同的时间段对多个工作对象进行观察，以便获得全面和多角度的工作行为数据等。通过对不同工作场景和不同时间点的观察，分析师能够更准确地捕捉到工作行为的常态，减少个别偶发事件或特定情境下的偏差对分析结果的影响。有时，观察分析法还可以与其他方法结合使用，以增强分

---

① DONALDSON L.Strategy and structural adjustment to regain fit and performance：In defence of contingency theory[J].Journal of Management Studies，1987，24(1)：1–24.

② VAN DE VEN，A H GANCO M，HININGS C R.Returning to the frontier of contingency theory of organizational and institutional designs[J].The Academy of Management Annals，2013，7(1)：393–440.

析的深度和广度。

2.工作者自我记录分析法

工作者自我记录分析法是一种让工作者亲自参与到工作分析过程中的方法。在这种方法中，员工被要求使用特定的格式，如工作日志的形式，来记录自己日常的工作活动、所遇到的挑战、解决问题的方法以及个人的感受和体验。这种自我记录的做法能够捕获到工作细节和复杂性的多个层面，特别是那些涉及高级技能和知识的工作职位，这种方法在成本效益上对于复杂工作的分析显得尤为突出。通过这种自我记录的方式，工作者有机会反思和总结自己的工作实践，这不仅有助于个人职业发展，也为工作分析提供了一手资料。工作者因直接参与工作过程，对于职位的要求、面临的问题以及执行任务时的实际感受有着最直接的了解和体验，所以能提供深入且具体的分析资料。

然而，工作者自我记录分析法也存在一定的局限性。由于记录是由工作者本人完成，可能会受到个人认知偏差或主观情感的影响，从而导致记录的准确性和客观性受损。为了缓解这一问题，通常需要工作人员的直接上级或其他相关管理人员对工作者提交的记录进行审核和校正。这一过程不仅能够帮助纠正可能的误差，也为上级提供了深入理解下属工作内容和工作环境的机会。此外，为了提高自我记录分析法的效率和有效性，可以引入定期讨论会和反馈环节，让工作者有机会分享自己的记录和体验，同时接收来自同事和管理层的建议和反馈。这种互动性的增强不仅可以提高记录的质量，还能够促进团队内的知识共享和沟通，进一步提升工作分析的整体价值。

3.主管人员分析法

主管人员分析法涉及组织中的管理层成员直接参与到工作分析过程中，利用他们的管理职能和对下属工作的深入观察来收集、记录并分析工作任务、责任和要求等关键信息。由于主管人员通常对所负责领域的工作内容和要求具有全面而深刻的认识，并且很多主管人员在升任前也曾直接从事过相关工作，他们能从自身的经验出发，对工作任务和技能要求进行精准评估和识别。

这种分析方法的一个显著优势是主管人员能够从管理和执行的双重视角出发，对工作职责进行评价。他们不仅能够理解工作任务的具体细节，还能从组织的战略高度考虑，识别哪些技能和能力对于完成任务最为关键。这样的分析能够帮助明确工作岗位的核心要求，为人力资源管理和发展提供准确的依据。

然而，主管人员分析法也存在潜在的局限性。即使主管人员对工作有深刻理解，他们的视角也有可能因个人经验的局限而带有偏见。特别是对于那些他们未曾直接从事过的工作领域，可能无法完全准确地评估所有职位要求。此外，主观性的影响也可能导致对工作技能和能力要求的判断存在偏差。为了弥补这种方法的不足，可以将主管人员分析法与工作者自我记录分析法结合使用。通过让工作者记录自己的工作经验和感受，与主管人员的观察和分析相互补充，可以获得更全面、更客观的工作分析结果。这种方法的结合不仅能够减少单一视角可能带来的偏差，还能促进管理层与员工之间的沟通和理解，提高工作分析的准确性和有效性。通过综合运用这两种方法，组织能够更精确地定义和理解各个职位的要求。

4.访谈分析法

面对那些无法实际去做、去现场观察或难以观察的工作，分析者可以通过访谈工作者或主管人员，了解他们的工作内容、目的、方法，由此获得工作分析的资料。访谈分析法既适用于短时间的生理特征的分析，又适用于长时间的心理特征的分析。

在访谈开始前需要先制定详细的访谈计划，明确访谈主线，列出访谈提纲。在访谈中可能会遇到受访者在态度或能力方面无法配合的情况，对访谈者的提问技巧有较高的要求。此外，需要注意线上访谈与线下访谈的效果差异，访谈者应注意观察受访者的微表情、动作、语速等传递的细节信息，也要关注环境对受访者的影响。访谈时应采取标准的形式记录，便于归纳与比较。

STAR 模型是访谈中常用的一种模型，其中，S（situation）代表情境、T（task）代表任务、A（action）代表行动、R（result）代表结果，四个要素代表了一个完整事件。这种方法需要受访者回忆关键事件，有助于受访者清晰、有条理地描述在工作中遇到的问题，以及如何解决或应对，进而使访谈者了解整个事件过程。

5.纪实分析法

该方法需要对实际工作内容与过程进行大量且详细的如实记录，按照所描述的内容进行归类，全面清楚地了解工作，达到分析目的。

6.问卷调查分析法

该方法在进行工作分析时是一种极为普遍的手段，它通过设计和发放问卷来收集有关职位的详细信息，包括工作内容、职责、技能需求等方面。根据问卷的发放和回收方式、问题的类型及格式等不同，问卷可以分为多个类别，以适应不同的分析需求和研究环境。

问卷按照发放方式可以分为通信问卷和非通信的集体问卷，通信问卷指的是通过纸质信件、电子信件等方式发送给受访者，允许他们在方便的时间填写；而非通信的集体问卷则是在特定的集会或会议上发放和填写，便于现场解答疑问并及时回收。根据问卷内容的设计，可以将问卷分为检核表问卷和非检核表问卷，检核表问卷通常包含一系列的预设问题或陈述，让受访者勾选或评级，便于快速收集和量化分析数据；非检核表问卷则更加自由，允许受访者以开放式回答提供详细信息，适用于需要深入理解的情况。问卷还可以根据是否经过标准化来分类，包括标准化问卷和非标准化问卷，标准化问卷经过严格设计，确保不同时间、地点的调查中问题的一致性，方便进行跨时间或跨地点比较；非标准化问卷则更加灵活，可根据特定情境的需要定制问题。问卷按照问题的开放程度可以分为封闭性问卷和开放性问卷，封闭性问卷包含固定选项的问题，受访者在有限的选项中选择答案，易于统计分析；开放性问卷则提供开放式问题，让受访者自由表述，更适合探索性研究和获取丰富的定性数据。

问卷调查分析法的选择和设计需要根据工作分析的具体目标和背景来确定，恰当的问卷设计和分析方法能够有效地提高数据收集的质量和分析的准确性，为人力资源管理和职位设计提供可靠的决策支持。

二、任务分析技术

任务分析指工作分析者借助一定的手段与方法，对整个职位的各种工作任务进行分解，寻找出构成整个职位工作的各种要素及其关系。任务分析的基本方法和工具，有决策表、流程图（逻辑树）、语句描述、时间列形式、任务清单五种。前两种方法比较适合任务之间存在前后顺序或逻辑关系的流水作业式的职位任务分析，后三种方法比较适合缺乏逻辑关系与顺序关系的职位任务分析。

任务分析最终要产出的结果为职务说明书，职务说明书包含两大部分："工作描述""职位资格要求"。表3-1展示了某国有企业研发设计人员的职务说明书。

（1）基本信息，包括职务名称、职务编号、所属部门、职务等级、制定日期等；

（2）工具、工作流程、人际交往、管理状态等；

（3）工作环境，包括工作场所、工作环境的危险、职业病、工作时间、工作环境的舒适程度等。

（4）职位资格要求的具体内容包括：

①任职资格：年龄要求、学历要求、工作经验要求、性格要求等。

②基本素质：专长领域、工作经验、接受的培训教育、特殊才能等。

③生理素质：体能要求、健康状况、感觉器官的灵敏性等。

④综合素质：语言表达能力、合作能力、进取心、职业道德素质、人际交往能力、团队合作能力、性格、气质、兴趣等。

表3-1　某国有企业研发设计人员的职务说明书

职务说明书	
项目	**描述**
组织名称	［组织全称］
部门	研发部
职位名称	研发设计人员
直接上级	研发部部长
工作性质	全职
主要职责	
负责产品从概念到产品化的全过程设计和研发工作。	
根据市场需求和组织战略,参与新产品的研究和开发计划。	
进行产品方案的设计、仿真与分析,确保产品设计的先进性和可行性。	
编写技术文档,包括设计说明、产品规格、测试报告等。	
跟踪新技术和行业发展趋势,为组织产品的创新和改进提供技术支持。	
与项目管理人员、制造工程师、质量工程师等紧密合作,确保产品按计划和质量要求完成。	
解决产品开发过程中的技术问题,提供技术指导和支持。	
参与预算编制,控制项目成本,确保研发项目的经济效益。	
任职资格	
工程技术或相关领域的本科及以上学历。	
［具体年数］年以上相关工作经验,有国有企业工作背景者优先。	
精通［具体技能］,熟悉［相关软件或工具］。	
具有优秀的团队合作精神和跨部门协调能力。	
强烈的创新意识和解决问题的能力。	
良好的项目管理和时间管理能力。	
［如有需要,可添加其他特定要求或技能］。	
工作地点	
［具体地址或城市］	
薪资范围	
面议(根据经验和能力)	

三、人员分析技术

该方法又称为任职资格分析，指通过一定的方法寻求那些确保员工成功从事某项工作的知识、能力、技能和其他个性特征因素。

（一）人员分析的途径与步骤

人员分析的途径有两个：一是职位定位，通过对职位工作任务的要求分析来确定任职资格；二是人员定位，通过对任职者行为活动及其成效的分析来概括任职资格。

职位定位分析步骤大致如下：分析职位工作描述中的框架要求；把这些要求与知识、技能、能力及其他个性特征因素加以对照和比较；确定任职资格要求；考虑工作中所运用的工具、信息采集量、数据分析方法等因素对任职资格要求进行修正。

人员定位分析步骤大致如下：分析职位任职者的工作行为特征；寻找各职位工作素质要求；分析特定职位工作成功的因素；确定任职资格。

KSAOs模型是公共部门人力资源管理中常用的对员工任职资格的描述模型。其中，K（Knowledge）指工作需要的具体信息、专业知识、岗位知识；S（Skill）指熟练程度，包括实际的工作技巧和经验；A（Ability）指人的能力和素质；Os（Other Characteristics）指有效完成某一工作需要的其他个性特质，包括工作要求、工作态度、人格个性以及其他特殊要求。上述四个内容一般通过正规的学校教育、在职培训或者工作实践积累等获得，如图3-2所示。

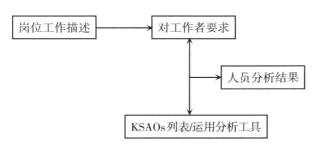

图3-2 人员分析的途径与步骤

（二）人员分析方法与技术

人员分析中常见的方法与技术除后面章节即将介绍的人力资源规划进程与方法的内容外，还有以下几种。

（1）职能工作分析法，又称为功能性职位分析法，指以员工所需发挥的功能与应尽的职责为核心，列出收集与分析的信息类别，使用标准化的陈述和术语来描述工作内容。

（2）关键事件技术法，指寻找和分析具有显著影响的关键事件，从行为的角度系统地观察和描述实际职务的绩效和行为，用以识别各种工作环境下工作绩效的关键性因素。

（3）工作因素法，指以身体各部分的运动为中心，分析到细小的单位，从工作因素动作时间标准表中查出相应的时间，据此计算出作业时间。这是迄今为止最准确的测时方法。

人员分析与任务分析在工作分析领域内是两个既相互关联又具有明显差异的概念。它们共同的目标在于深化对职位的理解，以促进更有效的人力资源管理和开发，但在实施的具体细节和侧重点上各有特色。

从分析的起点来看，任务分析着眼于职位本身，从职位所涉及的工作任务出发，旨在详尽地描述职位包含的各项任务及其执行过程。这种分析强调对工作内容的系统梳理和分类。人员分析更注重于工作者本人，从工作者的实际行为和表现出发，关注的是工作者如何执行职位中的任务，以及他们在工作中表现出来的能力和行为模式。

在分析的依据上，任务分析基于一个前提，即工作活动的内容应当与职位的工作要求相匹配，这样的分析侧重于理解职位的结构和内容。而人员分析则是基于工作行为与职位要求的一致性，注重探索员工如何满足这些要求，以及他们在工作中展现出的特定技能和能力。

从分析过程的方法学上看，任务分析往往开始于职位的定性描述，通过详细阐述职位包含的任务和职责，进而可能发展到对这些任务的定量评价，比如任务的频率、重要性或所需时间等。与之相对，人员分析可能首先采用定量方法来描述员工的行为（如频率、时长等），然后转向对这些行为背后技能、知识和态度的定性分析。

在分析结果的展现上，任务分析的成果主要聚焦于工作职责的具体内容，以及与之相关的数量和质量标准，形式上倾向于列举和描述具体任务和要求。人员分析的结果则更多关注于工作者应具备的资质和能力，旨在揭示执行职位所需的关键能力和技能，以及可能的发展需求。

尽管人员分析与任务分析在各自的侧重点和操作方法上存在差异，但它们在实践中是相辅相成的。有效的人力资源管理和开发策略往往需要将两者的分析结果结合起来，以全面理解职位要求和员工能力，从而做出更加精准和高效的人才配置和发展决策。

四、方法分析技术

方法分析指过程分析或程序分析，以整个工作过程为分析对象，通过系统地观察、记录与分析现有的工作过程，在静态的任务步骤等要素分析基础上进行动态分析，以便发现存在的问题并寻求改进工作流程、提高工作效率与效果的优化方法。方法分析的主要内容包括：工作过程中有无不合理不经济的行为与环节，以及分工与协作和资源安排等，还包括人是否充分发挥其主动性与创造性。方法分析技术主要有以下几种。

（1）问题分析，常用于工作要素与流程分析，有目的、地点、顺序、人员、方法等五个分析操作步骤，通过这五个方面的分析，可以消除工作过程中多余的工作环节，合并同类，使工作流程更为经济、合理和简便，从而提高工作效率。

（2）有效工时利用率分析，揭示了整个工作过程组织的合理性与有效性，可以明确哪些工时消耗是必须的、有效的，从而更加充分合理地利用工作时间，克服时间上的浪费现象，挖掘工作潜力、改进工作方法、提高工作效率。

有效工时利用率测定方法一般有工作日写实法与推算工时法两种。一般流动性较大的工作，分别根据月、季、年的工作量来推算，而稳定职位则采用工作日写实法。

（3）优选法分析，通过对各项工作任务做不同的排列与组合，寻找最佳操作方式，是节约时间、提高效率的一种方法分析技术。操作步骤包括：制作流向图，检查流向图是否最优，把流向图调整为最优。

第三节　公共部门工作评价

工作评价是指对工作的价值进行评价，其目的主要是建立组织内职位价值序列以及设计薪酬体系。本节将详细探讨工作评价的概念、特点及其在公共部门人力资源管理中的关键作用。

一、工作评价的含义及作用

工作评价又称为职位评价，是指对工作的价值进行评价。其目的是建立组织内职位价值序列并设计薪酬体系。工作评价和工作分析紧密相关，相互影响。工作分析主要解决"是什么"的问题，而工作评价主要解决"程度如何"的问题。工作评价具有对性质基本相同的工作职位进行评判分级、以客观存在的"事"为中心对象、衡量组织内各类工作职位的相对价值等的特点。工作评价反映的是职位相对价值，而不是职位绝对价值。

在公共部门人力资源管理体系中，工作评价起着承上启下的重要作用。首先，工作评价体现出组织战略认可的薪酬因素，实现了组织战略与薪酬体系的有效衔接，为组织发展提供了明确的操作导向；其次，工作评价是组织建立内在职位序列和薪酬体系的基础性工具，集中体现了薪酬体系的"内部一致性"；最后，工作评价的操作过程本身是组织与员工建立良好和明确的心理契约的途径，有效传导了组织对员工在工作职责、能力要求等方面的期望。图3-3展示了工作评价在人力资源管理中的意义与作用。

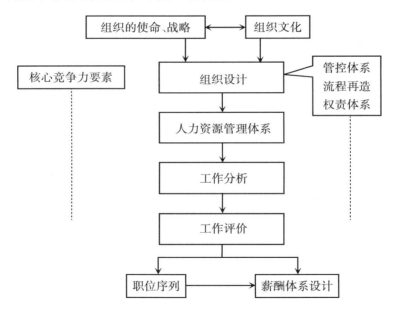

图3-3　工作评价的意义与作用

转引自：彭剑锋.人力资源管理概论［M］.上海：复旦大学出版社，2003.

二、工作评价的特点

工作评价是对性质基本相同的工作职位进行评判，最后按评价结果，划分出不同的等级。

工作评价的中心是客观存在的"事",而不是现有的工作人员。以"人"为对象的评比、衡量、评价,属于评价、测评的范畴,而工作评价虽然也会涉及工作者,但它是以工作职位为对象,即以工作者所担负的工作任务为对象进行的客观评比和估价。

工作评价是衡量组织内各类工作职位相对价值的过程。在工作评价过程中,根据预先确定的评价标准,对工作的主要影响因素逐一进行评比、估价,由此得出各个工作职位的量值。

三、工作评价的方法

工作评价方法发展至今有众多方法,下面对目前常见的一些方法做简单介绍。

1.排列法

这是一种最为简单、最易操作的工作评价方法,也是较早使用的非分析方法之一。排列法采用非分析和非定量的方法,由评价人员自己判断,从总体上评价每个职位,再根据工作职位的相对价值按高低次序进行排列,从而确定一个工作职位与其他工作职位的关系,包括职位分析、职位比较、标记工作职位排列顺序数、职位定级等四个步骤。

2.分类归级法

该方法又称分类法,是排列法的改革,在职位分析基础上,采用一定的科学方法,按职位的工作性质、特征、繁简难易程度、工作责任大小和人员必须具备的资格条件,对全部职位所进行的多层次的划分,即先确定等级结构,然后再根据工作内容对工作职位进行分类归级。包括收集职位资料、进行职位分类分等、编写职位等级说明、划分职位等级四个步骤。

分类法的优点是更加准确、客观,成本更低,适用于职位内容变化不大的组织,特别流行于公共部门。其缺点是在职位多样化的复杂组织中,很难建立起通用的职位等级说明和定义,并且对组织变革缺乏敏感反应。分级法和分类法均难以准确说明不同等级工作之间的价值差距。

3.评分法

这是较为盛行的一种方法,将职位评价内容细分为一系列的评价因素(如工作知识、技能、责任及工作复杂度、工作环境等)与分数,分别评价每一个职位,再将各个因素得分予以加总,获得该职位工作的价值,包括准备评价方案和划定职位等级两个主要步骤。

4.要素比较法

要素比较法混合了综合排列法和评分法，基本做法是先选择若干标准职位，比较确定若干共有的基本评价要素，将其他职位与之比较，确定其价值与等级。包括取得工作资料、选定薪酬要素、选择标准职位、确定公共要素、为公共要素分配标准职位的薪酬数或所赋的总分、比较待评价职位与标准职位的薪酬数或分数总量并划定等级、确定工作排名和工资水平等几个步骤。

除了上述四种方法外，还有综合法与市场定位法等。各种评价方法自有其优缺点，没有一种方法是完美的，比如易于操作的评价方法结果却难令人信服，但综合各种因素，评分法尽管程序和步骤繁多，却是多种方法中考虑更为全面、结果更加科学和客观，也更易于让员工接受的方法。

第四节　公共部门工作分类

人力资源管理通过一定的标准将组织中的职位进行分析比较，将不同的职位归入不同等级，有利于明确各个职位的工作内容、职责范围和任职要求，建立科学合理的薪酬体系，制定员工的培训计划，优化组织的人力资源配置。本节将着重介绍工作分类的概念、原则。

一、工作分类概述

（一）基本概念

工作分类是在工作分析的基础上，将职位依据工作性质、繁简程度、责任轻重和所需资格条件等，区分为若干具有共同特色的职位，并加以分类，是组织内人力资源管理的重要依据和基础。工作分类有任务分类与人员分类两种。任务分类是根据每个职位所包括任务的内容、数量与性质进行分类与分等的一种形式，职位分类是任务分类的一种。人员分类是将公共部门中的人员按工作性质、责任轻重、资历条件及工作环境等因素分门别类，设定等级，品位分类是人员分类的一种。

（二）分类原则

我国实行品位等级制度历史悠久，品位观念深入人心；各地的自然环境、历史文化、社会经济发展水平差异较大，中央和地方机构层级众多；此外，经济体制改革正在进行，机构、职位的建立和职能的分配仍在不断调整优化。在研究和实施工作分类方案时，既要考虑其发展趋势和国际经验，又要避免盲目模仿和复制；既要遵循工作分类的原理，保持其固有特征，又要立足于现实情况，继承和发扬我国传统人事管理制度的优秀经验，建立适合中国国情、具有中国特色的工作分类制度。因此，设计和实施工作分类制度必须遵循以下基本原则。

（1）系统原则，指在设置职位时，应从组织系统的角度考虑它的作用、必要性以及所属类别，并以标准、制度统一为前提。

（2）渐进原则，指实施人员分类制度时，必须统筹规划，循序渐进，分步实施，逐步完善。

（3）兼顾原则：实行人员分类要在以事为中心的基础上兼顾品位因素，充分考虑中央和地方以及不同地区之间的公共部门在工作性质、工作特征上的相互差异，兼顾统一性和特殊性。

（4）最低职位数量原则，指任何一个组织，其职位的数量都会受到多种因素的限制，如组织所承担的任务、职权范围、人员培训的需要以及经费预算等。根据"最低职位数量原则"确定职位数量可以使组织以最少的经费获得较大的效益。

（5）规范化、标准化和法制化原则，指实行人员分类制度初期要重点强调这一原则，有关职位分类的法规由国家统一颁布，人事部门对职位分类工作依法统一管理，对职位分类程序、实施步骤和有关文件实行标准化管理。

（6）动态原则，指实施人员分类制度必须实行动态管理，在职位分类构架相对稳定的前提下，分类结果要随着职位工作内容的变化而调整，以适应现实的需要。

中国经典人力资源管理案例——王熙凤协理宁国府

宝玉向贾珍举荐王熙凤协理宁国府，王夫人心中怕的是凤姐儿未经过丧事，怕她料理不清，惹人耻笑。

一时女眷散后，王夫人因问凤姐："你今儿怎么样？"凤姐儿道："太太只管请回去，我须得先理出一个头绪来，才回去得呢。"王夫人听说，便先同邢夫人等回去，不在话下。这里凤姐儿来至三间一所抱厦内坐了，因想：头一件是人口混杂，遗失东西；第二件，事无专执，临期推诿；第三件，需用过费，滥支冒领；第四件，任无大小，苦乐不均；第五件，家人豪纵，有脸者不服钤束，无脸者不能上进。

…………

凤姐便说道："明儿他也睡迷了，后儿我也睡迷了，将来都没了人了。本来要饶你，只是我头一次宽了，下次人就难管，不如现开发得好。"登时放下脸来，喝命："带出去，打二十板子！"一面又掷下宁国府对牌："出去说与来升，革他一月银米！"众人听说，又见凤姐眉立，知是恼了，不敢怠慢，拖人的出去拖人，执牌传谕的忙去传谕。那人身不由己，已拖出去挨了二十大板，还要进来叩谢。凤姐道："明日再有误的，打四十，后日的六十，有要挨打的，只管误！"说着，吩咐："散了罢。"窗外众人听说，方各自执事去了。彼时宁府荣府两处执事领牌交牌的，人来人往不绝，那抱愧被打之人含羞去了，这才知道凤姐厉害。众人不敢偷闲，自此兢兢业业，执事保全。不在话下。（改编自《红楼梦》）

（三）发展趋势

工作分类方法随着政治经济环境的变化不断改革，综合分类的方法正在不断成熟，总体呈现出以下两大趋势。

一方面，品位分类和职位分类出现融合、互补趋势。随着许多专业技术性工作进入政府领域与公共部门，品位分类原有的注重通才的粗犷分类方法已不能适应现代社会的需要。因此，实行品位分类的国家纷纷吸收职位分类的先进方法，使分类管理更加系统化、规范化。此外，职位分类管理制度不利于通才培养、不利于人员流动的缺点也变得愈加突出，实行职位分类的国家对其职位分类制度进行了改革，以便于官员的职位流动和跨职系流动。

另一方面，分类管理制度呈逐步简化趋势。当今世界的竞争是科技与管理的竞争，许多国家都着力于简化分类制度，将原来过细的职位设置、狭窄的职位定义、繁琐的分类程度进行简化，使分类更加简易、灵活，降低成本，以提高公共部门人力资源的管理效率。

二、职位分类

（一）职位分类的特点

职位分类具体来说有以下特点。

一是，以"事"为中心的分类体系。职位分类是事在人先，首先重视职位工作的性质、责任大小、繁简难易程度，其次是人所具备的资格条件。

二是，注重人员的专业知识和技能。注重"专才"，人员的任职、调动、交流和晋升一般在同一职系至多在同一职组范围内进行，跨职组、跨职门的流动和升迁较少。

三是，分类方式先横后纵。即先进行横向的职系、职组、职门区分，然后再依工作的难易、繁简和责任大小的程度提取纵向等级。

四是，品等和职等相重合。在职位分类中，品位和职位相连，不随人走，严格实行以职位定薪酬的规则，追求同工同酬。职位变更时，薪酬均取决于新职位的工作性质。

五是，实行严格的功绩制。在工作分类制度中，功绩制是升迁和薪酬增加的唯一标准。如，一般职务类人员，薪酬的增加有两种方式：一是工作年限增长自动提升等级，表现突出奖励提升一级；二是职务提升，薪酬相应提高。还可以再规定，一个人每年只能提升一级，且必须有几个人同时竞争，才能最终选出一人提升。

（二）职位分类的步骤

职位分类一般包括以下四个步骤。

（1）职位调查，也就是工作分析，这是实施职位分类的第一步；

（2）职位评价，也称工作评价，是薪酬级别设计的基础；

（3）职位归类，指在前两个步骤的基础上，对职位进行横向分类和纵向分等；

（4）制定职位规范，指根据上述分类结果，制定职位任职要求与标准，并以此作为人员录用、监督、考核的依据。

（三）职位分类的优缺点

职位分类为各项人力资源管理活动提供了客观的具体标准，奠定了科学分类的基础，在贯彻专业化原则、合理高效使用人才、在职培训和开发、合理定编定员、完善机构建设等方面发挥着积极作用，并且促进了分配上同工同酬和官员能上能下的机制。

但是职位分类也具有以下缺点：过于规范和强调量化，导致整个体系缺乏弹性和灵活性；工程庞大，成本高，推行困难；官等、工资随人的变动而变动，不利于对人力资源的激励；专业化原则限制了人员的流动，不利于综合管理人才即通才的培养。

三、品位分类

品位分类是以组织内工作人员的职务或者等级高低为依据的人员分类方法，在我国已有悠久的历史，但是封建社会的品位分类与现代意义的品位分类有着根本区别。随着文官制度在西方的建立和发展，品位分类的焦点由特权和身份到任职资历条件，再到现代的工作内容和资历并重，逐渐向重视人的因素方面发展，日趋完善。实行品位分类的有法国、意大利等，英国最为典型；德国、日本实行的是兼具品位分类特征和职位分类因素的混合分类制度。品位分类思想与实践活动广泛存在于公共部门与企业中。

（一）品位分类的特点

品位分类更适合等级观念较重的国家，具体来说有以下特点。

一是，以"人"为中心的分类体系。品位分类的对象是人、人格化的职务等级以及人所具有的其他资格条件。在人员运用方面过分重视人员的学历、资历、经验和能力，在公职录用和升迁中个体的背景条件起着至关重要的作用。晋升的主要依据是任职年限、德才表现等通用资格条件。

二是，分类和分等相互交织。在品位分类中，分类实际上同职务、级别、资格的分等同时进行，因此，品位分类通常采用先纵后横的实施方法，先确定等级，再分类别。

三是，品位分类强调公务人员的综合管理能力。品位分类注重"通才"，不注重公务人员所具备的某一方面的特殊知识和技能。人员的调动、交流、晋升受所学专业及以往工作性质的限制较少。

四是，官等、职称和职位可以分离。在品位分类规则中，官等与职称是任职者的固有身份，可以随人走，官等、职称和所在职位不强求一致。薪酬取决于官等与职称，而不取决于所从事的工作。

（二）品位分类的优缺点

品位分类有以下优点：方法简单易行，结构富于弹性；人员的流动范围广，工作适应性强；有利于"通才"的培养，便于人员培训；强调年资，官职、职称相对分离，人员地位、待遇不会因职位调动而变化，有利于人员队伍的稳定；注重学历背景，有利于吸收高学历的优秀人才。

同样，品位分类也具有一些缺点：人在事先，易出现因人设岗、机构臃肿的现象；分类不系统、不规范，不利于严格的科学管理；限制了学历低、能力强的人才发展；轻视专业人才，不利于工作效率的提高；强调年资，加剧了官员的保守性，易形成官本位倾向；以官阶、职称定待遇，导致同工不同酬，不利于人员激励。

经典理论——组织学习理论

组织学习理论研究组织如何通过吸收、创造、传播和应用知识来提高其效能和适应性。该理论认为，组织学习包含学习结果和学习过程[1]，具有连续性[2]、阶段性[3]和动态化[4]三个显著特征，包括个人、团体和组织三个维度[5]，以及单回路学习、双回路学习和再学习三种类型[6]。组织学习的核心问题是如何促进组织的创新和变革，以应对外部环境的不断变化。组织学习的影响因素包括环境不确定性、技术变革、组织竞争力、领导者风格、冲突、权力、政治等。组织学习的作用结果包括提高组织的核心竞争力、推动组织发展和改善组织管理等。组织学习理论对于提高组织的核心竞争力、推动组织发展和改善组织管理有重要的指导意义[7]。

---

① DODGSON M.Organizational learning：A review of some literatures[J].Organization Studies，1993，14(3)：375-394.

② BERENDS H，BOERSMA K，WEGGEMAN M. The structuration of organizational learning[J]. Human Relations，2003，56(9)：1035-1056.

③ MADSEN P M，DESAI V. Failing to learn? The effects of failure and success on organizational learning in the global orbital launch vehicle industry[J]. Academy of Management Journal，2010，53(3)：451-476.

④ ZANGWILL W I，ZAI R. A theory of organizational learning and its implications for management and education[J]. Management Science，1998，44(11-part-2)：155-169.

⑤ BONTIS N，CROSSAN M M，HULLAND J.Managing An Organizational Learning System By Aligning Stocks and Flows[J].Journal of Management Studies，2002，39(4)：437-469.

⑥ ARGYRIS C. Learning and teaching：A theory of action perspective [J]. Journal of Management Education，1997，21(1)：9-26.

⑦ YUKL G. Leading organizational learning：Reflections on theory and research [J]. The Leadership Quarterly，2009，20(1)：49-53.

第五节　我国公共部门的人员分类与分级

我国自新中国成立到20世纪80年代，人力资源管理体制一直是与计划经济相适应的集中统一的管理体制，人员分类制度呈现出集中统一的鲜明特色，人员的等级划分主要依据职务职级、资历深浅、学历高低和工资多寡，其实际上是一种特殊的品位分类，这种分类管理制度所导致的直接结果是官本位与效率低下。随着改革开放和市场经济的发展，原来的分类体制已不能适应现代管理的需要。《国家公务员暂行条例》于1993年8月颁布，明确规定了国家行政机关实行职位分类制度。《中华人民共和国公务员法》自2006年1月1日起施行，是新中国成立五十多年来我国第一部干部人事管理的综合性法律，具有重要的里程碑意义。修订后的《中华人民共和国公务员法》自2019年6月1日起施行，在2006年的基础上作出了进一步调整，逐步形成了较为完整的公务员管理制度体系。

一、人员的宏观分类

我国政府相关部门在确定职能、机构编制的基础上，进行职位设置，职位规范说明书确定每个职位的职责和任职资格条件，作为国家公务员录用、考核、培训、晋升等的依据。在政府机关实行职位分类后，党的机关也参照政府公务员的分类办法实行了职位分类。检察、审判机关和公安系统也实施了各具特色的分类方案。由此，我国公共部门人员分类宏观结构大致形成，原来的国家干部被分成以下不同类别：行政机关工作人员（公务员）、党务机关工作人员、国家权力机关工作人员、国家审判机关工作人员、国家检察机关工作人员、事业单位工作人员、国有企业单位管理人员、人民团体工作人员等。此外，我国还进一步完善了专业技术职称系列，并在人力资源和社会保障部官方网站公布了职称系列（专业）各层级名称等信息，使分类制度更加全面。

二、公务员分类的类别与等级

公务员职位类别按照公务员职位的性质、特点和管理需要，划分为综合管理类、专业技术类和行政执法类等。公务员职务分为领导职务和非领导职务。2020年中共中央组织部发布了《公务员职务、职级与级别管理办法》，该办法根据《中华人民共和国公务员法》等有关法律法规和《公务员职务与职级并行规定》将领导职务层次划分为：国家级正职、国家级副职，省部级正职、省部级副职，厅局级正职、厅局级副职、司局级副职，县处级正职、县处级副职，乡科级正职、乡科级副职。非领导职务层次在厅局级以下设置。

综合管理类公务员的职级分为：一级巡视员、二级巡视员、一级调研员、二级调研员、三级调研员、四级调研员、一级主任科员、二级主任科员、三级主任科员、四级主任科员、一级科员、二级科员。

表3-2为我国公务员领导职务层次与级别的对应关系。根据公务员所在职位的责任大小、工作难易程度以及公务员本身的德才表现、年功资历等因素，我国将公务员分为27级，其中领导职务层次对应有24个级别，分别与11个职务层次相对应。职务层次高低与级别的高低相互交叉，每一职务对应1-7个级别，职务越高对应的级别越少，职务越低对应的级别越多。

表3-2　我国公务员领导职务层次与级别的对应关系

职务	级别
国家级正职	一级
国家级副职	四级至二级
省部级正职	八级至四级
省部级副职	十级至六级
厅局级正职	十三级至八级
厅局级副职 副部级机关内设机构、副省级城市机关的司局级正职	十五级至十级
司局级副职	十七级至十一级
县处级正职	十八级至十二级
县处级副职	二十级至十四级
乡科级正职	二十二级至十六级
乡科级副职	二十四级至十七级

三、公务员分类分级制度的优缺点

我国现行的公务员分类制度是在继承传统品位分类方法的基础上，吸收现代职位分类思想发展而来的，其优点和缺点同样明显。

其优点表现如下：第一，分类简单，易于操作实施；第二，既兼顾了我国传统的品位分类方法，又吸收了现代职位分类的优点，同时也符合现代人力资源分类的潮流；第三，责权利一致。公务员分类中非领导职务序列的设立，满足了我国行政机关中某些职位责任较大但又不承担领导责任情况的需要，解决了我国行政机关不设专业技术职务但有些职务又只有专业技术人员才能担任的矛盾，体现了责权利一致的原则。

但是，这种分类制度同样也存在缺点：第一，类别过少，分类过于简单，科学化和规范化较低，属于人力资源分类的初级阶段；第二，覆盖面小，分类范围狭窄，仅限于行政机关公务员，而其他系统的分类制度不够完善；第三，科学性有待加强，我国所实行的职位分类仅是名义上的职位分类，缺乏严格且具体的工作分析、职位评价和工作说明书等实质性的内容；第四，法制化程度低，我国的职位分类缺乏具体的规范性文件和正式法规，法制化程度低。

【复习思考题】

1.什么是工作分析？它的步骤是什么？

2.工作分析有哪几种常用的方法？试对其优缺点以及运用时的注意事项进行比较分析。

3.什么是工作评价？它的特点、作用是什么？

4.什么是职位分类？它的特点、优缺点是什么？

5.什么是品位分类？它的特点、优缺点是什么？

6.工作分析和工作分类在公共部门人力资源管理活动中有什么作用？

【案例与讨论】

老区来了聘任制公务员，激活干事创业"一池春水"

随着经济社会发展对高端人才的需求日益强烈，以及对于相关公务员岗位的高要求高标准，江西赣州老区推出聘任制公务员职位，激活干事创业"一池春水"。药物分析专业硕士、医药行业9年工作经历、连续3年被评为项目大突破先进个人……这是"85后"山东小伙杨硕的履历。他原本在沿海一家事业单位有份稳定的工作，却来到江西赣州担任一名聘任制公务员。收入没有原来高、妻儿也不在身边，为何还要不远千里来赣南？

2021年4月，作为江西首个试点地区，赣州市公开招聘聘任制公务员。杨硕看到老区日新月异的发展变化和选才用才的灵活机制，果断报名应聘，最终成功竞聘为赣州市卫健委四级高级主管。"在建设赣州革命老区高质量发展示范区背景下，赣州革命老区迎来了重大的发展机遇，能让我更好地发挥专业能力。"杨硕说。

无独有偶，在北京、天津从事多年新能源汽车研发、咨询工作的赣南子弟刘建春，看到赣州新能源汽车的发展潜力，也回乡竞聘为聘任制公务员，担任赣州市经开区新能源汽车发展办公室一级主管，为家乡产业发展出一份力。

入职一年多来，首批2名聘任制公务员受到用人单位的好评。记者从他们身上看到不少共同点，也看到了这项改革给老区带来的变化。首先是不拘一格选人才，针对不同的岗位职务构建灵活的选人用人机制，打破身份、地域等限制，聚天下英才而用之。其次是好钢用在刀刃上，让专业的人干专业的事。2名聘任制公务员均录用到当地重点产业和部门，有力地带动了一方产业发展，达到人岗匹配、人尽其才的成效。另外，聘任制公务员模式还打破了"铁饭碗"的刻板印象。主管部门通过明确工作职责、进行年度考核等途径，激发任职者干事创业的活力。聘任到期后，如任职者满足相关条件，经省级以上公务员主管部门批准，可续聘或转为委任制公务员。这些举措凸显出鲜明的选人用人导向：能者上、平者让、庸者下。

思考题：

1.如何通过工作分析改善公务员职位的优化设计，并提高公务员选拔制度效果？

2.工作分析在上述聘任制公务员这一制度改革中扮演着什么角色？

【现实思考】

人民满意的公务员

新时代，我们要"建设堪当民族复兴重任的高素质干部队伍，坚持德才兼备、以德为先、五湖四海、任人唯贤，树立选人用人正确导向，选拔忠诚干净担当的高素质专业化干部，选优配强各级领导班子，加强干部斗争精神和斗争本领养成，激励干部敢于担当、积极作为"。

公务员队伍是治国理政的主体，锻造一支忠诚、干净、担当的高素质专业化公务员队伍事关重大。"人民满意的公务员"和"人民满意的公务员集体"是公务员表彰奖励的最高荣誉。2022年，首次以党中央、国务院名义开展这项表彰活动，"人民满意的公务员"和"人民满意的公务员集体"是我国公务员队伍中的先进代表。新时代，我国公务员队伍涌现出了一大批先进典型，他们中有为脱贫攻坚奉献青春生命的驻村支部书记黄文秀、有鞠躬尽瘁的"最美扶贫书记"黄诗燕、有用生命诠释忠诚的公安局局长潘东升……他们在重大工作一线扛重活、打硬仗、敢担当、善作为，以实际行动体现"人民公仆"本色。

谁让百姓真满意，谁就可以立功受奖。2021年，中共中央组织部首次对32名"最美公务员"记一等功。近年来，各省区市也积极组织开展本地区公务员先进典型的评选宣传活动。河北省2019年启动了"争做争创"活动和"双十佳"典型选树工作，打造做"人民满意的公务员"活动平台。据统计，2017年到2021年，全国公务员奖励共计626万人次。公务员队伍中之所以能涌现出大批的优秀代表，是以习近平同志为核心的党中央不断领导推动高素质专业化公务员队伍建设的结果。

思考题：

1. "人民满意的公务员"和"人民满意的公务员集体"体现了党选人用人的何种理念？

2. 你还知道哪些能够体现党选人用人理念的实践案例？

【拓展阅读】

[1] 程豹,于晓彤,蒋建武.持续导向型人力资源管理量表开发与验证研究[J].管理学报,2022,19(04):534-544.

[2] 付亚和.工作分析[M].3版.上海:复旦大学出版社,2019.

[3] 黄蝶君,马秋卓,李桦,等.辱虐管理、心理契约违背及工作场所偏离行为:基于基层公务员职位特征的分析[J].管理评论,2018,30(07):183-190.

[4] 李晓方,谷民崇.公共部门数字化转型中的"数字形式主义":基于行动者的分析框架与类型分析[J].电子政务,2022(05):9-18.

[5] 刘宏达.深化新时代高校思想政治工作评价改革的若干思考[J].国家教育行政学院学报,2021(01):23-30.

[6] 彭剑锋.职位分析技术与方法[M].北京:中国人民大学出版社,2004.

[7] 唐春勇,李亚莉,赵曙明.发展型人力资源管理实践研究:概念内涵、量表开发

及检验[J].南开管理评论,2021,24(04):85-97.

[8]滕玉成,于萍.公共部门人力资源管理[M].北京:中国人民大学出版社,2018.

[9]吴少微,魏姝.制度逻辑视角下的中国公务员分类管理改革研究[J].中国行政管理,2019(02):29-34.

[10]印子.乡镇政府人事体系中的"中层职位"及其生成的治理机制——基于湖南省长沙市D镇竞岗制创新实践的分析[J].求实,2023(03):42-55.

[11]张彦,李汉林.治理视角下的组织工作环境:一个分析性框架[J].中国社会科学,2020(08):87-107.

[12]赵源.公共部门人力资源管理实践与组织绩效关系——"整体主义"视角下的综述与展望[J].中国行政管理,2014(07):69-73.

[13]朱统,马国旺.数字技术、人力资本与雇员过劳——基于实际工作时间和工作评价的研究视角[J].山西财经大学学报,2022,44(08):58-71.

[14] AHMAD S, ALQAARNI S. Job analysis in organizations: Transition from traditional to strategic[J].International Journal of Professional Business Review,2023,8(5):e01424.

[15]PUTKA D J,OSWALD F L,LANDERS R N,et al.Evaluating a natural language processing approach to estimating KSA and interest job analysis ratings[J]. Journal of Business and Psychology,2023,38(2):385-410.

[16] SINGH P. Job analysis for a changing workplace[J]. Human Resource Management Review,2008,18(2):87-99.

[17]STRAH N,RUPP D E.Are there cracks in our foundation? An integrative review of diversity issues in job analysis[J].The Journal of Applied Psychology,2022,107(7):1031-1051.

第四章　公共部门人力资源规划

【学习要点】

　　1.公共部门人力资源规划的含义与分类。

　　2.公共部门人力资源规划的程序和主要方法。

　　3.公共部门人力资源规划的现状与特点。

　　4.公共部门人力资源规划与人力资源战略的关系。

【引入案例】

　　江科长就职于某市财政局人事处，考虑到本单位从未进行过人力资源规划工作，为了提升人才保障、提高工作效率，他满怀热情开始进行财政局未来五年的人力资源规划工作。为了解人力资源工作的实际情况，江科长通过两种方法进行调研：一种是发放无记名调查问卷，了解未来五年财政局可能出现的机遇、挑战、遇到的问题以及所需要的人才数量；另一种是进行访谈，在高层、中层及基层员工中各抽选一部分员工，深入了解情况。

　　然而令人意外的是，这项有利于单位及员工长远发展的工作刚开始就阻碍重重。很多员工在填写调查问卷时明显有所保留甚至敷衍了事；参与访谈的员工也不太配合，很少提供真实有用的信息。有些员工甚至直截了当地表示，江科长的人力资源规划是形式主义，不如先解决人浮于事等首要问题。"咱们财政局可不是企业，用多少人可是有编制控制的，规划能有什么用？""财政局这种单位，会招不到人？"……

　　江科长很受挫，他开始犹豫，这项工作要继续开展下去吗？

思考与讨论：

　　1.你认为江科长的人力资源规划工作是否应该进行下去？

　　2.对于公共部门来说，需要进行人力资源规划吗？理由是什么？

3.根据案例资料，并结合公共部门的特点，说明人力资源规划工作无法获得员工积极配合的原因是什么？

人力资源规划是人力资源管理活动中非常重要且基础的环节，是在完成工作分析、工作评价和工作分类之后进行的。本章主要介绍公共部门人力资源规划的定义、类型、特点、程序和主要方法，简述人力资源规划与人力资源战略的关系。

第一节　公共部门人力资源规划概述

本节通过介绍人力资源规划的基本概念、分类与特征，导入公共部门人力资源管理中人力资源规划的主要内容。

一、人力资源规划的定义与作用

有关人力资源规划的解释有很多种，本书综合多种定义后，认为人力资源规划是根据组织在一定时期内的战略目标，科学地预测组织在未来环境变化中对人力资源的需求状况，制定出满足该需求的具体内容、实施步骤、相应政策、经费预算等，确保组织对人力资源在数量、质量和结构等需求上的管理活动过程。人力资源规划是一个完整的体系，必须对未来的变化有一定的把控。

人力资源规划可以帮助组织提高适应能力、生存能力和发展能力，确保组织职能转变和发展过程中对人力资源的需求，具体包括以下几点：通过人力资源规划，组织可以制定出未来各个阶段的人力资源招聘计划，使其更加适应瞬息万变的发展环境和内部环境；通过人力资源规划，组织可以建立合理的培训开发制度，使员工能够不断适应组织发展的需要；通过人力资源规划，可以建立合理的员工职业生涯规划制度，防止人才的断层；此外，通过人力资源规划，还有利于组织制定战略目标和发展规划、使管理活动有序化、控制人工成本、调动员工的创造性和积极性。

中国经典人力资源管理案例——古代的人力资源规划

九品中正制

在南北朝时期，刘宋朝采用了"九品中正制"选拔官员。这一制度主要通过考察一个人的品行、能力及其家族背景等来评定其官职品级。

这个制度强调对候选人综合素质的评价，但也因家族背景的考量而带有等级制度的色彩。

太学制度

在汉代，设立太学是为了培养国家官员，年轻人在这里学习儒家经典和政治理论。这一做法实质上是一种国家层面的人才培养和预备计划。

太学学生毕业后，有的会被直接选拔为官员，有的则回到本地，成为地方精英，对当地的文化和教育产生影响。

募兵制和军校

在军事方面，中国古代的一些朝代实行募兵制，通过征募民间青年加入军队，形成稳定的军事力量。唐代的武库、宋代的护卫军等都是典型例子。

同时，还会设立专门的军校，如宋代的武学，用以培养军事人才，保证军队的专业性和战斗力。

二、人力资源规划的分类

（一）人力资源规划的分类

按照不同标准，人力资源规划可以分为很多不同种类。根据规划的时间，可以分为三种：短期规划，一般为6个月至1年；长期规划，为3年以上；中期规划，介于两者之间。

根据规划的范围，可以分为三种：组织总体人力资源规划、部门人力资源规划、某项任务或工作的人力资源规划。在实际工作中，三者经常呈现出组合关系。

根据规划的性质，可以分为两种：战略性人力资源规划和战术性人力资源规划。前者具有全局性、长远性和方向性，通常是组织人力资源战略的表现形式；后者一般指具体的、短期的、具有专门针对性的业务计划。后者必须服务于前者，例如人才报告或人才规划，一般而言，第一部分内容是指导思想，属于战略性人力资源规划，第二部分内容为总体的重点工作和任务，属于战术性人力资源规划。

（二）公共部门人力资源规划分类

1. 宏观人力资源规划和微观人力资源规划

在公共部门的人力资源管理中，规划活动可以被细分为宏观与微观两个层面，以适应组织内外不同的需求和变化。这两种规划虽然关注的焦点和操作范围不同，但共同目的是为了确保组织在人力资源方面的需求得到有效满足，并能适应环境变化。

宏观人力资源规划着眼于公共组织作为一个整体，关注的是整个系统或大范围内的人力资源需求与配置。它基于对组织的整体结构、预算走势，以及未来发展目标的深入分析，旨在规划一定时期内人员队伍的总量和结构，确保组织的人力资源配置与其战略目标相匹配。这种规划具有明显的战略性质，是组织长远发展规划的关键部分，需要考虑到外部环境的变化、技术进步、政策导向等多种因素，以实现组织职位和人员素质的总体平衡。

微观人力资源规划则更加聚焦于具体部门或单位内部的人力资源管理。这一规划基于对各自部门职位和任务的具体分析，结合部门的预算状况和特定发展方向，规划在特定时期（如一个财政年度）内的人力资源需求和配置方案。微观规划关注点在于如何有效地获取、分配并利用人力资源，以支持部门的日常运营和发展计划，同时也考虑到如何通过培训和发展提高员工的能力和效能。

尽管宏观和微观人力资源规划在关注点和范围上有所不同，但都必须应对快速变化的外部环境带来的挑战。这要求规划不仅要有前瞻性，还需要具备一定的灵活性和适应性，能够根据外部环境和组织内部变化情况的实时反馈进行调整和优化。因此，有效的人力资源规划不是一成不变的，而是一个持续的动态过程，需要定期审视和更新，以确保组织的人力资源管理能够支持其长期的战略目标和即时的运营需求。

2. 总体规划和业务规划

在公共部门内，人力资源规划可以被划分为两个主要的类别：总体规划和业务规划，这两者共同构成了组织人力资源战略的核心。这种分类方法有助于确保人力资源管理活动既符合组织的长远发展目标，又能够应对日常运营中的具体需求。

总体规划关注组织的宏观层面，其出发点是组织的长期战略目标和预期的发展方向。这种规划旨在建立一个全面的框架，指导人力资源管理的总体目标、基本原则和策略方针。它包括确定规划期间所需的人力资源的规模和结构、制定实施步骤和时间表、规划所需经费等。在组织面临重大变化或重组时，总体规划还需涵盖对组织结构的调整、职位的重新设计与分析，以确保人力资源策略与组织的整体战略保持一致。

业务规划则更为具体，涉及人力资源管理在实际操作层面的各项计划，包括以下内容。

补充计划：涉及人员的补充策略，包括招聘的类型、数量、比例及所期望的绩效目标，人员来源、职位要求、薪酬和福利待遇，以及实施这一计划的具体措施。

使用计划：包括确定各部门的人员配置方案、职位分类与标准、绩效目标设定、员工交流与调配策略、任职资格审查和聘任机制等。

培训与发展计划：确定培训目标、政策和方法，包括时间安排和预算规划，以提升员工技能和职业发展。

绩效评估与激励计划：涵盖激励制度、薪酬政策、评估方法和福利体系等，旨在激发员工的动力和提升工作表现。

此外，业务规划还可能包含职业发展路径规划、团队建设活动和劳动关系管理计划等，这些内容丰富了组织的人力资源战略，确保了组织能够在日常运营中有效地管理和利用其人力资源。

总体规划和业务规划虽然在关注点和细节上有所不同，但两者是相辅相成的。总体规划提供了一个广阔的视野，确保人力资源管理与组织的整体战略相一致；而业务规划则将这些战略转化为具体的行动和计划，确保人力资源管理的有效性和实用性。通过这两个层面的规划，公共部门能够更好地应对复杂多变的环境，实现其战略目标。

经典理论——个人－环境匹配理论

个人－环境匹配理论是一种研究个体如何与其所处的环境相互作用和影响的理论。个人－环境匹配理论有三种主要取向：维度论、内涵论和综合论。维度论根据环境的不同层面，将个人－环境匹配分为以下几种类型：个人－组织匹配，指个体的需求、目标和价值观与组织的规范、价值观和薪酬体系的匹配程度；个人－团队匹配，指个体与团队中其他工作成员在价值观、目标、个性、人际交往方式等方面的相似程度；个人-工作匹配，指工作需求与个体技能、知识和能力的匹配程度；个人-上级匹配，指个体与上级在价值观、个性和目标之间的匹配程度；个人-职业匹配，指个体选择适合自己能力、兴趣和价值观的职业，并在职业环境中得到需求的满足[①]。内涵论根据"匹配"的具体含义，将个人-环境匹配分为以下两种类型：一致性匹配，指个体与其所在环境的特征一致时所达成的匹配；互补性匹配，指个体和环境的相关特征相互弥补而形的匹配，互补性匹配又可以分为需求与能力匹配和需求与供给匹配[②]。综合论则对上述维度论与内涵论两种取向进行了整合和比绞，提出了多维度和多内涵的个人-环境匹配模型。

个人-环境匹配理论认为，个体的态度、行为和其他个体层面的变量不仅取决于个体本身或者其所在环境，而且取决于这两者之间的关系。当个体与环境之间达到一定程度的匹配或兼容时，会产生积极的结果，如更高的工作满意度、更低的压力、更好的工作绩效等。反之，当个体与环境之间存在不匹配或不兼容时，会产生消极的结果，如更低的组织承诺、更高的离职倾向等[③]。

三、公共部门人力资源规划的特点

人力资源规划在公共部门中的实施面临着独特的挑战和机遇，由于公共部门的特殊属性，如其非营利性质和特定的公务员雇佣体制，使得其人力资源规划活动与私营部门有所不同。公共部门的人力资源规划不仅需要考虑组织效能和服务质量的提升，还必须应对政治性考量的影响，如性别平等、民族多样性和地域平衡等因素，这些都为公共部门的人力资源规划带来了额外的复杂性和不确定性。

在公共部门，人力资源规划的政治性往往超过其分析性或逻辑性。在人员配置和管理决策过程中，政治因素如党派关系、性别和民族代表性等成为必须考虑的重要维度。这种政治性的考量，尽管在一定程度上增加了人力资源规划

---

① KRISTOF-BROWN A L, ZIMMERMAN R D, JOHNSON E C. Consequences of individuals' fit at work: A meta-analysis of person-job, person-organization, person-group, and person-supervisor fit[J]. Personnel psychology, 2005,58(2): 281-542.

② MUCHINSKY P M, MONAHAN C J. What is person-environment congruence? Supplementary versus complementary models of fit. Journal of Vocational Behavior, 1987,31(3): 268-277.

③ MURRAY H A, LEWIN K. Analysis of personality[J]. Journal of Social Psychology, 1938,9 (2):271-294.

的复杂度，但也反映了公共部门对社会公正和代表性的重视。

尽管存在上述挑战，发展有效的人力资源规划对公共部门而言仍然至关重要。随着社会的发展和经济的增长，公众对政府提供的服务质量有了更高的期待。政府机构需要不断优化其职能，实现从传统的人事管理向更现代化的人力资源管理模式的转变，以更好地应对复杂的经济环境和社会人才竞争。此外，行政改革的推进要求政府机构在提高效率和降低成本的同时，保持高质量的公共服务，这需要通过科学的人力资源规划吸引和保留优秀人才来实现。

公共部门的人力资源管理，尤其是人力资源规划，处在一个多元文化的组织环境中。这种环境中，各种价值观的冲突和利益集团的竞争使得人事管理变得更加复杂。人力资源规划过程中不仅要平衡组织的战略目标和个体的职业发展需要，还要考虑如何在不同利益群体之间进行有效的协调和平衡，确保人事政策的公平性和包容性。

因此，公共部门的人力资源规划不仅是一个战略性的人事管理活动，也是一个涉及广泛利益协调和政治敏锐性考量的过程，虽然面临诸多挑战，但通过细致的规划和灵活的策略调整，可以有效地管理这些复杂性，实现组织目标的同时促进社会公平和多元化。公共部门的人力资源规划活动需要持续探索和创新，以适应不断变化的外部环境和内部需求，从而提高公共服务的质量和效率。

第二节　公共部门人力资源规划流程

人力资源的规划始于对组织战略规划的分析，组织的战略规划是人力资源规划的依据和前提。人力资源规划流程包括三个基本环节：人力资源需求预测、人力资源供给分析和人力资源规划的行动决策。

一、人力资源需求预测

人力资源需求预测是关键的人力资源管理活动，旨在根据组织的发展目标和策略，预测未来所需的人力资源的规模、类型、质量和结构。这一过程不仅涵盖对未来人力需求的估计，还包括对人力资源供给情况的分析，以识别可能的需求与供给之间的差距，并据此制定相应的策略。

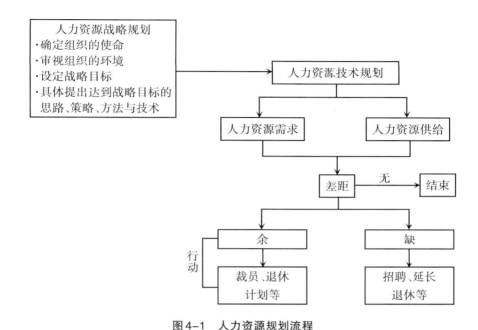

图4-1 人力资源规划流程

人力资源需求预测包含两个核心方面：一是对未来人力资源需求的评估，二是对人力资源供应的分析。这两方面的综合评估有助于组织作出关键的人力资源管理决策，如招聘、培训、开发计划等，确保组织目标的实现。

人力资源需求受到多种因素的影响，这些因素可以分为宏观和微观两个层面。宏观层面，涉及社会经济发展趋势、政治环境、技术进步、劳动力市场状况及行业竞争格局等因素。这些外部环境因素可能直接或间接地影响组织的人力资源需求。微观层面，包括组织战略方向、运营情况、管理水平、组织结构调整、员工素质与流动性、新项目和计划的实施、人力资源稳定性、培训和教育活动、组织管理创新、工作时间安排以及财务预算等内部因素。这些因素直接影响组织对人力资源数量和质量的具体需求。

人力资源需求预测根据时间跨度可分为长期、中期和短期预测。随着预测时间的延长，不确定性因素增加，预测难度相应提高。因此，选择合适的预测方法和技术对于提高预测准确性至关重要。

人力资源需求预测方法可分为定性预测方法和定量预测方法，根据是否采用统计模型又可以分为统计学方法和判断方法。

人力资源需求预测是一个复杂且至关重要的过程，涉及广泛的内外部因素分析和多种预测方法的运用。通过精确的需求预测，组织能够制定有效的人力资源战略和规划，以适应不断变化的环境，实现组织的长期发展目标。在实际操作中，组织通常需要结合定性和定量两种方法，综合考虑宏观和微观两方面的因素，以提高预测的准确度和实用性。

二、人力资源需求预测方法

（一）定性预测法

1.单元需求预测法

这种方法又称为经验法或自下而上预测法。这里的单元指组织的一个部门、科室或项目组等基层组织。首先由各个基层组织的管理人员根据以往的经验对本部门在未来某个时期的各类人力资源需求进行预测，再上报上一级主管部门，由上一级部门对其所属部门的人力资源需求进行汇总，经过层层估算，最后由最高管理层的人力资源决策人员对整个组织的人力资源需求进行预测。

这种预测不是正式的计划，只是反映了对新职位、新人员的需求或者职位名称和内容的变化。单元需求预测法基于下级贯彻了组织的战略规划，管理者十分了解所在部门的人员需求，是以管理人员的个人经验和主观判断为基础的，虽然具有可信度，但主观性较强，易受管理人员个人意见的左右和组织内各部门自身利益等因素制约。但是这种方法简单易行，成本较低，比较适合在短期的预测中使用，对于小规模的组织，是一种较为可行的技术方法。

2.专家法

专家法是邀请有关专家根据自己的知识和经验进行判断的一种方法，也是实际工作中运用最多的一种方法。专家法有多种形式，包括专家会议法和德尔菲法等，其中，德尔菲法具有广泛的代表性，较为可靠。

德尔菲法又称为专家调查法，具体实施步骤如下：首先按照课题所需要的知识范围，选择专家组成专家小组，一般不超过20人。向所有专家提出所要预测的问题及有关要求，并附上相关背景材料，请专家提出还需要什么材料，由专家做书面答复。各个专家根据收到的材料，匿名提出自己的预测意见，并说明原因和过程。将各位专家的判断意见汇总，进行对比，再分发给各位专家，让专家比较自己同他人的不同意见，修改自己的意见和判断。也可以把整理后的专家意见请身份更高的其他专家加以评论，再把这些意见分送给各位专家，以便他们参考后修改自己的意见。重复上述收集意见和信息反馈的过程，专家之间不得相互交流、只与调查人员联系，一般要经过三四轮，直到每一个专家不再改变自己的意见为止。最后，对专家的意见进行综合处理。

德尔菲法具有以下优点：能充分发挥各位专家的作用，集思广益，准确性高；能充分表达各位专家意见的分歧点，取各家之长，避各家之短。德尔菲法可以避免专家会议法的缺点：权威人士的意见对他人意见的影响；有些专家碍于情面，不愿意发表与他人不同的意见；出于自尊心而不愿修改自己原来不全面的意见。德尔菲法的主要缺点是过程比较复杂，花费时间较长。

（二）定量预测法

1.趋势外推法

趋势外推法是最简单易行的一种时间序列法，时间序列法还包括滑动平均法、指数曲线法。趋势外推法的使用条件是组织的人力资源需求在时间上表现出明显的均等发展趋势。基本过程是，以时间为横坐标，组织人力资源需求为纵坐标，在坐标系中画出时间与人力资源需求决定的散点图，再根据散点图的分布绘出人力资源需求随时间变化的曲线。

在企业人力资源需求分析过程中，通常将时间替换成与组织人员数量和构成关系最大的因素，如产量、销售额、销售量等，得出人力资源需求变化曲线后，再根据这一因素在将来某个时点上的情况，对组织的人员需求趋势加以预测。公共部门不适宜采用以上的经济因素，可以结合实际情况，采用工作量等因素作为预测的依据。

2.比率分析法

比率分析法涉及两个量和一个比率：两个量中一个是需要预测的人力资源的需求量，另一个是某个关键因素；一个比率即这两个量之间的精确比率。该方法通过找出关键因素和确定两个量之间的精确比率来确定未来人力资源需求。

这种方法对未来各类人员的需要量预测是通过研究历史统计资料中的各种比例关系，考虑未来情况的变动，估计预测期内的比例关系来实现的。这种方法简单易行，关键在于历史资料的准确性和对未来情况变动的估计。

通常关键因素可以分为两类。一类是与组织运行相关的某个对人力资源需求有重要直接影响的因素，例如产量、销售量等；另一类是组织中某些关键人员的数量。私人组织采用比率分析法进行预测时，多采用前一类因素。首先搜集这些关键因素及对应的人力资源需求的历史资料，确定两者之间的精确比率，然后再用关键因素在未来某个时点的预测值乘以这个精确比率得到相应的人力资源需求量。公共组织可以采用第二类因素。首先研究组织过去的人力资源数据资料，并根据这些资料确定不同工作岗位员工之间的数量比率，最后通过已经确定下来的某个关键岗位的人员需求量来计算其他岗位的人员需求量。

需要注意的是，比率分析法使用的某个比率并不是固定不变的，而是动态变化的。因此，在某个时期进行预测时不能直接采用上个时期计算出的比率，而应该重新分析计算、加以确定，这样才能保证预测的准确性。

3.回归分析

回归分析是通过建立人力资源需求量与某一个或多个决定人力资源需求的变量之间的回归模型，得到人力资源需求与影响因素之间的函数关系，从而对未来的人力资源需求进行分析预测的一种更为精确的统计学方法。其中应用最普遍的是线性回归模型，包括单变量线性回归模型和多变量线性回归模型。

单变量线性回归模型，是以人力资源需求水平与某个与需求相关联的变量之间的关系为基础。首先需要确定组织中与人力资源需求水平关联最密切的变量，然后收集相关数据，估计相关系数，确立模型，最后利用相关变量的某个具体值对未来人力资源需求水平做出预测。

单变量线性回归也称为简单线性回归、一元线性回归，该模型的基本公式为：$y = \alpha + \beta x + \varepsilon$。其中，$y$ 为人力资源需求数量；x 为某个与需求相关联的变量；α、β 为相关系数；ε 为随机变量。通过计算，可以得到式中 α、β 的值，从而得到线性回归方程：$y = \alpha + \beta x$。

需要指出的是，只有当人力资源需求量与某个因素高度相关时，才可以使用回归方程进行预测，即需要对是否高度相关进行检验。统计学上有多种检验方法，除了用公式进行计算以外，还可以使用 SAS、SPSS 等专业软件。

与人力资源需求水平相关的变量有很多。一般来说，组织人力资源需求是产量、销量、税收等的函数，但公共组织无法采用这类经济指标。对于公共组织而言，选取哪个或哪些（多元回归分析中）因素是一个需要研究探讨的问题。这个问题可以用统计方法加以解决，分别选取公共组织中与人力资源需求相关的多个因素做回归分析，然后通过显著性检验来确定最适宜的相关变量。

多变量线性回归模型（又称多元线性回归模型）是对单变量线性回归模型的扩展。在实际工作中，多个因素共同影响组织人力资源的需求量。在单变量线性回归中，实际上是保留了一个对人力资源需求影响最大的因素，而将其他的因素忽略掉，从这个意义上讲，多变量线性回归模型选取多个与人力资源需求水平有关的相关变量，做出的人力资源需求预测要比单变量线性回归模型更加准确。具体采用哪种回归模型应该视实际情况而定，一般来讲，多变量线性回归模型适用于比较大型的组织。

在使用统计学方法进行人力资源需求预测时需要注意的是，这些方法均基于人力资源需求与其决定因素之间的关系是不随时间而变化的假设。如果它们之间的关系发生了变化，预测就会变得不准确。

计算机模拟预测法指在电脑模拟的虚拟环境中，对组织可能面临的外部环境变化及自身的复杂动态进行分析，得到未来需求的人力资源配置方案，是人力资源需求预测中最复杂也是最精确的一种方法。它被比喻为"虚拟世界"里的实验，能综合考虑各种因素对组织人力资源需求的影响，这种方法正在迅速普及和应用。

4.其他

基于公共组织的特点，其人力资源规划常用的方式为渐进主义（或减退主义）模型，它假定政策目标和意图保持不变，或仅仅从边际上发生变化。渐进主义模型不是非常有效、全面合理的预测方法，因为它的假定基础是政策目标和政策意图没有任何变化，因而在规划中没有对雇佣和解雇人员的种类变化做出任何设计。但是这种方式可以有效降低试错成本。

公共组织人力资源规划应用最为广泛的预测方法是集体观点。它意味着首先从组织内部和外部的各种原始资料中搜集信息，然后就这些信息达成团体共识。

三、人力资源供给分析

人力资源供给分析指组织依据所需要的人力，分析未来人力资源的主要来源与数量，解决如何获得所需人力资源的问题。

影响人力资源供给的因素很多，主要有两个方面。一方面是组织内部因素，如人员的退休、离岗造成人力资源供给的减少，内部员工的流动（转岗、晋升、降职等）导致人力资源配置的变化等。另一个方面是组织外部环境因素，包括人口结构的变迁、经济发展状况以及就业市场状况等。外部环境的预测与环境分析相类似，主要是根据环境变化分析其对人才市场的影响以及可能产生的变化。此外，文化因素也是影响人力资源供给的重要因素，如中西方文化差异等。

一般而言，人力资源供给分析也需要从内外两个方面进行，即内部的人力资源供给分析和外部人力资源供给分析。

经典理论——资源依赖理论

资源依赖理论研究组织如何在有限的资源和不确定的环境中实现生存和发展。它的核心假设是组织需要通过获取环境中的资源来维持生存，没有组织是资源自给自足的，都需要与环境进行交换。组织需要从外部环境中获取各种资源，如资金、技术、人才、信息等，而这些资源通常由其他组织控制或影响，因此组织与环境之间存在相互依赖的关系。组织之间的资源依赖会导致组织外部干预控制和组织内部权力分配的问题，即组织会受到提供资源的外部组织的影响和制约，同时也会影响组织内部的权力分配和决策过程。组织为了减少对外部资源的依赖，提高自身的自主性和效率，会采取各种策略来调整和改变与环境的关系，如合并、联合、游说、治理等。组织对环境的认识和评价不是客观的，而受到组织自身的选择、理解、参与和设定的影响，因此组织可以通过行为方式来塑造和适应环境①②③。

（一）内部人力资源供给分析

内部人力资源供给分析是企业或组织人力资源管理的重要环节，它涉及预测和评估组织内部员工的动态变化，以确保组织在未来某个时期能够拥有满足其需求的人力资源。这一过程主要采用两种方法：判断性预测方法和统计学预测方法。

判断性预测方法侧重于利用管理经验和直观判断来分析组织内的人员流动情况。主要的工具包括：现有员工技能清单（管理人才库）、组织人员替换图等。

1.技能清单（管理人才库）

技能清单是基于对现有员工能力和特长的系统性记录。这种清单详细列出了员工的教育背景、工作经历、技能认证、专业资格、特殊技能以及个人兴趣等信息。通过构建和更新技能清单，人力资源部门可以实时了解组织人力资本的状况，有效应对人才需求变化。技能清单的创建通常采用问卷调查或访谈的方式，其中问卷调查更为高效且成本较低，访谈则能获取更为深入和精确的信息。不同类型的组织可根据自身规模和需求，选择适合的数据更新频率和管理方式。

---

① PFEFFER J, SALANCIK G R. The external control of organizations: A resource dependence perspective[M]. New York: Harper and Row,1978.

② DREES J M, HEUGENS P P M A R. Synthesizing and extending resource dependence theory: A meta-analysis[J]. Journal of Management, 2013,39(6):1666-1698.

③ HILLMAN A J, WITHERS M C, COLLINS B J. Resource dependence theory: A review[J]. Journal of Management,2009,35(6):1404-1427.

2.组织人员替换图

组织人员替换图通过可视化的方式展示员工可能的职位流动路径，包括晋升、降级、轮换或退出组织的情况。这种方法有助于评估关键岗位的继任计划，并预测未来人力资源的供给情况。

统计学预测方法利用历史数据和数学模型来预测组织内人力资源的未来变化趋势。在内部人力资源供给分析中，一个常见的统计方法是马尔可夫链预测法。该方法通过分析过去的人力资源变动规律来预测未来的人员流动趋势。虽然马尔可夫链预测法在许多组织中得到了应用，但其准确性和实用性仍需结合具体情况进行评估。

总的来说，内部人力资源供给分析旨在帮助组织预测和规划未来的人力资源配置，从而确保组织目标的实现。通过结合判断性预测方法和统计学预测方法，组织可以更全面地理解和预测内部人力资源的供给状况，为人力资源规划和决策提供坚实的基础。随着技术的发展和数据分析工具的完善，组织将能更精确地进行人力资源供给分析，更有效地管理和优化其人力资源。

（二）外部人力资源供给分析

外部人力资源供给分析是组织从广阔的劳动力市场中识别和吸引所需人才的关键过程。随着组织业务的增长、职能的扩展或员工的自然流失，招聘新员工成为维持和增强组织竞争力的必要条件。此过程不仅涉及劳动力总量的供需平衡，也包括更为复杂的结构性平衡问题，如不同专业、行业或特定职业背景的人才供需情况。

外部人力资源供给预测主要采用市场调查预测和相关因素预测两种方法。市场调查预测方法是指通过组织进行的市场调查或参与市场调查活动，管理者获得第一手的劳动力市场信息，通过对这些信息的深入分析和推算，预测劳动力市场未来的发展趋势和规律。相关因素预测方法涉及搜集和分析影响劳动力市场供给的各种因素，如经济发展水平、教育体系结构、国家就业政策等，从而预测劳动力市场的未来变化。

影响外部人力资源供给的因素广泛且多样，可大致分类为地域性因素和全国性因素。地域性因素包括组织所处地区的人力资源现状、该地区有效人力资源的供求状况，以及该地区对人才的吸引力等，这些因素直接影响组织在本地区招聘活动的成效。全国性因素涵盖全国范围内相关专业毕业生的数量与分布、国家层面的就业法律和政策、特定领域的全国人才供需状况，以及全国从业人员薪酬水平和地区间的差异等，这些因素影响组织在更广泛范围内的人力资源战略和决策。

总的来说，组织在进行外部人力资源供给分析时，需要综合考虑地域性和全国性因素，运用市场调查和相关因素预测方法来精确评估劳动力市场的供需状况。通过理解和预测这些复杂多变的因素，组织可以制定更有效的招聘策略，吸引和留住所需的人才，以支持其业务扩展和长期发展目标。有效的外部人力资源供给分析，不仅能够帮助组织解决人力资源的总量平衡问题，还能应对更为复杂的结构性供需平衡挑战。

四、人力资源规划的行动决策

人力资源规划是一个综合性的过程，旨在通过预测和分析组织内外部的人力资源供需情况，制定相应的策略和行动计划以满足未来的人力资源需求。针对人力资源供需的不同情形，组织需采取不同的决策来保证人力资源的有效配置。

人力资源供需不平衡是组织在人力资源规划和管理过程中常遇到的一个重要问题。这种不平衡可能表现为人员不足或人员过剩，两种情形都需要组织采取有效的应对策略以确保运营的高效性和持续发展。不平衡的原因多种多样，可能包括市场需求变化、技术进步、组织结构调整、员工离职率的变动等。针对这些不同原因，组织需要灵活调整人力资源规划，以适应内外部环境的变化。

当人力资源不足时，组织面临的挑战包括工作负荷增加、员工压力升高、项目延期等问题，这可能影响组织的服务质量和市场竞争力。应对方式包括如下策略。

（1）增加招聘力度：组织应开展更广泛的招聘活动，如在线招聘、社交媒体宣传及参与职业博览会、与教育机构合作等，以扩大招聘渠道和范围，吸引更多候选人。

（2）提升现有员工效率：通过实施加班、业务外包、技能培训、调整退休政策等手段，充分利用现有人力资源。例如，提供技能提升和领导力培训课程，提高员工的工作效率和能力。

（3）调整人员素质要求：根据组织实际需求适度调整招聘标准，如对某些非核心岗位降低学历或经验要求，以快速填补空缺。

人员过剩时，组织可能面临财务负担增加、员工闲置等问题，影响组织的经营效率和盈利能力。应对方式包括如下策略。

（1）重新配置人员：通过内部调岗、跨部门轮换或培训提升员工适应新岗位的能力，优化人员配置。这不仅可以解决人员过剩问题，还能促进员工个人成长和职业发展。

（2）减少员工数量：在无法避免减员的情况下，应采取人性化策略，如提供适当的离职补偿，职业转型培训，鼓励自愿离职或提前退休等措施，减轻员工的离职冲击。

（3）调整工作条件：考虑缩减工时、实行弹性工作制、调整薪酬结构等方式，以临时性或长期性减轻组织的人力成本负担。

为了确保组织人才供应与需求平衡，管理者不仅要关注人员数量的匹配，也需要关注人员结构的优化。其中的挑战在于如何保持规划的动态性，实时识别和响应人力资源的周期性变化。组织在人才配置上经历从不平衡到寻求平衡的连续过程，这种状态的变化是常态而非例外。因此，即便在某一时刻达成了人力资源的平衡，组织也需要预见未来的变化，制定相应的战略和措施。因此，人力资源管理行动决策的核心方向包括如下几点。

（1）招募与引进规划：依托于组织的长期战略和具体目标，制定全面的人才引进策略。这涉及评估和决定招募的规模、人才类型、引进时间以及选择的渠道和标准，旨在确保引进的人才能够满足组织当前及未来的需求。

（2）员工培训与发展规划：确定培训的目的、内容、方式、目标群体和预算分配，旨在通过系统性的培训提升员工的技能和知识水平，支持其职业成长，以促进组织的持续发展和提升组织的竞争力。

（3）职业路径规划：涵盖优化工作环境、制定个人成长计划、为新加入员工设计职业路径以及留住关键人才的策略。这些措施有助于提高员工满意度和忠诚度，从而降低人才流失率。

（4）内部人才流动与配置规划：包括制定员工晋升、降级或岗位轮换的计划，以及调整组织结构等，以适应变化的业务需求。这旨在实现人力资源的最优配置，促进组织内部人才的发展与储备。

（5）薪酬与福利体系规划：构建公平、竞争力强的薪酬体系，设定合理的薪酬水平和差异，以及设计全面的福利计划，旨在吸引和保留高质量的人才，同时激励员工的工作动力。

通过上述综合性的行动决策，组织能够更好地应对人力资源供需的周期性变化，实现人才管理的动态平衡。这不仅需要组织对为外部变化保持敏感和适应性，也需要持续优化和调整人力资源管理策略，以支持其长期目标和持续发展。随着数字化和人工智能技术的发展，未来的人力资源规划还需考虑技术对劳动力市场的影响。机器人和自动化技术的引入可能改变传统的工作方式和职位结构，组织需要评估这些变化对人才需求的影响，并相应调整人力资源战略。

第三节　公共部门人力资源规划

一、公共部门人力资源规划的特点

人力资源规划作为各类组织普遍采用的一种基础的人力资源管理技术，最初在企业界得到应用，后来逐渐被应用至公共部门。这种规划方法根据公共组织的长期战略目标，合理预测未来环境变化中对人力资源的需求，包括需求的具体内容、实施策略、相关政策及经费预算等，以此来保证组织在人力资源的数量、质量和结构上的需求得到有效管理。

人力资源规划在私营部门得到了广泛应用和重视，而公共组织中的应用仍处于发展和探索阶段。从理论上讲，用组织内部资源需求的总数减去人力资源供给的总数，就可以得出组织需要的人力资源数，但公共组织人力资源规划具有较强的不确定性，其制定人力资源规划的政治性大于分析性或合理性。

人力资源规划在公共部门和私营部门中的应用虽然同等重要，但是公共部门的非营利特性和各国公务员雇佣政策的特殊性，决定了两者之间存在着明显差异。对于政府等公共机构来说，虽然不存在私营企业那样的市场竞争和人才抢夺现象，但随着经济增长和社会进步，民众对政府提供的服务品质有了更高的期待。这要求政府机构必须持续优化其功能，适应经济系统的复杂性；同时，转向更现代化的人力资源管理方法，以应对人才市场的竞争和公务员制度的更新；并且推进行政改革，以实现公众所期望的高效服务和低成本运作。

通过强化人力资源规划，政府部门能够吸引和留住优秀人才，有效推进人事管理的现代化，实现人力资源的合理配置，达到提高工作效率和降低运营成本的目标。因此，深入研究和实施公共部门的人力资源规划，对于提升政府机构的服务质量和工作效率，满足公众对优质公共服务的需求，具有不可忽视的现实意义。

不同于私营部门的是，公共部门的人力资源规划还需考虑到政策导向、公共利益和社会责任等因素，以确保人力资源管理的决策和实践既符合政府政策又能够反映公众利益，进一步强化公共服务的社会价值。这意味着，在公共部门进行人力资源规划时，不仅要关注组织内部的需求和人才发展，也需要密切关注外部环境变化，包括政治、经济、社会和技术等方面的动态，以及这些变化对人才需求和人力资源管理策略的影响。

因此，公共部门的人力资源规划既是一项战略性任务，也是一个包含多维度考量的复杂过程，需要政府机构在确保人力资源管理的专业性和效率性的同时，充分考虑到公共利益和社会责任，以促进政府服务质量的持续提升和公共管理的现代化。

在公共组织中，人力资源规划最常用的预测方法是集体观点。这种方法强调从组织内外搜集各种原始资料，基于这些资料信息形成团体共识。这种方法有助于综合不同角度的信息，从而做出更全面的决策。

公共组织的发展历程显示，这些组织正处于多元文化环境中，其人力资源管理的复杂性源于不同人事制度背后价值观的冲突和竞争。寻求人事管理价值的平衡实际上是多样化利益群体之间的妥协和利益调整过程。因此，公共组织的人力资源规划不仅受到利益调整的影响，而且具有一定的政治性。这种政治性导致的不确定性对人力资源规划产生负面影响，需要在规划过程中加以考虑和应对。

二、公共部门人力资源规划的分类

（一）宏观人力资源规划和微观人力资源规划

人力资源规划在公共部门的实施可分为宏观与微观两个层面，它们各自聚焦于不同的目标与需求，共同构成了组织人力资源管理的全貌。宏观层面的人力资源规划着眼于整个公共组织体系及其员工群体的综合布局，通过深入分析组织架构、财政预算等方面，旨在预测并设定一定时间范围内的人力总需求，从而保障组织在人员规模和员工能力结构上的基本均衡。作为组织战略发展的重要组成部分，宏观人力资源规划具有明确的战略定位，强调对组织未来发展方向的指导性作用。

相较之下，微观人力资源规划更侧重于特定公共部门内部的实际需求。这一规划依据部门的具体职位要求、财政状况及发展目标展开，并借助工作分析等工具详细定义该部门在某一特定时期或财政年度中的人力资源需求。微观层面的规划关键在于制定实现人力资源有效获取和分配的详细计划，为部门内其他人力资源管理活动奠定基础。

宏观与微观人力资源规划虽各有侧重，但它们相互依托、相互补充，共同为公共部门提供了一个多层次、全方位的人力资源管理框架。宏观规划提供组织层面的指导和战略方向，确保人力资源配置的长期均衡与一致性；微观规划则确保在具体执行层面能够针对性地解决部门内部的人力资源问题，满足日常运营与发展需求。这种双层次的规划方式使公共部门能够在保持组织整体战略一致性的同时，灵活应对部门内部的变化与挑战，从而提升整个组织的人力资源管理效率与效果。

（二）总体规划和业务规划

在公共部门，人力资源规划可被细分为战略性的总体规划与具体的业务规划两个主要类别，以应对组织的宏观战略需求和微观操作需求。

1.战略性总体规划

战略性总体规划深植于组织的长远目标和发展前景之中，着眼于制定一系列覆盖整个组织的人力资源管理目标、原则和政策框架。这种规划考虑到实施的步骤、时间安排以及预算分配，确保组织结构和人员配置与组织的战略目标相匹配。在组织经历重大变革或需要进行结构重组时，战略性总体规划显得尤为重要，此时组织需重新审视和调整其组织架构和职位设置，以适应新的战略目标。

2.具体的业务规划

相较之下，具体的业务规划则聚焦于日常的人力资源管理实践和具体操作，包括一系列细化的人力资源管理计划，如人员招募，岗位使用、培训与发展，绩效评估和激励措施等。业务规划还可能涵盖职员晋升、团队建设、劳动关系管理等更为专门的领域。通过这些具体计划，组织能够确保每个部门和员工的需求得到满足，同时推进组织战略目标的实现。

尽管总体规划与业务规划在关注的重点和实施的范围上有所不同，但它们之间存在着密切联系和相互依赖关系。战略性总体规划为公共部门提供了一个宏观的指导方针和战略视角，确保人力资源管理与组织的整体目标和发展方向保持一致；而具体的业务规划则将这些宏观指导方针细化为可操作的行动计划，通过具体的管理活动和实践确保战略目标能够有效实施。这种从宏观到微观的规划体系，确保了公共部门在实现其社会使命和战略目标的过程中，能够有效地管理和优化其人力资源。

（三）我国公共部门人力资源规划应用分析

在我国公共部门，人力资源规划实践中的宏观与微观规划扮演着不同但相辅相成的角色。我国的宏观人力资源规划通常体现为组织在一个特定阶段的人才战略。这种战略更加宏观、抽象，并涉及相对不确定的长期策略。人才战略的结构包括战略构想（愿景、战略总目标）、战略目标、战略对策与战略过程。这些元素共同构成了组织的长期人才发展方向和框架。而微观人力资源规划则更多关注公共部门在年度层面的人才规划和具体的实施措施。这种规划更侧重于具体、相对确定的长期计划。微观规划关注的是如何在短期内实现这些长远目标，包括具体的招聘计划、培训和发展计划、绩效管理等。例如，党的二十大提出深入实施科教兴国战略、人才强国战略、创新驱动发展战略，开辟发展新领域新赛道，不断塑造发展新动能新优势等。

公共部门往往在变化发生后才采取应对措施，缺乏前瞻性规划。有效的人力资源规划需要具备预见性，能够预测未来的人力资源需求，从而为应对变化做好准备。这意味着组织不仅要解决眼前的问题，还要预测和规划未来可能出现的情况，确保人力资源管理的连续性和稳定性。

公共部门的人力资源规划还需要适应快速变化的外部环境。社会潮流、政策变动、经济波动、技术进步等因素都可能对组织产生影响。例如，政策变化可能导致某些工作项目的资金被削减，或者新技术的引进可能需要新的技能和人才等。因此，公共部门的人力资源规划需要灵活变动，及时适应这些变化，以确保组织能够有效实现其使命。

【复习思考题】

1.什么是人力资源规划？

2.公共部门人力资源规划有什么特点？

3.公共部门人力资源规划有哪些步骤？具体使用了哪些方法？

4.公共部门人力资源规划有哪些作用？

5.公共部门人力资源规划与私营部门人力资源规划有哪些区别？为什么？

【案例与讨论】

江苏省"十四五"社会工作专业人才发展规划

1.社会工作专业人才发展基本情况

"十三五"期间，我省着眼加强社会建设、创新社会治理大局，不断加强社会工作专业人才队伍建设，积极推动开展各类社会工作服务，较好地完成了"十三五"社会工作专业人才发展规划的目标任务，社会工作专业人才在社会建设中的作用愈发重要。

（1）组织领导和政策保障得到加强。省人才工作领导小组将社会工作专业人才队伍建设纳入常态管理，"党委领导、政府负责、多部门协作、社会化运作"的社会工作专业人才队伍建设机制更加成熟，政策保障体系更加健全。省民政厅联合多部门出台了《关于加强社会工作专业岗位开发与人才激励保障的实施意见》《关于加快培育发展民办社会工作服务机构的实施意见》以及在社会救助、社区服务、农村留守儿童关爱保护、青少年事务、工会工作等领域发挥社会工作专业人才作用的专项政策文件，为健全社会工作专业人才培养、使用、评价、激励、保障等的长效机制奠定了基础。

（2）人才队伍规模快速壮大。通过鼓励参加职业资格评价、加强政校协作、开展专业培训、实施"社会工作领军人才工程""社会工作专业人才能力提升工程"等措施，推动人才队伍建设。截至"十三五"末，全省取得社会工作者职业资格证书的人员达7.93万人，位居全国前列。选拔推荐全国社会工作领军人才6名，省社会工作领军人才75名。从2017年起，每年举办省级社会工作高级研修班等，探索高层次人才培养长效机制。充分发挥各级社会工作专业人才培训（实训）基地的作用，有效提高了人才队伍整体素质。

（3）专业岗位开发持续推进。实施社会工作专业岗位开发工程，重点在公益性事业单位、城乡社区和社会组织开发专业岗位，推动民政及其他领域加大对社会工作专业人才的使用力度。探索推进社会工作岗位等级评审与待遇补贴挂钩制度、选拔录用优待制度，进一步规范社会工作岗位聘用，完善社会工作专业岗位考核评估，加强社会工作专业人才激励保障。全省共开发设置约4.8万个社会工作专业岗位，扶持培育民办社会工作服务机构1693家。在社区层面，各地普遍将社会工作纳入社区工作者"三岗十八级"职业体系建设。

（4）专业服务效能不断增强。发挥社会工作专业力量在"三社联动""社工+志愿者联动"机制中的作用，着力提升社会服务的专业化水平，增强老年人、困境儿童、农村留守人员、残疾人等特殊困难群体的获得感。"十三五"期间省级专项列支1800余万元，扶持民政及卫生健康、司法矫正、青少年事务等领域的社工专业服务项目和示范项目60余个。充分发挥社会工作在脱贫攻坚中的重要作用，选派社会工作服务机构参与民政部"牵手计划"，赴多个省份开展专业帮扶活动。全省共有全国社会工作服务示范地区15个、服务示范社区17

个、服务示范单位19个，比"十二五"末分别增长87.5%、54.5%、216.67%。

（5）社会发展环境不断优化。组织召开全省社会工作推进会，持续开展"社会工作主题宣传周"、省优秀社会工作案例项目征集、寻找"最美社工"等活动，总结实务经验，宣传社工形象，选树社工典型，提升社会对社会工作的认知度，为社会工作发展营造良好氛围。

2.社会工作专业人才发展的不足

虽然我省社会工作专业人才队伍建设取得了一定成绩，但也存在一些不足，与人民群众对美好生活向往的需求，以及对社会工作的要求不相适应。主要表现在：人才总量不足，区域发展不平衡，高层次人才作用没有得到充分发挥；人才激励保障政策落实不到位，人才流失现象比较普遍，职业吸引力不够；专业岗位开发总量不足，各领域发展不均衡；政府购买社会工作服务的制度体系不健全，民办社会工作服务机构自我造血功能不足；社会工作专业人才的社会认知度还不高，普遍存在将"社工"等同于"志愿者""社区工作者"的现象。

3.社会工作专业人才发展的机遇与挑战

（1）加强和创新基层社会治理，对社会工作发展提出更高要求。当前，我国改革发展进入攻坚期和深水区，社会主要矛盾已经转化为人民日益增长的美好生活需要和不平衡不充分的发展之间的矛盾，社会领域一般性矛盾和深层次矛盾交织叠加，呈现触点增多、燃点降低、涉及面广、关联性强的态势。社会工作专业人才是社会治理的专业队伍，社会工作服务机构是承接政府职能转移、提供社会服务的专业社会力量。要进一步畅通社会工作者参与社会治理的渠道，创新社区与社会组织、社会工作者、社区志愿者、社会慈善资源"五社联动"机制，在社区协商和社会组织协商中运用社会工作理念方法、使用社会工作专业人才，创新基层治理理念、方法，扩大社会参与，有效预防和化解社会矛盾；要通过弘扬社会主义核心价值观和社会工作价值理念，开展社会工作服务实践，协调社会关系，在加强社会诚信体系建设和社会心理服务体系建设、引领社会向上向善中发挥作用。

（2）提高保障和改善民生水平，对社会工作发展提出更高要求。随着经济社会发展进入新时代，人民群众对美好生活有了新期待，精神满足和社会参与方面的需求快速增长，传统的社会服务方式已难以有效满足这些需求。要充分发挥社会工作者贴近群众、服务群众的专业优势和技术特长，支持引导社会工作专业力量为人民群众特别是困难群众提供心理疏导、人文关怀、资源链接、生计发展、关系调适、社会融入等专业服务，推动民生保障服务从单纯的物质保障向包括精神、心理、文化、社会等全方位服务转变，扩大社会服务供给，丰富社会服务内涵，提升社会服务专业化水平。

（3）落实乡村振兴国家战略，对社会工作发展提出更高要求。乡村振兴，关键在人才。要大力落实中共中央办公厅、国务院办公厅《关于加快推进乡村人才振兴的意见》等文件精神，加强农村社会工作人才队伍建设，加快推动乡镇社会工作服务站建设，加大政府购买社会工作服务力度，吸引社会工作人才提供专业服务，大力培育社会工作服务类社会组织。要推动社会工作服务从兜底性服务向助力村民增收、引导乡风文明、参与乡村治理等领域拓展，推动巩固拓展脱贫致富奔小康成果同乡村振兴有效衔接。

4.社会工作专业人才发展目标

到2025年，建设一支数量足、结构优、能力强、素质高的社会工作专业人才队伍，职业评价体系健全，专业岗位充足，整体工作走在全国前列。具体目标如下。

（1）队伍规模进一步壮大。"十四五"末，全省持有社会工作者职业资格证书的社会工作专业人才达到10万人，形成与经济社会发展相适应的社会工作专业人才规模。

（2）队伍结构进一步优化。社会工作专业人才区域结构、城乡结构、领域结构更加优化，形成合理的初、中、高级人才梯次结构和人才布局。

（3）人才素质进一步提升。社会工作从业人员的思想政治、职业道德、专业价值伦理等综合素质明显提升，解决实际问题的专业能力显著增强。

（4）专业岗位开发力度进一步加大。社会工作专业岗位开发和社会工作专业人才配置机制更加健全，以城乡社区、公益服务类事业单位和社会组织为重点的社会工作专业岗位开发设置明显加强，岗位数量持续上升。

（5）服务效能进一步增强。基层社会工作服务网络进一步健全，专业服务进一步规范，社会工作专业人才在解决人民群众"急难愁盼"现实问题、服务社会、促进社会和谐等方面的专业作用得到充分发挥。

（6）发展环境进一步改善。党委政府促进社会工作专业人才队伍建设的体制机制、法规政策更加健全，社会工作专业人才参与社会治理的途径更加畅通，社会对社会工作专业人才的价值更加认同。

到2035年，社会工作法治保障体系更加健全，社会工作专业人才职业体系更加完善，职业化、专业化水平得到质的提升，职业吸引力显著增强，政府购买社会工作服务的体制机制更加成熟，社会工作服务广泛覆盖，形成"有困难找社工"的社会共识。

5.主要任务

（1）健全社会工作专业人才培养机制。具体包括推动参加全国社会工作职业资格评价、大力推进专业培训、健全社会工作专业教育机制。

（2）健全社会工作专业人才使用评价机制。具体包括推进岗位开发、规范岗位聘用、完善评价考核机制。

（3）健全社会工作专业人才激励保障机制。具体包括落实薪酬待遇、强化服务保障、加强表扬激励、提高职业地位。

思考题：

1.该省社会工作专业人才的规划有哪些特点？

2.你认为该规划在哪些方面可以进一步改进？

【现实思考】

新时代的模范干部

全面建设社会主义现代化国家，全面推进中华民族伟大复兴，关键在党，关键在人。新时代，我们要"坚持尊重劳动、尊重知识、尊重人才、尊重创造，完善人才战略布局，加快建设世界重要人才中心和创新高地，着力形成人才国际竞争的比较优势，把各方面优秀人才集聚到党和人民事业中来"。

在拉萨市人民医院手术室里，一场对一名44岁高龄产妇的剖宫产手术正在进行，主刀医生是妇产科主任医师边巴卓玛。通常，高龄产妇在妊娠生产时要比正常产妇承担着更大的风险，今天的手术很顺利，母子平安。像这样的手术，边巴卓玛主刀或参与指导的已有近万台。经常下乡为村民看病的边巴卓玛发现，基层村医接受过正规教育的很少，有时候他们连群众咨询的问题都不太清楚，更别说进行正确的健康宣教和治疗了。所以边巴卓玛时常利用周末或者节假日培训各市地组织的乡村医生，并兼职西藏大学医学院的本科教学和硕士生导师，努力为西藏医疗事业培养更多优秀人才。从医近30年间，特别是新时代以来，边巴卓玛亲眼见证了拉萨市人民医院从二级甲等到三级甲等的转变，妇产科也随之日益壮大。扎根一线多年，边巴卓玛获得了很多荣誉，而在她的心里，护佑人民生命健康比什么都重要。

　　赵亚夫，曾担任过江苏省镇江市人大常委会副主任和镇江市农科所所长、党委书记。在宜兴农林学院读书时，他就立志要用自己所学的知识，为农民服务一辈子。戴庄村，地处茅山老区，曾是句容最偏远最贫穷的地方。2001年，赵亚夫退休后，选择这里作为有机农业带领丘陵山区脱贫致富的"试验田"，做给农民看，带着农民干，帮助农民销，实现农民富。十多年来，在赵亚夫的帮助指导下，戴庄村通过发展水稻、果蔬等有机农业，成立专业合作社、实行品牌化销售等措施，实现了华丽转身，成为远近闻名的江苏省特色田园乡村、全国农业合作社示范村、全国文明村。"要致富，找亚夫，找到亚夫准能富。"多年来，赵亚夫先后推广农业新品种、新技术250多万亩，给16万农民带来200多亿元的直接收益，为句容、镇江乃至全国脱贫攻坚和乡村振兴作出了积极贡献。

　　边巴卓玛和赵亚夫是千万奋斗在全国脱贫攻坚一线干部的缩影，他们在不同的岗位上展现了才华和热情。他们通过自己的知识、技能和热忱，不仅在各自领域取得了显著成就，还对社会产生了深远的影响。他们的故事彰显了一个深刻道理：在党的领导下，不论哪个行业，专业知识和献身精神都是推动社会变革和国家繁荣的重要力量。

思考题：

　　1.为什么要把各方面优秀人才集聚到党和人民事业中来？

　　2.如何用人力资源规划知识解读边巴卓玛和赵亚夫同志的案例？

　　3.你还知道哪些能够体现行业特点的优秀典型实践案例？

【拓展阅读】

[1]刘智强,周蓉,周空,等.OBHRM领域的突破性创新研究:现状、整合与展望[J].管理学报,2021,18(09):1401-1411.

[2]马灿,周文斌,赵素芳.家庭支持对员工创新的影响——工作投入的中介和生涯规划清晰的调节作用[J].软科学,2020,34(01):103-109.

[3]苗仁涛,杜慧,李正瑞.幸福感视角下的工作重塑与员工创新行为:组织规划性人力资源管理系统的跨层次调节作用[J].商业经济与管理,2023(04):31-44.

[4]牛婧,孙思洋,魏修建.公共部门人员地区分布、劳动力配置与社会福利改善[J].世界经济,2023,46(06):59-84.

［5］王璐,李晨阳.人力资本结构、产业结构与经济稳增长——基于新结构劳动经济学视角的理论初探［J］.经济问题探索,2023(09):146-169.

［6］王震,姜福斌.人力资源管理计划、实施与感知的差异研究——一个整合模型［J］.经济管理,2021,43(10):83-98.

［7］王震,张雨奇,尹奎.直线经理的人力资源管理认知、职责与效能:研究回顾与展望［J］.中国人力资源开发,2017(03):38-48.

［8］尹奎,陈乐妮,王震,等.领导行为与人力资源管理实践的关系:因果、联合、替代还是强化?［J］.心理科学进展,2018,26(01):144-155.

［9］詹姆斯·W·沃克.人力资源战略［M］.吴雯芳,译.北京:中国人民大学出版社,2001.

［10］张建宁,高敏芳.国有企业集团加强人力资源规划管理的探讨［J］.湖南社会科学,2014(01):151-154.

［11］张萍,陆大奎.论人力资源规划的战略地位［J］.西南民族大学学报(人文社科版),2004(06):98-99.

［12］赵曙明.人力资源战略与规划［M］.5版.北京:中国人民大学出版社,2021.

［13］DECHOW N,MOURITSEN J.Enterprise resource planning systems.management control and the quest for integration［J］.Accounting Organizations and Society,2005,30:691-733.

［14］GOODMAN D, FRENCH P E, BATTAGLIO R P. Determinants of local government workforce planning［J］.American Review of Public Administration,2013,45(2):135-152.

［15］KRAVARITI F, TASOULIS K, SCULLION H, et al. Talent management and performance in the public sector: the role of organisational and line managerial support for development ［J］. International Journal of Human Resource Management,2023,34(9):1782-1807.

［16］LIU D, GONG Y, ZHOU J, et al.Human resource systems, employee creativity, and firm innovation: The moderating role of firm ownership ［J］. Academy of Management Journal,2017,60(3):1164-1188.

第五章　公共部门人员招聘与测评

【学习要点】

1. 公共部门人员招聘与测评中的基本概念。
2. 公共部门人员招聘与测评的基本方法。
3. 公共部门人员招聘与测评的意义与作用。

【引入案例】

2022年全国总工会开展的第九次全国职工队伍状况调查结果显示，目前全国4.02亿左右职工的平均年龄为38.3岁。同时，也有数据显示35～39岁年龄组职工中，有54.1%担心失业。从理论上来讲，公务员考试的年龄放宽一点，人才聚拢的"池子"和奋斗的空间就大一些，选贤举能、人尽其才的效果也就会更好。

为政之要，莫先于用人。站在老龄化社会加速的现实关口，当我们热议"公务员招录放宽至40岁"时，也就更多了几分真切的期待。一方面，我们要理性看到，出于岗位专业性、特殊性、个体条件等因素，公务员岗位的招录年龄并非所有都能"放宽"；另一方面，当前我国《公务员录用规定》明确，报考公务员年龄为十八周岁以上，三十五周岁以下，经省级公务员主管部门批准，可以适当调整。因此，有关部门也不妨依据就业现实和人才成长的规律，在广泛调研的基础上，适时逐步优化相关政策法规，让年龄等招录标准更加科学合理，同时引领全社会更多企事业单位的招聘标准和职场生态建设。

无论如何，"部分省考公务员招聘年龄放宽至40周岁"，都是向前迈出了一步，对于促进就业公平公正，拓宽年龄相对较高人群的就业空间，都有着积极作用。如果未来，更多地方能够结合工作实际，继续适时优化调整相关岗位的标准，将不仅有助于推开就业年龄限制的"玻璃门"，更有利于逐步打破不合理门槛，涵养全社会科学开放的选人用人观念。

思考与讨论：

1. 谈谈你对本案例中提到的"放宽"公务员考试年龄限制的理解？

2. 推开就业年龄限制的"玻璃门"这种现象出现的原因是什么？对社会发展会产生哪些影响？

人员招聘与测评，是继工作分析、评价与分类后，公共部门人力资源管理中的又一项重要工作，本章将介绍公共部门人员招聘与测评的概念、意义、方法及相关技术。

第一节　公共部门人员招聘

招聘工作是整个公共部门人力资源管理工作的基础环节之一，直接关系到组织人力资源的形成。招聘和测评是公共部门人力资源管理中其他工作的基础，也是组织管理过程中最困难的工作之一。招聘和测评的难度随着员工等级的升高而加强，招聘和测评的结果不仅会对组织产生重要影响，还关系到组织中员工队伍的构成。

一、招聘概述

（一）招聘的概念

人员招聘简称招聘，是"招募"与"聘用"的总称，指为组织中空缺的职位寻找到合适人选。招聘的过程包含甄选，甄选的关键在于找到合适的、需要进行测评的人员。

在当今知识经济发展的新格局下，人才是第一资源，人才在经济社会发展中的地位愈加突出。当今组织间的竞争，在一定程度上已经演变成为人才的竞争，而人才的竞争，在很大程度上是招聘和测评水平的竞争，人才形成的基础是平时对人力资源的招聘和测评。

（二）招聘的影响因素

招聘的影响因素有许多种，包括组织外部因素和组织内部因素。

组织外部因素主要可以分为两类：一是经济条件，主要包括人口和劳动力、劳动力市场条件以及产品和服务市场条件；二是政府管理和法律监控，政府对招聘的影响更体现在对就业的控制上，在不同时期，国家和地方有关的法律、法规、政策等，是影响组织招聘行为的重要因素。

组织内部因素可以分为以下几个方面：一是空缺职位的性质；二是组织的性质，如组织的战略和经营目标、战略决策的层次、战略类型和组织文化；三是组织的形象。

二、招聘程序

组织招聘员工的程序一般包括六个方面：明确空缺职位的要求；招聘策略选择；测评与选择；录用；试用考察；签约（图5-1）。

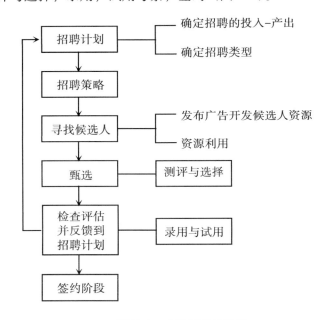

图5-1 人员招聘的程序

（一）招聘计划

招聘计划指把空缺职位的工作说明书与资格要求变成一系列的招聘工作目标，并把这些目标和相关求职者的数量与类型进行具体化分析。招聘计划要确定招聘人数、招聘类型与素质条件。

确定招聘的投入产出率：为保证获得最终一定数目的雇员，在招聘过程中必须计划吸引比空缺职位更多的求职者，具体的数量根据计算投入产出率得出，最常用的方法是招聘产出金字塔。这里投入是全部招聘过程中的应聘者的数量，产出是在招聘结束后最终到组织报到的员工人数。

确定招聘类型：所有的招聘活动都在不同程度上强调招聘类型，因此，招聘计划的重要内容之一就是尽可能详细地陈述职位需求。职位需求是通过工作分析和对职位资格要求的详细描述来实现的。职位资格描述不清楚或不全面可能产生两种情况：没有说明职位的性质与要求；没有说明职位的工作范围与资格条件。这两种情况都会造成不良后果，严重影响招聘效果。

（二）招聘策略

招聘策略是招聘计划的具体体现，是为实现招聘计划而采取的具体策略。招聘策略包括招聘地点的选择、招聘渠道或者方法的选择、招聘时间的确定、招聘宣传战略、招聘推销战略、招聘的评价和招聘的扫尾工作安排等。

（三）寻找候选人

这个阶段的工作包括明确招聘候选人资源的分布范围、分析候选人需求、选择合适的招聘渠道、发布招聘信息和吸引应聘者，需要注意以下两点。

一是开发候选人资源：部分候选人资源和招聘渠道无法即刻利用，因此必须在开始招聘具体工作之前，以招聘计划中对人力资源需求的预测为基础，进行开发工作。以校园招聘为例，开发工作包括以下几个方面：准备并分发描述组织情况的小册子；联系学校方面负责学生分配工作的部门，确定与应聘者见面的日期；了解本届毕业学生的特点；准备并安排在布告栏、校园内发行的报刊等发布招聘广告。这些活动如果经常进行，就会形成惯例。

二是资源利用：组织根据对员工需求的具体情况选择相应的招聘渠道或招聘方法。为使招聘及时有效，保证招聘资源能够被随时利用，招聘开发工作应该成为人力资源开发与管理的日常工作，一旦组织出现职位空缺，马上能够利用这些招聘资源开发渠道，随时吸引到足够的申请者。

（四）选拔候选人

这是招聘过程中一个极为重要的环节，其目的是排除明显不符合职位要求的申请者。有效的选拔可以节省大量的时间和金钱。一般情况下，专业性职位的候选人由人力资源部进行选拔，由部门经理和人力资源部门以及技术专家组成的测评委员会来进行测评与选择是更优的方法。

（五）检查评估与反馈

检查就是对招聘过程的每个环节进行跟踪，以检查招聘是否在数量、质量以及效率方面达到了标准。判断招聘效果的一个有用的方法，就是反馈到招聘计划，看是否高质量地完成了招聘计划。招聘效果评估可分解为对招聘工作收益与成本的评估。

在检查评估与反馈阶段之前，还要进行录用与试用两项工作。试用主要考察合格的人选，当试用不合格时，可以依照合同解约。

（六）签约

人力资源部要代表组织与其签订工作契约，正式明确双方的责任、义务与权利。签约也可以在检查评估与反馈之前进行。

三、招聘途径

（一）人才交流中心

在全国各大中城市一般都有常年为组织用人单位服务的人才交流服务机构，它们一般建有人才资料库，便于用人单位在其中查询条件基本相符的人员资料。这种途径具有针对性强、费用低廉等优点，但对于热门人才或高级人才效果不太理想。

（二）招聘洽谈会

人才招聘洽谈会多由人才交流中心或其他人才机构举办，在洽谈会中，用人单位招聘者和应聘者可以直接进行接洽和交流，节省了双方的时间。此外，用人单位招聘人员可以通过洽谈会了解当地人力资源素质和走向、同行业其他企业的人事政策和人力需求情况。随着人才交流市场日益完善，洽谈会呈现出向专业方向发展的趋势，如中高级人才洽谈会、应届生双向选择会、信息技术人才交流会等等。由于应聘者集中，组织的选择余地较大。但招聘高级人才仍然较为困难。

（三）传统媒体

在传统媒体刊登招聘广告可以减少招聘的工作量，广告刊登后，只需在用人单位等待应聘者上门即可。在报纸、电视中刊登招聘广告费用较大，但容易体现公司形象。很多广播电台有人才交流节目，播出招聘广告的费用更低，但效果较差。

（四）网络招聘

网络招聘作为一种新型的人才招聘方式，已成为现代组织人力资源管理中人才招聘的重要组成部分，包括招聘信息的发布、简历的筛选以及在线测评等。网络招聘的费用低、覆盖面广、时效性和针对性强，具有方便、快捷与高效等特点。但缺点是虚假信息和无用信息较多，因此网络招聘对简历筛选的要求较高。

（五）校园招聘

各类高校的应届毕业生是组织人力资源的重要来源。组织主要通过以下几种方式吸引毕业学生：发布招聘公告，召开宣讲会；提供实习机会和暑期雇佣机会，以便对其进行试用观察；定向培养、委托培养等方式；设立奖学金，吸引学生毕业后去该组织工作；学校院系针对招聘单位推荐合适的学生。

（六）员工推荐

员工推荐的优点是招聘成本小、应聘人员素质高、可靠性高，对招聘专业人才比较有效。组织可以通过奖励等方式来鼓励员工积极推荐优秀人才。

（七）人才猎取

传统的渠道往往难以获取高级人才和尖端人才，需要通过人才猎取的方式。但人才猎取招聘成本较高，一般委托"猎头"公司的专业人员来进行。目前，在北京、上海和沿海地区，"猎头"公司较为普遍。

（八）内部招聘

内部招聘指组织将职位空缺向员工公布，鼓励员工竞争上岗或者自我推荐，与其他方法相比更加简单。对于大型组织，这种方法有助于增强员工的流动性。员工可以通过竞聘得到晋升或者换岗，因此这也是一种有效的激励手段，可以提高员工的满意度，留住人才。但是这种方式的缺点是，如果组织过多地使用内部招聘，员工存在一定的思维惯性，组织将缺少活力。

中国经典人力资源管理案例——科举与举荐

科举考试

科举考试始于隋唐，盛行于两宋，一直延续到清朝末年，是中国古代最为正式和系统的人才选拔机制。科举分为多个级别的考试，从地方的乡试、省级的会试到国家级的殿试。考试内容主要围绕儒家经典、诗文、策论等，考核应试者的文学造诣、治理理念和道德品质。科举考试是基于知识和才能的选拔，是向上流动的重要途径，对于维持社会稳定和选拔治国人才发挥着重要作用。

荐举制度

与科举制度并行的同时，中国古代还存在着荐举制度，即由地方官员推荐贤能之士给朝廷，然后经过一定的考核过程录用为官员。荐举重视实际表现和地方官员的推荐，对于那些未能通过科举但具有实际能力的人才来说，这是另一条成为官员的途径。

第二节　公共部门人员测评

一、测评概述

素质测评是通过一系列科学方法，在有限时间内搜集关于个体在其主要活动领域表现的信息，基于特定的评价指标体系，进行量化或定性的判断，或者基于搜集到的信息推测个体的某些品质和特征的过程。例如，在员工的选拔过程中，组织通常运用各种测评工具，如应聘登记表、面试、试用期观察等，来搜集应聘者的实际行为数据，以便根据岗位需求评估其是否符合所需的品质和能力，从而作出是否聘用的决策。

测评的过程不仅包括通过观察、访谈、问卷调查等方式搜集信息，也涉及对这些信息的综合分析和评价，旨在理解和判断被测评者的特定素质。这要求评价者具备较高的专业能力，以便准确地搜集信息并作出客观的评价。

所谓"科学方法"包括一系列经验证有效的测量工具和评价方法，如直接调查、问卷调查、抽样统计等，旨在确保测评过程的准确性和全面性。个体的"主要活动领域"指的是其生活和工作的关键环境，如工作场所、家庭社区和社交圈等，这些领域提供了丰富的信息源，有助于全面了解个体的素质特征。

"素质测评指标体系"是构成评价框架的关键，它由一系列内在相关的指标组成，旨在多维度地评价个体的素质。由于个体行为的多样性和复杂性，单一指标往往难以全面反映个体的素质，因此需要通过综合多个指标来获得更准确的评价。

在评价过程中，"引发"和"推断"是评价者基于搜集到的信息进行归纳、概括和抽象的思维活动，这一过程不仅基于现有信息，而且超越这些信息，将具体行为与某种素质结构联系起来，体现了评价者的主观能动性和思维深度。

素质测评的主体可以是他人，也可以是个体自身，如自我评价、同事间的互评等。测评活动起源于组织对填补人力空缺的需求。在小型组织中，领导者可能亲自负责整个招聘和评选过程；而在大型组织中，则由人力资源部门基于职位需求和资格标准启动招聘过程，以确保选聘的员工能够满足岗位要求，从而影响组织的生产效率、培训需求和成本管理。正确的员工与岗位匹配对提高组织效能和减少资源浪费至关重要。

二、测评方法

（一）心理测验方法

1.心理测验的定义

心理测验也称为心理测评，实质上是行为样组客观的和标准化的测量。心理测验产生于对个别差异鉴别的需要，广泛应用于教育、组织人才的挑选与评价。其中比较有影响的心理测验有比奈西蒙智力测验、斯坦福比奈儿童智力测验、罗夏（Rorschach）墨迹测验、默里与摩根的主题统觉测验（TAT）、明尼苏达多相个性测验（MMPI）、艾森克人格测验（EPQ）、卡特尔16因素测验、皮亚杰（Piaget）故事测验、科尔伯格（Kohlberg）两难故事测验和雷斯特（J.Rest）测验等。心理测验通常使用的是国外开发的成熟量表，但需要注意其是否具有一定的文化背景以及适用性。

测量工具——迈尔斯-布里格斯类型指标

近年来，迈尔斯-布里格斯类型指标（Myers-Briggs Indicator，MBTI）颇为流行，这是一种常用的心理学工具，旨在测量人们在感知世界和作出决定时的心理偏好。MBTI基于荣格的心理类型理论，由Isabel Briggs Myers和她的母亲Katharine Cook Briggs在20世纪中叶发展而成。

MBTI通过一系列的问题来评估个体在四个维度上的偏好，每个维度都有两个相对的类型。这四个维度和它们的类型是：

1.注意力的方向

内向（Introversion，I）：倾向于专注于自己的内心世界，喜欢独处，处理个人问题时更感舒适。

外向（Extraversion，E）：倾向于专注于外部世界，喜欢社交活动，与他人一起时更感精力充沛。

2.信息的处理

直觉（Intuition，N）：更倾向于关注背后的可能性和潜在意义，注重未来和抽象概念。

感觉（Sensing，S）：更倾向于关注当前的事实和细节，依赖五感来接收信息。

3.决策的制定

思维（Thinking，T）：在做决定时更依赖逻辑和客观性，重视公正和真理。

情感（Feeling，F）：在做决定时更倾向于考虑个人和他人的价值观以及情感因素，重视和谐和合作。

4.对外界的态度

判断（Judging，J）：倾向于计划和组织生活，喜欢结构和决断，追求控制和预测。

知觉（Perceiving，P）：倾向于灵活和开放性，喜欢探索和适应，寻求自由和多样性。

根据这四对类型，MBTI提供了16种不同的性格类型组合，每种类型都反映了个人在上述四个维度上的偏好。每个人的MBTI类型都是四个字母的组合（例如INFJ、ESTP等），这四个字母分别代表个体在上述四个维度上的偏好。

尽管MBTI在职业规划、团队建设、个人发展等领域广泛使用，但它也受到了一些批评，主要集中在可靠性和有效性上。批评者指出，MBTI的一些类型可能会随时间而变化，并且它将人格类型归类为非此即彼的固定类型，可能无法全面反映个体的复杂性。

2.测验的种类与形式

依据不同的标准，心理测验可以划分出不同的类别。根据测验的具体对象，可以将心理测验划分为认知测验与人格测验。认知测验测评的是认知行为，可以按其具体的测验对象，分为成就测验、智力测验与能力倾向测验。成就测验主要测评人的知识与技能，是对认知活动结果的测评；智力测验主要测评认知活动中较为稳定的行为特征，是对认知过程或认知活动的整体测评；能力倾向测验是对人的认知潜在能力的测评，是对认知活动的深层次测评。人格测验测评的是社会行为，按其具体对象，可以分为态度、兴趣与品德（包括性格）测验（表5-1）。

表5-1　常用心理测验的种类

认知测验	人格测验
成就测验(斯坦福成就测试)	态度(利克特量表)
智力测验(斯坦福-比奈智力测验)	兴趣(爱德华爱好测试)
能力倾向测验	性格、道德(卡特尔16因素测验、雷斯特道德测试)

根据测验的目的，可以分为描述性、预测性、诊断咨询、挑选性、配置性、计划性、研究性等测评形式。

根据测验的材料特点，可以分为文字性测验与非文字性测验。文字测验即以文字表述、被试用文字作答，如纸笔测验。非文字测验，包括图形辨认、图形排列、实物操作等方式。

根据测验的质量要求，可以分为标准化测验与非标准化测验。

根据测验的实施对象，可以分为个别测验与团体测验。

根据测验中是否有时间限制，可以分为速度测验、难度测验及最佳行为测验、典型行为测验。

根据测验应用的具体领域，可以分为教育测验、职业测验、临床测验、研究性测验。

测量工具——斯坦福成就测验

斯坦福成就测验（stanford achievement test，简称SAT）是一种标准化测试，主要用于评估K-12学生的学术知识。该测试的目的是为教育者、学校管理人员和父母提供一个衡量学生在各种学术领域的进展和成就的工具。主要特点和结构如下。

广泛的学科覆盖：斯坦福成就测验覆盖了阅读、写作、数学、科学、社会科学等多个主题，提供了学生在每个学科的综合评估。

不同的难度级别：测试分为多个级别，以适应不同年龄和能力的学生。每个级别的测试都是为了评估学生在该特定年级水平的学术成就。

标准化：为了确保测试的准确性和一致性，斯坦福成就测验是在严格监控的条件下进行的。测试的结果被标准化，意味着学生的表现是与广泛的、相同年级的学生群体进行比较的。

诊断信息：测试不仅提供学生的得分，还提供诊断信息，帮助老师和家长了解学生的强项和弱点。这有助于识别那些可能需要额外支持或挑战的学生。

发展历史：斯坦福成就测验已有悠久的历史，多次更新和修订，以保持与当前教育标准和最佳实践的一致性。

评分和解释：测试通常由教育机构通过各种形式（纸质或在线）进行评分。结果通常包括标准分数、百分比等级和成就水平的解释，这有助于解释学生的绩效。

测量工具——卡特尔16种人格因素测验

卡特尔16种人格因素测验（16PF）是一种广泛使用的人格评估工具，由雷蒙德·卡特尔教授在1949年首次发布。卡特尔通过对先前研究的分析，提出人格特征可以归纳为几个基本维度，每个维度代表人的心理上的一个独特方面。

这一测验的核心在于识别和度量个体人格的16个基本结构，这些结构被视为描述人的行为、情绪、情感以及如何与他人相处等方面的基本单位。这些因素见下表。

因素	人格维度	极端特质
热情（A）	冷漠VS参与	个体倾向于避免社交互动，表现出冷淡、疏远的态度，或是热情、友好、乐于参与社交活动
智力（B）	具象VS抽象思维	个体倾向于注重具体、实际的信息，或偏爱理论和抽象概念
情绪稳定性（C）	情绪波动VS情绪稳定	个体可能情绪不稳，易受压力影响，或情绪稳定、能有效管理压力
支配性（E）	谦逊VS支配	个体可能表现出服从、谦逊的态度，或希望控制、主导他人
活跃度（F）	严肃VS活泼	个体可能严肃、内敛，或表现出活力、热情
规则意识（G）	宽松VS坚持	个体可能对规则和约束持宽松态度，或是遵守规则、坚持原则
勇敢性（H）	胆怯VS冒险	个体表现出畏怯退缩、缺乏自信心，或冒险敢为、少有顾忌
敏感性（I）	世俗VS敏感	个体可能实际、以结果为导向，或敏感、注重情感
警觉性（L）	信任VS猜疑	个体倾向于相信他人，或持怀疑态度、难以建立信任
抽象思维（M）	实用VS开放	个体倾向于实用、关注当前，或愿意探索新想法、开放思维
私人性（N）	坦率VS私密	个体可能愿意分享个人信息，或更私密、保留
焦虑（O）	自信VS焦虑	个体倾向于感到安全、自信，或经常感到不安、担忧
复杂性（Q1）	保守VS开放	个体可能持传统观点，或愿意尝试新事物、接受新观点
独立性（Q2）	依赖VS独立	个体可能依赖他人制定决策，或倾向于自主、独立行动
自我控制力（Q3）	不受约束VS自我约束	个体可能随意、冲动，或表现出自律、有控制力
紧张（Q4）	放松VS紧张	个体可能通常感到放松、无忧无虑，或容易紧张、担心

这16个因素被综合为更广泛的人格特征，可以用来进行职业指导、人才选拔、临床诊断等。每个因素都是一个连续谱系，个体的得分位于这个谱系的某个点上。使用16PF的专业人士可以通过个体的得分配置来评估其整体人格结构，这有助于了解个人如何处理压力、解决问题，以及与他人互动等问题。然而，任何人格评估都应谨慎使用，它们不能完全预测个人行为，也不应孤立地

使用来做出重要决策。评估结果应结合其他信息和专业判断来解释。

（二）面试

1.面试的概念

面试是一种经过周密计划，在特定环境中通过直接对话和观察为主要手段，深入评估应聘者特定素质的方法。与普通的对话或讨论不同，面试的设计考虑了场景的特殊性，旨在从多个角度深入了解应聘者的能力和潜质。面试不同于日常的观察或简单的口头考核，它通过一系列设计精巧的问题和情境，综合运用听、观察、感知、分析和判断等技巧，以获取关于应聘者某些关键素质的信息。

面试的目的并非全面评估一个人的所有品质，而应集中于某些关键素质。在面试过程中，不应试图覆盖应聘者所有可能的能力或特征，应侧重于那些对于特定职位特别重要的素质。这种选择性的评估有助于使面试过程更加高效和目标明确。

与其他人才评估方法，如书面考试、技能测试、情境模拟和调查问卷等相比，面试提供了一个独特的、互动性强的平台，让评估者可以直接与应聘者沟通，通过观察其反应和行为，更准确地评估其适应岗位的能力。这种方法允许评估者从应聘者的非言语行为中捕捉信息，如肢体语言、表情和反应速度等，这些在书面测试或远程评估中难以获得。

2.面试的内容

为了提升面试的效果和效率，细致的前期准备、过程管理及后续处理成为关键步骤。首先，面试前的准备工作应包括选定主面试官员、构建面试大纲、创建评估标准表、规划面试形式及选定合适的面试地点。在实际面试阶段，主面试官需展现出的不仅是专业性，还有对候选人的尊重和诚意，通过高效的沟通建立信任，同时应用适宜的提问技巧，确保面试流程的时间和内容得到妥善管理，同时细心观察并记录应聘者的回答和行为表现。

面试中应当注意规避诸如首印象偏误、光环效应、负面信息偏见、同类相吸误区、对照效应以及刻板印象等常见误差。面试结束之后，应整理并复核面试资料，与招聘部门进行深入交流，基于综合评估决定是否需要进一步的面试或直接录用，并且应当及时向候选人反馈面试结果。

在面试内容方面，需要全面考量应聘者的个人形象、职业志向和期望、专业技能和特点、工作经历、职业态度、职业愿景、口头表达能力、综合分析能力、应变能力、自我管理能力、人际交往能力、活力和热情、兴趣爱好等多个维度，以获得对应聘者综合素质的全面评价。

通过这样全面而细致的面试流程，不仅可以精准评估应聘者是否符合职位要求，还能增强候选人对组织的良好印象，从而提高组织吸引和保留人才的能力。

3.面试的基本类型

面试作为评估候选人是否适合特定职位的重要手段，可以根据面试目的、操作的严格程度、参与者数量、进行方式以及氛围设计等方面划分为多种类型。

从面试目的上来分，可分为招聘面试和考察面试。招聘面试旨在评估候选人是否符合职位或学习机会的要求；考察面试着重于评估候选人的专业能力和适应能力，通常用于内部晋升或特定职位的选拔。

从面试操作的规范模式上来分，可分为结构化面试、半结构化面试和非结构化面试。结构化面试全过程有明确规定，包括提问内容、时间、评分标准等，以保证面试的标准化和公正性；半结构化面试确定了基本的面试内容和流程，但给予面试官一定的灵活度，以适应不同候选人的特点；非结构化面试没有固定模式，面试官根据实际情况灵活进行，更加注重与候选人的自然交流。

从面试的候选人数量来分，可分为个别面试、依序面试和小组面试。个别面试是一对一的面试形式，便于深入了解候选人；依序面试分阶段进行，每一阶段关注不同的素质或能力，例如先进行初试后复试；小组面试是多个候选人同时参与，便于观察候选人在团队中的互动和表现。

从面试的操作模式来分，可分为问答式面试和综合操作式面试。问答式面试通过提问和回答获取信息，是最常见的面试方式；综合操作式面试结合辩论、讨论、情境模拟等多种形式，全面评估候选人的能力。

从面试的气氛设计来分，可分为压力面试和非压力面试。压力面试是创建紧张的气氛，测试候选人的应变能力和心理承受能力；非压力面试是营造轻松的环境，鼓励候选人展现真实自我。

每种面试类型都有其独特的适用场景和优势，组织在选择面试类型时需根据职位特点、候选人背景及招聘目标综合考虑，以确保面试过程的有效性和公平性。通过精心设计和实施面试，组织能够更准确地评估候选人的综合素质，为正确的人员选拔和配置提供重要依据。

面试方法——无领导小组讨论

无领导小组讨论（group discussion without a leader，GDWL）是一种常用于招聘过程或学术环境中的团队评估方法。在这种设置中，小组成员被赋予一个话题或任务，但没有指定的领导者，要求他们在一定时间内共同讨论并达成共识或解决问题。

1.常见题型

（1）案例分析：团队需要分析特定的案例或问题，并提出解决方案。

（2）当前事件：讨论当前的新闻、趋势或政策，要求参与者表达观点。

（3）抽象话题：团队讨论抽象或假设性问题，以评估创造性或批判性思维。

（4）小组任务：可能包括角色扮演、团队建设练习或协作任务。

2.评价标准

（1）团队协作：成员如何与他人合作，是否能够支持和促进小组内的合作氛围。

（2）沟通技巧：清晰表达观点、倾听他人、有效地使用非语言沟通。

（3）领导能力：在没有正式设立领导的情况下展现领导才能，如引导讨论或解决冲突。

（4）问题解决：创造性和批判性思维能力，以及解决问题的实际方法。

（5）决策制定：评估信息，制定并支持合理决策的能力。

（6）时间管理：在规定时间内有效地推动任务或讨论。

3.无领导小组面试的特点

（1）平等的讨论环境，所有参与者都有机会展示自己的能力。

（2）强调团队动态而非个人表现。

（3）可以展现个体在团队中的实际行为和交互能力。

（4）情境多变，能够评估参与者的适应性和即兴反应能力。

4.无领导小组面试的优点

（1）揭示真实的团队互动和领导技巧，这在传统的面试设置中难以观察。

（2）鼓励开放沟通和集体决策制定，有助于发现能够积极促进团队合作的人才。

（3）可以在相对短的时间内对多个候选人进行评估。

（4）提供了观察候选人在压力或竞争情境下行为的机会。

5.无领导小组面试的缺点

（1）高压力环境可能会导致参与者表现不自然，不一定能够准确反映其日常工作表现。

（2）评估标准可能主观，取决于观察者的判断。

（3）在团队讨论中，一些候选人可能由于个性或文化因素而表现得较为保守，这可能会影响评估结果。

（4）需要经验丰富的评估员来确保过程的公正性和准确性，他们需要能够识别各种微妙的团队动态和个人行为。

总的来说，无领导小组讨论是一个复杂的评估工具，它提供了深入了解候选人在团队环境中如何操作的机会，但也需要经验丰富的评估员在精心组织的面试下来最大化其效用。

（三）评价中心技术

1.基本概念

评价中心技术是一种综合性的评估方法，主要用于评价候选人特别是管理层候选人的行为和能力。它建立在工作场景模拟的基础之上，旨在通过一系列标准化的活动和练习，全面评估个体的管理和领导素质。该技术结合了多种评价工具和方法，包括但不限于情景模拟、群体讨论、个人面试和心理测验等，通过多位评价者（通常是训练有素的人力资源专业人员和部门经理）从不同维度对候选人进行观察和评估，以获取关于其潜在能力和表现的全面信息。

2.主要特点

评价中心技术是建立在工作场景模拟的基础上，旨在全面评估候选人，尤其是管理人员核心能力的一套标准化的评价程序。这种方法通过结合多样的评价手段，包括一系列模拟的工作情境和任务，来观察和评价候选人的行为表现，进而对其管理素质进行全方位的评估。以下是评价中心技术的主要特征。

（1）情景模拟性

评价中心通过设计与实际工作环境密切相关的模拟情景，如邮件处理、公共演讲、客户投诉处理等，以及团体讨论等形式，观察候选人在特定情境中的行为反应。这种方法不仅能看到个体如何与他人互动，还能分析和评估其解决问题和决策的能力。

（2）综合性

评价中心采用多种测评工具和手段，如心理测试、面试、团队任务等，来综合评价候选人的行为和能力。这种多元化的测评方法能够提高评价的效度和信度，更准确地反映候选人的实际素质。

（3）动态性

与传统的评价方法相比，评价中心更加灵活和动态，允许根据实际情况调整测评的内容、流程和时间。通过模拟真实的工作环境活动和挑战，评价中心能够激发候选人展现其潜在能力，使评价结果更加真实和全面。

（4）标准化

尽管评价中心活动形式多样，但所有活动都基于统一的评价标准设计，以确保每位候选人都在相同的条件下展示其能力，保证了评价过程的公正性和一致性。同时，评价人员应接受统一培训，以标准化操作流程。

（5）整体互动性

评价中心的测评过程通常置于群体互动的环境中进行，不仅比较和评价个体在团队中的表现，也观察候选人在动态情境下的行为表现，增强了评价的整体性和互动性。

（6）信息量大

由于评价中心综合了多种测评活动，因此能提供丰富的信息和数据，有助于全面评估候选人的能力和潜力。多位评价人员的参与，也有助于平衡个别评价人的主观偏差，提高评价的客观性。

（7）预测性

评价中心主要旨在预测候选人的管理能力和工作绩效，关注其管理潜能的发掘和评估。随着应用领域的扩大，评价中心也被用于能力培训、职业规划和人力资源研究等多个方面。

（8）形象逼真

评价中心的模拟任务与实际工作高度相似，评价的是候选人分析和处理实际工作问题的能力，使得评价过程既生动又充满兴趣，激发了候选人的最佳表现。

（9）行为导向

评价中心强调的是候选人的实际行为表现，而非仅仅理论知识的测试。这种行为导向的评价，更能直观、生动地反映出候选人的综合素质，不局限于书面或语言上的表达，还能通过直接观察其行为来评估候选人多方面的能力和潜质。

综上所述，评价中心技术以其独特的设计和执行方式，为人才评估和选拔过程提供了一种高度实用和科学的方法论。它不仅能够为组织挖掘和识别具有高潜力的管理人才，还为候选人提供一个展现自我、认识自我、提升自我的平台。通过这种多维度、互动性强的评价方式，评价中心技术强化了对候选人实际工作能力的深入洞察，为组织的人力资源管理和发展决策提供了坚实的支持。

随着社会环境的快速变化和公共部门组织结构的不断演化，评价中心技术也在不断地发展和完善，以适应新的管理挑战和人才评价需求。通过不断创新和优化评价方法和工具，评价中心技术将继续在人力资源管理领域发挥重要作用，帮助组织构建更加高效、公正和科学的人才评价和选拔体系。

3.主要形式

评价中心技术从测评的主要方式分，有投射测验、面谈、情景模拟、能力测验等。从评价中心活动的内容分，有公文处理、无角色小组讨论、管理游戏、有角色小组讨论、演讲、案例分析、事实判断等形式。

评价中心法主要用来招聘管理人员，因此实际常用的形式主要有公文处理、无领导小组讨论、管理游戏、角色扮演等。

（1）公文处理：向候选人提供模拟工作中的待处理材料，如大量报告、备忘录、电话记录、信函等，要求候选人对每一份材料采取适当行动。

（2）无领导小组讨论：向无领导小组提供一个讨论议题，要求候选人表达作为一个小组成员的人际技能、群体接受度、领导能力以及个人影响力等。

（3）管理游戏：候选人作为在市场上竞争的两个或更多公司的成员，参加解决一些实际问题。

（4）角色扮演：这是一种主要测评候选人人际关系处理能力的情景模拟活动。重点观察候选人在角色扮演中表现出来的行为、语言、思维、情绪、应变能力等。

（四）其他测评方法

1.履历分析法

履历分析法是一种根据职位需求和工作分析来评估候选人个人背景及经历与岗位匹配度的方法。在进行简历筛选之前，招聘团队需要基于岗位描述明确设定必须满足的任职条件，这些条件可能包括但不限于应聘者的性别、年龄、教育背景、职业成就、以往的相关工作经验等。除此之外，还需考量候选人过往工作的相关性、工作经历的时长与深度、职业跳槽的频率、先前职位与职责的一致性，以及候选人在不同行业的工作经验范围等。

通过深入分析候选人的简历，招聘团队能够对应聘者潜在的工作适应性和职业稳定性有一个初步的评估。简历中的教育和工作经历不仅反映了候选人的技能和知识水平，也揭示了其职业发展轨迹和成长潜力。候选人的跳槽频率和工作经历的持续时间能够提供其职业承诺和稳定性的线索。同时，通过比较简历中的职位描述和实际工作内容，招聘者可以判断候选人的工作经验是否真实、相关，并评估其对未来岗位的匹配程度。

履历分析法要求招聘团队不仅关注候选人的硬件条件，如学历和技能，还要综合考虑其软实力，包括职业态度、工作热情和团队合作能力等。这种方法能够帮助组织从众多应聘者中筛选出最符合岗位要求的候选人，为面试和进一步的评估打下坚实基础。

2.申请表信息分析法

申请表信息分析法依靠申请表上所提供的信息来对候选人作初步筛选，这涉及两种主要的申请表类型：权重化申请表和生物数据申请表。

权重化申请表要求应聘者根据预设的标准填写相关信息，每一项信息根据其对于完成工作的重要程度赋予一定的权重。这些权重反映了不同信息在评估应聘者适应性时的相对价值，帮助招聘者根据量化的数据做出客观的筛选决策。例如，对于特定岗位，相关工作经验可能比教育背景更为重要，因此在权重分配上会有所不同。

生物数据申请表则更加详细和全面，包含一系列的多项选择题，旨在收集应聘者的个人信息、职业态度、职业经历初期的情况以及社会价值观等。设计这些问题的目的在于深入了解求职者的背景和性格特征，以及这些因素如何影响其未来的工作表现。使用生物数据申请表时，需要确保表中的每个部分都与职位的要求直接相关，并且已经被验证能够准确反映出应聘者的工作表现。与权重化申请表相似，每位应聘者最终都会根据其在表中的表现获得一个总分，以便在筛选过程中使用。

通过这两种申请表的综合运用，招聘团队能够从多个维度全面评估候选人的资历和潜力，确保筛选出最符合岗位需求的人选。这种方法不仅提高了招聘的效率和准确性，也为后续的面试和评估工作提供了有价值的背景信息和参考依据。

3.背景调查法

背景调查法依据的核心思想是，一个人的历史行为模式是预测其未来工作表现的可靠指标。这种方法通过深入了解候选人的过往经历，尝试预测他们在未来岗位上的表现。在应聘过程中，招聘方通常会要求候选人提供推荐人信息，包括但不限于推荐人的姓名、联系方式等，以便进行详细的背景调查。

进行背景调查的手段多样，包括但不限于电话询问、索取书面推荐信、进行面对面访谈等。电话询问提供了一种快速直接获取信息的方式，使招聘方能够与推荐人进行实时交流，询问关于候选人的具体表现、工作态度以及专业能力等。书面推荐信则提供了更为正式的评价，通常由候选人过去的雇主、教育机构的老师或业界同行提供，这些推荐信往往能够提供对候选人职业能力和个人品质的深入见解。个人访谈则是一种更为深入的调查方式，招聘方可以通过直接与推荐人面谈，获得候选人更全面和更详细的信息。

背景调查不限于确认候选人提供信息的真实性，还涉及评估其人格特质、工作习惯、团队合作能力等非技术性指标。这种全面的调查方法能够帮助用人单位筛选出真正符合岗位需求的优秀人才，同时也能在一定程度上减少未来潜在的用人风险。

总体而言，背景调查法是招聘过程中一项至关重要的步骤，它不仅能帮助招聘方获得关于候选人过往表现的第三方见解，也为预测候选人在未来职位上的表现提供了重要依据。

4.笔迹分析

笔迹分析，也称为图谱学，是一种依据个人书写风格进行性格和能力分析的方法。该方法的倡导者认为，通过仔细审视一个人的手写笔迹，可以揭示出该个体的性格特质、潜在能力及其他内在品质，这些信息是通过传统的简历筛选或填写申请表格所无法获得的。笔迹中的各种特征，如字母的大小、倾斜度、压力的强弱以及字与字之间的连接方式等，都被视为个人性格和行为倾向的反映。

笔迹分析的应用领域广泛，不仅在心理学研究中被用作分析工具，也逐渐被一些企业和组织用于招聘流程中，作为评估候选人的补充手段。该方法的倡导者认为，它能够为评估候选人的决策过程提供更深层次的见解，帮助发现那些可能在面试和其他传统评估方法中不易观察到的细微但重要的个性特征和能力。

尽管笔迹分析在某些情况下被认为可以提供有价值的补充信息，但它的科学性和有效性仍然是一个有争议的话题。批评者指出，个体的笔迹受到多种因素的影响，包括教育背景、文化习俗以及身体条件等，这些因素都可能导致笔迹分析结果的偏差。因此，尽管笔迹分析可以作为一种辅助工具为招聘方提供额外的应聘者信息，但在职业评估和招聘决策中，它应该与其他更为科学和系统的评估方法结合使用，以确保评估过程的全面性和准确性。

经典理论——认知评价理论

认知评价理论是一种将认知、情绪和行为相结合，来解释个体如何通过认知评价来产生和调节情绪的理论。该理论的核心观点是，情绪是个体对环境事件是否有利或有害的反应，而这种反应是由个体对事件的意义和影响进行的复杂的概念化评价所决定的[①]。该理论认为，个体在遇到刺激事件时，会进行两种类型的评价：初评价（primary appraisal）和再评价（secondary appraisal）。初评价是指个体对刺激事件是否与自己的利益相关，以及是否具有威胁、挑战或保护性的判断。初评价的结果会引发不同类型的情绪，如愉悦、紧张、恐惧、愤怒等。再评价是指个体对自己能否应对刺激事件，以及采取何种应对策略的判断。再评价涉及个体对自己的能力、资源、目标和期望的考量，以及对环境或事件本身的控制感和合理性的评估。再评价的过程还包括对所采取的应对策略和应对后果的重新评价（reappraisal），以调整个体的情绪和行为反应[②]。

认知评价理论还提出了多种评价维度，用于解释不同情绪的产生和区别。例如，个人相关性（personal relevance）和个人应对能力（personal coping potential）两个维度[③]；事件不确定性（event uncertainty）、个人对事件所需努力程度（personal effort required）及其合理性（legitimacy）等维度[④]。不同评价维度的组合可以形成不同情绪的特征模式，如喜悦、悲伤、惊讶、厌恶等[⑤]。

---

① LAZARUS R S, SMITH C A. Knowledge and appraisal in the cognition-emotion relationship[J].Cognition & Emotion,1998,2(4):281-300.

② LAZARUS R S. Emotions and interpersonal relationships: Toward a person centered conceptualization of emotion sand coping[J].Journal of PERsonality,2006,74(1):9-46.

③ LAZARUS R S. Thoughts on the relations between emotion and cognition [J]. American Psychologist,1982,37(9):1019.

④ SMITH C A, ELLSWORTH P C. Patterns of cognitive appraisal in emotion[J].Journal of Personality and Social Psychology,1985,48(4):813.

⑤ 李超平,徐世勇.管理与组织研究常用的60个理论[M].北京:北京大学出版社,2019:29-38.

第三节　我国公共部门的人员招聘与选拔

一、录用原则

公开、平等、竞争、择优是公务员人才招聘工作的普适性原则，对面向社会的录用制度来说，尤其具有针对性和指导性。

（一）公开原则

公开原则主要是指录用公务员必须面向社会，公开招考。即公务员的录用政策、录用计划、资格条件、考试时间及科目、考试地点、考试规则、考试成绩、录用结果，都应通过一定形式和渠道向社会公开，维护广大考生的知情权。一方面，有关部门要尽可能扩大录用信息的传播面，广泛动员社会上符合条件的青年报名参加考试，实现"优中选优、广聚人才"的目的；另一方面，只有公开才能透明，透明才能公正，才能增加录用工作的公信度。公开的形式也应多种多样，包括：利用网络、报纸、广播、电视等媒体公开发布招考公告；举办新闻发布会，专题介绍考试的性质和特点，宣传录用考试的有关政策、措施，解答有关考试的询问，以答记者问的方式解答社会公众关切的考试问题、宣传考试成就；考试成绩与录用结果以公开方式通知考生等。

（二）平等原则

平等原则原则主要是指公民报考公务员的法律地位平等。即凡是中华人民共和国公民，只要符合法定的报考条件，不论性别、民族、职业、家庭出身等，均不得受到歧视或者享有特权，均具有平等报名参加考试的权利，具有通过法律规定的程序被录用担任公务员的平等政治权利。当公民受到不平等待遇时，有权要求法律保护，维护其合法权益。

需要明确的是，公民在录用考试中的平等权利，是指在具备报考资格条件下的法律地位的平等，不排除特殊时期因特殊需要在招考职位报考条件设置中专门面向某些特殊群体的情形，比如大学生村官、三支一扶人员等。这是中国的国情所决定的，也是建立中国特色公务员制度所必须的。当然，特殊群体的考生之间具有平等的法律地位，不能在法律地位之外享受特权或受到歧视，必须坚持一视同仁。

（三）竞争原则

竞争原则是公务员录用要严格按照考试成绩排列名次，并考察本人政治思想和道德品质。通过竞争，优胜劣汰，作到既符合组织发展要求，又可以最大限度地发现和使用人才。考试录用工作的每个环节，都是一次筛选，前一环节不合格者不得进入下一环节。竞争越激烈，越能选拔出优秀的人才。经过这种层层筛选，层层淘汰，可以保证新录用的公务员具有绞高的素质和较强的工作胜任能力。

竞争原则是公务员录用考试的核心，是公务员制度的生命力所在。通过竞争，才能达到择优的目的。可以预见，随着公务员录用考试制度的全面推行和不断完善，公务员队伍的素质将会越来越高。

（四）择优原则

择优原则即考生能否被录用，完全取决于本人的政治和能力素质。用人部门确定录用人选，必须根据考生的考试成绩和考察结果的优劣，通过各轮筛选，将真正优秀的人才录用到机关中来，这里所说的"优"，既包括能力素质出众，也包括适合职位需要的特殊优秀品质。

在公务员录用考试工作中，公开、平等、竞争、择优的四条基本原则是相互关联的，公开是基础、平等是权利、竞争是手段、择优是目的，从而构成公务员录用考试所必须遵循的基本准则。

二、录用程序

《中华人民共和国公务员法》规定，录用担任一级主任科员以下及其他相当职级层次的公务员，应采取公开考试、严格考察、平等竞争、择优录取的办法。录用特殊职位的公务员，经省级以上公务员主管部门批准，可以简化程序或者采用其他测评办法。

1.发布招考公告。招考公告应当载明招考的职位、名额、报考资格条件、报考需要提交的申请材料以及其他报考须知事项。招录机关应当采取措施，便利公民报考。

2.资格审查。招录机关根据报考资格条件对报考申请进行审查。报考者提交的申请材料应当真实、准确。

3.公开考试。公务员录用考试采取笔试和面试等方式进行，考试内容根据公务员应当具备的基本能力和不同职位类别、不同层级机关等分别设置。

4.严格考察。招录机关根据考试成绩确定考察人选，并进行报考资格复审、考察和体检。其中体检的项目和标准应根据职位要求确定。

5.录用公示。招录机关根据考试成绩、考察情况和体检结果，提出拟录用人员名单，并予以公示。公示期不少于五个工作日。

6.审批录用。公示期满，中央一级招录机关应当将拟录用人员名单报中央公务员主管部门备案；地方各级招录机关应当将拟录用人员名单报省级或者设区的市级公务员主管部门审批。

7.试用。新录用的公务员试用期为一年。试用期满合格的，予以任职；不合格的，取消录用。

三、我国公务员招聘选拔的方法和内容

公务员考试分为国考和省考。国考的题型和难度相对稳定，省考在国考的基础上，增加创新和本省特色的内容，省考又分为联考和各省单独命题招考。

公务员考试科目分为笔试和面试。其中，笔试分为公共科目和专业科目，公共科目包含行政职业能力测验和申论。行政职业能力测验主要包括常识判断、言语理解与表达、数量关系、判断推理和资料分析等部分。申论试卷由注意事项、给定资料和作答要求三部分组成。专业科目是部分专业岗位要求要考察的科目，如人民警察岗位、中国银保监会、中国证监会、国务院国资委等都要进行专业科目测试；另外，8个非通用语职位会进行外语水平测试。面试形式分为结构化面试、无领导小组面试、半结构化面试、结构化小组面试，前两种为主要面试形式。

在公务员任用形式方面，我国公务员领导职务实行选任制、委任制和聘任制，公务员职级实行委任制和聘任制。

我国公务员考试录用制度建立于20世纪80年代中后期，经过30多年的改革发展，考录制度不断完善，体系不断健全，考试程序更加严格，考试题命制的科学性、针对性和创新性不断提高，"凡进必考"已经成为社会的广泛共识，考试规模和影响度不断扩大，为建设高素质公务员队伍提供了有力保障。但是，公务员录用与筛选的过程中仍然存在问题与挑战。在测评筛选方式方面，存在单一、缺乏针对性的问题，筛选方法过于雷同，没有根据岗位的需要灵活运用多种测评方法。考试命题如果不能保持创新和与时俱进，就往往容易陷入程序化和固化，甚至出现每年笔试和面试考题、答题的雷同情况。近年来，一些公考培训机构，用相应的套路和答题模板，来应对公务员考试，获得了一定的市

场认同，但这种模板化风气若持续蔓延，很可能让公考偏离"考能力"的初衷。此外，基层公务员的录用考试中，存在命题不规范、组织工作不严密等问题，例如在一些地方的基层面试环节还不够规范，在一些主观题的评判上，由于标准难以统一和量化，受到评判时间和评判能力等因素制约，往往存在打分者主观性、随意性较大的问题。

行政能力测试与申论的作用

"行测"和"申论"是中国公务员考试、事业单位招聘考试等一系列公共竞争性考试中的常见内容。它们各自评估应试者在不同领域的能力，并对考生是否适合从事公共服务工作提供重要参考信息。

1.行政能力测试

目的与作用：行测主要是通过数量关系、判断推理、资料分析、言语理解与表达等板块，全面考查考生的基本能力。这部分内容着重评估个体的逻辑思维、数量分析、语言理解能力、判断与决策能力以及快速准确处理信息的能力等。

特点：行测题型多样，涉及范围广，更偏向于对考生的应变能力、逻辑推理能力以及分析判断能力的测试。通过行测，可以筛选出那些在面对复杂情境时能够快速、准确做出判断的人才。

2.申论

目的与作用：申论测试的是考生的综合分析问题和解决问题的能力，包括对时事政策的理解、公文写作技巧、案例分析能力等。通过不同类型的申论题目（如议论文、图表分析、公文写作等），考查考生的政治敏锐性、语言组织能力、逻辑思维能力、创新意识和问题解决能力等。

特点：申论考试强调的是考生的主观能动性，要求考生不仅要有扎实的语言文字功底，还要对社会热点、政策法规有深入了解，并能结合实际提出建设性意见等。这在一定程度上反映了一个人的综合素质和对社会敏感问题的把握能力。

综合来说，行测与申论各自侧重于不同能力领域的评估，它们共同构成了一个全面考察公务员或事业单位职员综合素质的体系。通过这两部分的考核，有助于选拔出既具备扎实基本技能，又能够深入分析问题、提出解决方案的公共服务人才。

【复习思考题】

1. 公共部门招聘与测评的程序是什么？
2. 公共部门招聘与测评的主要方法有哪些？试简述这些方法的区别。
3. 测评有什么特点？有哪些主要类型？
4. 面试有什么特点？
5. 什么是评价中心？它的特点是什么？
6. 简述我国公务员考试录用制度的原则、程序和内容，并分析其优缺点。

【案例与讨论】

在上海、山西、陕西、辽宁、青海等省份举行的2024年度事业单位公开招聘考试中，不少地区推出促进高校应届毕业生等群体就业的政策举措。

政策支持，应届生有利好

近年来，各地将事业单位招聘考试集中在同一天举行笔试已是惯例，这也被称为事业单位联考。从招聘政策来看，近两年，各地事业单位招聘普遍加大了对应届高校毕业生的倾斜力度，今年这一特征在一些地区同样有所体现。例如，辽宁省本次招聘共有2709家事业单位设置了6897个招聘岗位，涵盖全省14市、沈抚示范区及部分省（中）直单位，计划招聘8490人，其中限应届高校毕业生报考的招聘岗位4410个，占比达51.9%。除了本次招聘考试，今年以来，一些地区已经明确将促进高校毕业生多渠道就业创业。例如，近期，河南发布通知明确，力争通过各类双选活动为该省2024届高校毕业生提供岗位不少于300万个，其中要求，"优化党政机关、事业单位、国有企业及升学考试时间，加快推进各类政策性岗位招录进程，为高校毕业生求职留出充足时间，促进升学考试、政策性岗位招录与就业工作有序衔接"。

部分地区专设岗位招聘残疾人

除了高校毕业生的支持政策，近年来，各地公务员招录及事业单位招聘中，一些专设的特殊岗位也颇受外界关注。例如，青海省今年的事业单位公开招聘中，首次专门设置了2个职位定向招聘残疾人，青海日报的报道称"这对推动全社会消除就业歧视、促进残疾人就业起到了积极示范作用"。按照《青海省促进残疾人就业实施方案（2022—2024年）》规定，各级党政机关、事业单位、国有企业，采取入编、聘用或劳务派遣等方式，带头多渠道、多形式安排残疾人就业。

考试分类组织，促进人岗适配

就考试本身来说，近年来的事业单位招聘中，各地纷纷推出具体措施，按照不同事业单位特点分类组织招聘。根据各地发布的招聘公告，招聘分类考试公共科目笔试往往分为综合管理类（A类）、社会科学专技类（B类）、自然科学专技类（C类）、中小学教师类（D类）和医疗卫生类（E类）五个类别。五个类别笔试的公共科目为《职业能力倾向测验》（A/B/C/D/E类）、《综合应用能力》（A/B/C/D/E类），每类考查侧重点及题型分布各不相同。

"事业单位考试不再只是偏重A类考查，近年来，各地考试涉及的岗位类别从单个走向全面，考试岗位细分程度不断深化。"有关专家此前对媒体分析，事业单位招聘中，分类组织、人岗适配的特征越发凸显，对考生知识储备和专业能力要求也越来越高。

思考题：

1.公共部门人力资源招聘和选拔主要用到了哪些方法？有什么利弊？

2.上述事业单位招聘考试的政策举措中，体现了怎样的公共部门人力资源招聘和选拔的原则及标准？

【现实思考】

青年强则国家强

完成重要型号飞机高风险飞行任务、成为我国首位夺得奥运会金牌的藏族运动员、支撑量子计算机和全球气候变化研究等重大工程建设……新时代，我国涌现出一批批优秀青年骨干。青年强，则国家强。当代中国青年生逢其时，施展才干的舞台无比广阔，实现梦想的前景无比光明。在全党全国深入学习贯彻党的二十大精神之际，为充分发挥青年典型模范带头作用，激励广大青少年踔厉奋发、挺膺担当，以永不懈怠的精神状态和一往无前的奋斗姿态投身全面建设社会主义现代化国家新征程，共青团中央、全国青联决定，授予马晓云等

30名同志第27届中国青年五四奖章，授予航空工业沈飞某型舰载机研制罗阳青年突击队等19个青年集体第27届中国青年五四奖章集体。

受到表彰的青年和青年集体，是我国各族各界杰出青年的典型代表。他们听党号召、跟党奋斗，把与祖国共奋进、与时代共发展、与人民共命运的人生理想和价值追求镌刻在科技创新、乡村振兴、基层服务、应急处突的火热实践中，忠诚践行了请党放心、强国有我的铮铮誓言，充分彰显了不负青春、不负韶华的时代担当。全党要把青年工作作为战略性工作来抓，用党的科学理论武装青年，用党的初心使命感召青年，做青年朋友的知心人、青年工作的热心人、青年群众的引路人。广大青年要坚定不移听党话、跟党走，怀抱梦想又脚踏实地，敢想敢为又善作善成，立志做有理想、敢担当、能吃苦、肯奋斗的新时代好青年，让青春在全面建设社会主义现代化国家的火热实践中绽放绚丽之花。

思考题：

1. 为什么说青年强则国家强？

2. 在招聘选拔与测评青年干部时，应当坚持怎样的导向？

3. 作为青年，你要如何为全面建设社会主义现代化国家而奋斗？

【拓展阅读】

[1] 陈辉. 基于价值均衡实现的公务员考录制度改革[J]. 理论探讨, 2021(05): 145-151.

[2] 陈新明. 循证而非设定：数字政府时代干部政治素质测评发展研究[J]. 中国行政管理, 2022(11): 58-65.

[3] 邓帅. 现代化视域下选贤任能制度对平等的践行与发展[J]. 山东社会科学, 2023(10): 155-163.

[4] 顾琴轩, 傅一士, 贺爱民. 知识共享与组织绩效：知识驱动的人力资源管理实践作用研究[J]. 南开管理评论, 2009, 12(02): 59-66.

[5] 景怀斌. 勤政行为培育尤须把好干部选拔"入口关"[J]. 人民论坛, 2017(08): 32-33.

[6] 李育辉, 唐子玉, 金盼婷, 等. 淘汰还是进阶？大数据背景下传统人才测评技术的突破之路[J]. 中国人力资源开发, 2019, 36(08): 6-17.

[7] 刘易斯·艾肯, 加里·格罗思-马纳特. 艾肯心理测量与评估[M]. 张厚粲, 赵守

盈,译.北京:中国人民大学出版社,2011.

[8]刘泽双,丁洁.制造业转型升级背景下技能人才胜任特征模型研究[J].软科学,2020,34(06):136-144.

[9]马永升,赵军.新疆事业单位人才招聘运行现状与优化途径探析[J].新疆社会科学,2020(02):141-145.

[10]孙鲲鹏,罗婷,肖星.人才政策、研发人员招聘与企业创新[J].经济研究,2021,56(08):143-159.

[11]翁清雄,余涵.评价中心与情境判断测验:两种人事选拔方法的对比研究[J].中国人力资源开发,2019,36(10):117-131.

[12]萧鸣政.人员测评与选拔[M].3版.上海:复旦大学出版社,2005.

[13]BAN C,DRAHNAK-FALLER A,TOWERS M.Human resource challenges in human service and community development organizations:Recruitment and retention of professional staff[J].Review of Public Personnel Administration,2003,23(2):133-153.

[14]HOUGH L M,OSWALD F L.Revisiting predictor-criterion construct congruence:Implications for designing personnel selection systems[J].Industrial and Organizational Psychology,2023,16(3):307-312.

[15]JAKOBSEN M,LØKKE A K,KEPPELER F.Facing the human capital crisis:A systematic review and research agenda on recruitment and selection in the public sector[J].Public Administration Review,2023,83(6):1635-1648.

[16]LIEVENS F,SACKETT P R,ZHANG C.Personnel selection:A longstanding story of impact at the individual,firm,and societal level[J].European Journal of Work and Organizational Psychology,2021,30(3):444-455.

[17]WOODS S A,AHMED S,NIKOLAOU I,et al.Personnel selection in the digital age:A review of validity and applicant reactions,and future research challenges[J].European Journal of Work and Organizational Psychology,2020,29(1):64-77.

第六章　公共部门人力资源培训

【学习要点】

1. 公共部门人力资源培训需求分析的内容。
2. 公共部门人力资源培训的内容、类型与方法。
3. 公共部门人力资源培训有效性评估的实施方式。

【引入案例】

　　长期以来农村年轻后备人才严重短缺，基层干部们热切地盼望着年轻大学生到农村工作。许多大学生怀着满腔热情来到农村工作，但也存在着各种困惑和担忧，例如工作无从下手、有心理落差、对未来的发展感到迷茫、缺乏成就感等等。

　　农村的事务繁多而复杂，需要与群众打交道，了解群众的需求和诉求，传达党的惠农政策，协调各方利益，推动村里的发展等。许多大学生村官缺乏与农民沟通的技巧和经验，不知道如何赢得他们的信任和支持，也不清楚自己应该承担什么样的职责和角色。有些地方，大学生村官只是村支书或村主任的助手，做一些收集资料、统计数据、开会、汇报等琐碎的工作，没有实质性的权力和影响力；有些地方，大学生村官被上级部门借调去做一些与农村无关的工作，与村民疏远，无法融入村级组织；有些地方，大学生村官虽然有文化知识，但是对农业生产、农产品销售、农民教育等方面一无所知，不能为富民强村出谋划策……

　　为了让大学生村官能够真正发挥作用，中央出台了《关于进一步引导和鼓励高校毕业生到基层工作的意见》，建立了"下得去、留得住、干得好、流得动"的长效机制。要让大学生村官有动力和能力在农村工作，就需要给他们提供良好的工作环境和发展空间，让他们在乡村可以实现自己的价值和理想。

　　有专家建议，采取"传帮带"等多种措施，帮助大学生村官了解乡情和村情；引导他们当好政策宣传员、村情民意调查员、村级决策参谋员、农产品销售市场信息员和远程教育协管员等"五大员"，在应对复杂问题和完成急难险重任务中积累经验，不断提升工作能力。

思考与讨论：

1. 当前我国大学生村官上岗后面临哪些方面的工作困境？造成这些工作困境的原因有哪些？

2. 从公共部门人力资源培训的角度来看，针对上述困境应该怎样重新设计大学生村官的岗前培训？提出一个你的方案。

面对复杂多变、高度不确定的环境，不同的组织要想达成各自的目标，就必须建立一支高素质、善学习的员工队伍。经济全球化进程的加快和科技的日益进步对我国公共行政提出了全新的要求，同时也对公共部门工作人员的理论素质、知识与能力提出了新的挑战。培训是推动公共部门工作人员素质提高的一项有力措施，是开发其能力的一条重要途径，是建设高绩效公共部门工作人员队伍的一个重要环节，是满足公众对政府服务水平和质量日益增长需求的坚实基础。对公共组织而言，在招聘与选拔完成后，如何用人、为什么会出现人员无法胜任岗位、不能顺利完成工作的情况，发生这种情况的原因是什么，本章将阐述公共部门人力资源培训的有关内容，并回答上述问题。

第一节 公共部门人力资源培训概述

一、公共部门人力资源培训相关概念

公共部门人力资源培训是指公共部门根据政治、经济、社会和科学发展的需要，依据法律和法规，以提高公职人员政治素质、业务能力和工作绩效为目的，运用各种形式，有组织、有计划地对公职人员进行培养、教育、训练的活动，是公共部门人力资源管理系统的一项基本的管理职能，具有针对性、终身性、现实性和灵活性的特点。接受培训既是公职人员享有的权利，也是其必须履行的义务。

公共部门人力资源培训与一般的学校教育在培训目的、培训形式、培训内容方面均有所不同。公共部门人力资源培训的目的在于满足当前工作需要，提高工作岗位的效率；培训形式多样，伸缩性强，根据不同的具体目标、内容、方法可以采用多种培训方式；培训内容紧紧围绕目前工作岗位所需要的政治素质、知识、能力与技巧的提高而设置，培训效果立竿见影。一般学校的常规教育即学生培训，也称为综合教育或素质教育，目的在于全面提高个体的知识素养，最大限度地促进个体发展与社会发展相适应，具有一定的人才塑造性与社会服务性，培训形式相对来说比较固定单一、统一性强。表6-1为人力资源培训各个阶段的任务。

表6-1 人力资源培训各个阶段的任务

培训需求分析	培训项目设计	培训实施	培训效果评估
确定分析对象	明确的培训内容	提供培训环境	确定评估标准
选择分析方法	内、外培训资源选择	提供相关资料	建立评估模型
组织分析	设计培训程序	提供实践机会	收集数据
人员分析	选择培训方法	促进培训转换化	实施评估
任务分析	形成实施、控制方案	形成反馈机制	评估结果反馈

随着近年来人力资源开发活动的不断发展，培训与常规教育之间也出现了相互交融之势。人力资源培训不仅为满足当前需求，也开始关注员工综合素质的培养，向更高层次人力资源开发延伸；常规教育开始注重与社会的实际需求相结合，开发方式更加多样化，并且利用自身优势为组织提供教育服务。

二、公共部门人力资源培训的重要性

（一）公共部门人力资源培训是政府管理变革的迫切需要

我国政府面临着几个方面的政策管理变革：以权力为中心向以规则为中心的转变，从管理行政向服务行政转变，从全能行政向有限行政转变等。政府的职能和角色发生了转变，相应人员的任务也发生了改变。公职人员作为推动和执行政策职能转化与管理转变的主体，其思想观念和知识能力是决定政府改革成败的关键因素。公共部门人力资源培训将全方位地更新公职人员的陈旧观念，向公职人员输入科学的管理理念、管理思想和管理技术，推动改革顺利进行。

（二）公共部门人力资源培训是公共部门响应时代发展趋势的迫切需要

国内外形势迅速复杂的变化和发展对政府公共政策的制定产生了深刻的影响，体现在经济政策、政府管理、公共服务等多个方面，对我国政府提出了更高的要求。公职人员要适应新的时代背景，不仅要具备传统的写作、沟通、协调、执行任务的技能，还要改变思维方式，进行全球化思考，更新知识结构，运用新的方式进行管理活动。这要求公职人员必须持续"充电"，接受终身教育和培训，积极主动地更新知识与技能。

（三）公共部门人力资源培训是公共部门响应信息技术革命挑战的迫切需要

迅猛发展的信息技术把人类带入一个"信息社会"，政府的行政管理方式也随之改变，电子政务与知识管理应运而生。国务院办公厅早在1992年就提出建设全国行政首脑机关办公决策服务系统的目标和具体实施方案，并在全国政府系统推行办公自动化；在2001年制定了全国政府系统政务信息化建设的5年规划；在2019年印发了国家政务信息化项目建设管理办法的通知。2020年，政府信息化大会召开；2021年，"十四五"国家信息化规划印发；2023年，全国网络安全和信息化工作会议召开……这些举措说明我国政府对网络安全与信息化工作的高度重视。相应地，电子政务的发展要求公职人员具有较高水平的信息知识和运用信息工具的能力，要求行政权力的行使有更高的透明度与规范性，对公共权力的行使和运用起到一定的限制和监督作用。为应对这些变化和挑战，需要运用培训这一方式对公职人员的思想观念、信息素养和运用信息工具的能力进行更新与提升，让公职人员从思想上主动接受新的管理手段，更加适应"智慧办公"，提高政府的服务效率。

"培训是最好的投资"，公共部门人力资源培训有利于提高公共部门的服务质量和效率，满足社会公众的多元化需求和期望；有利于激发公职人员的工作积极性和主动性，增强他们的职业道德和责任感；有利于促进公职人员的职业发展和个人成长，提高他们的职业竞争力和适应力。因此，公共部门人力资源培训是一项重要而必要的工作，对于提高公共部门的绩效、建设高素质的人员队伍、实现国家治理现代化等都具有重要意义。

中国经典人力资源管理案例——纪浪子训鸡喻育才

周宣王爱好斗鸡。某次他得到了一只很强壮的斗鸡，于是将它交给了一位名叫纪浪子的专门驯养斗鸡的人。纪浪子的任务是训练这只斗鸡使其能够在比赛中取得胜利。然而，训练过程并不简单，周宣王多次询问，纪浪子都未能训练完成。训练之初，纪浪子发现这只斗鸡骄气较盛、脾气暴躁不适合参加比赛。随着时间的推移，纪浪子通过耐心和专业的训练，逐渐调整了斗鸡的心态和反应。最终，纪浪子将这只斗鸡训练成功，这只斗鸡在比赛中表现出色，无论其他斗鸡如何挑衅，它都能保持冷静，最终赢得了胜利。

第二节　公共部门人力资源培训需求分析

培训需求分析是人力资源培训的第一个环节，是整个培训过程的基础。通过培训需求的分析，可以判断是否需要培训，明确培训的时间与内容，确立培训目标以及确定培训人员的能力及绩效是否达到了组织的目标。全面细致的培训需求分析为培训明确了方向和目标，避免了造成资源的浪费。

一、公共部门人力资源培训需求分析的内容

培训需求的产生主要来自三个方面：工作、人员、绩效。工作岗位和人员发生变化，人员工作跟不上岗位需求，或者绩效标准提升，都是培训需求产生的原因。简而言之，即当前员工的能力素质不再能够达成某份工作或所在职位要求的产出绩效时，组织就需要进行员工培训以解决这些问题。针对不同的需求原因需要从不同的视角进行分析。

培训需求分析有不同的分析内容和策略，一般分为组织分析、人员分析和任务分析三个不同的层次。

（一）组织分析

组织分析是依据组织的战略、结构、文化、政策、资源等因素，分析和找出组织中存在的问题与问题产生的根源，以判断是否需要通过培训予以解决，并确定需要培训的具体部门及人员。具体而言，组织分析主要包括以下几个方面。

组织战略。组织战略对组织发展起着关键性的作用，对组织培训的战略、

方向及内容也有巨大的影响。组织战略分析主要是分析组织战略的制定与实施是否需要培训，或者能够通过培训来改善战略的实施效果。在组织分析中，应该根据组织未来发展的战略，进行前瞻性的培训需求分析。

组织资源。组织资源是培训目标实现的保证。组织资源分析包括对培训经费、培训时间、人力等方面的分析。培训经费和培训时间影响着培训的深度、范围和效果，人力（包括人员的数量、年龄、知识水平等）则是决定培训是否可行有效的关键因素。通过对组织资源的分析，组织可以选择不同的培训方式。

组织环境。主要包括内部环境和外部环境。内部环境指管理的具体工作环境，影响着组织的管理活动，通常包括物理环境（如工作地点的空气、光线和照明等）、心理环境（组织内部的精神环境，如人际关系、责任心等）和文化环境（组织的制度文化和精神文化等）。外部环境指组织所处的社会条件，影响着组织的管理系统，通常包括一般外部环境和特定外部环境，一般外部环境包括社会人口、文化、经济、政治法律、技术、资源等，而特定外部环境则涉及供应商、顾客、竞争者等。

对组织的支持。培训活动可以视为打破组织成员正常工作的干预活动，因此组织及其成员的支持很可能决定了培训的成功与否。这种支持还将影响培训效果的最终转化。

（二）人员分析

人员分析主要是通过对人员的具体情况分析，对照工作绩效的标准，找出与现有绩效之间的差距，来确定需要培训的人员、方式和内容。人员分析的内容通常包括人员的年龄结构、知识结构、专业、个性、能力、绩效等。

人员分析的主体包括部门主管、人力资源培训部门和人员个人。部门主管的分析应从整个部门全局出发，考虑本部门的工作性质、历史工作绩效、将来所需达到的绩效、某岗位的重要性等，确定某岗位人员的培训重点和方向；人力资源培训部门的分析是在岗位分析的基础上，判断能否通过培训解决期望工作绩效与实际工作绩效之间的差距，并进一步设计培训的内容与方式；人员个人对培训需求的分析是通过人员自我评价，来确定有无必要进行培训，以及明确培训的内容与方向等。

三方主体的分析各有特点。其中，人员的个人分析具有主观性，因而存在一定的局限性，例如重视个人需要而忽略组织需要，不能把握组织和社会的需求，对自己所担任岗位的性质了解不全面等。因此，进行人员分析应将三个主体方面的分析相联系，将人员的积极性和能动性与部门主管、培训部门的客观性结合起来。

（三）任务分析

任务分析是运用工作说明书、技术手册、任务分析调查问卷等工具确认员工工作的必备技能和完成某项工作所需的知识、技能、能力等。此前章节已经提到，员工完成一项任务所需具备的"KSAOs"中知识（K）是能力和技能建立的基础，技能（S）指能够精确和轻易地完成工作的能力，能力（A）指完成工作所具有的认知的能力，其他性格特点（other characteristics）包括个性（personality）、兴趣（interests）和态度（attitudes）。当个体具备足够的能力时，可以通过培训快速弥补知识和技能上的欠缺；但能力的培训需要较长时间才能见到成效，难度较大，需要内在动力支撑。

培训需求的工作（职务）分析主要从以下几方面展开：一是工作的复杂程度，主要指工作对思维的要求；二是工作的饱和程度，主要指工作量的大小、工作的难易程度、工作所消耗的时间长短等；三是工作内容和形式的变化。

二、公共部门人力资源培训需求分析的方法

培训需求分析过程需要使用一些具体的技术和方法，这些分析技术各有优缺点，可以单独使用，也可以结合使用。

（一）传统的培训需求分析方法

观察法是以旁观者的视角对员工的工作行为进行观察，具有对分析对象干扰性低、能够获得有关工作环境的资料等优点，但对观察者有比较高的要求，例如具备熟练的观察技巧和知识，只能搜集工作情境内的数据等。该方法的缺点是可能会影响被观察者的行为方式。

调查问卷法通过不同的抽样方式和问卷形式选择对象回答问题，具有成本低、短时间内可以接触大量人员、数据易于汇总、被访者回答更自然等优点，但具有问卷编制周期较长，回收问卷的质量和回收率可能偏低，给予被访者表达的机会更少等缺陷。

关键咨询法通过询问特定的关键人物来了解培训需求，具有操作简单且费用低，可以允许多个个体交互作用，在参与过程中可加强与参与者的沟通和联系等优点，但获得的培训需求资料可能存在片面性。

访谈法有多种形式，为受访者提供了充分的表达机会，有助于观察当事人的感受、发现问题产生的原因和提出解决方法。但此种方法需要访谈者具备熟

练的访谈技巧，耗时较多，且获得的资料不易进行量化分析。

阅读工作技术手册和记录具有较强的目的性，可获得有关工作进展程度、新工作内容等方面的理想信息，缺点是信息的时效性较差，分析者可能不了解专业术语等。

群体讨论法类似于面对面访谈，可以当场汇总不同意见、讨论后决定能够获得支持、建立分享机制、帮助参与者成为更好的分析者与倾听者。但该方法耗时较多，较为昂贵，获得的资料不易进行量化分析，还可能出现讨论不充分的情况。

（二）新兴的培训需求分析方法

绩效差距法是指通过员工个人的绩效考核，了解其实际绩效与期望绩效之间的差距，确认造成差距的原因，分析内部因素（动力、知识、技能和能力）和外部因素（设备、条件等），根据具体的原因，从而确定培训需求、制定相应的培训方案的一种方法。具体过程如图6-1所示。

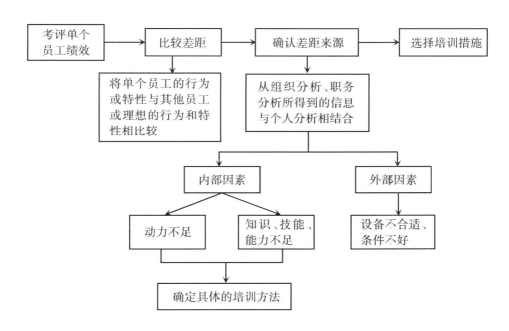

图6-1　人力资源培训需求分析过程

转引自:萧鸣政.公共部门人力资源开发与管理[M].1版.北京:北京大学出版社,2016.

能力行为分析法是指通过比较被分析者个人行为表现与标准能力行为特征

的差距，从而确定人力资源培训需求。这种技术需要确定培训者在人、事、物、时间这四个方面的基本管理能力，这些基本管理能力有自我管理、情景控制、操作技术、沟通技能、概念建构、判断技能、推理技能、人际关系技能和领导技能等九个类别。不同职务对这九类能力行为特征的需求不同，因此确定培训需要的第一步是评判每个类别的行为特征相对职务的必要性与重要性；接着评判员工实际表现与标准要求的相互差距，差距越大，说明培训的需求也就越大。

全面分析法是指通过对组织内部各个层面进行全面系统的调查和分析，确定理想状态与现实状态的差距，从而进一步决定是否进行培训及培训内容的方法。全面分析法包括四个步骤：一是建立全面的工作（职务）分析，研究组织工作的性质，制定组织岗位评价标准和职位规范。二是编写出组织任务和所需技能的目录清单，这一步可先由熟悉职务工作的人逐一列出该职务所有的任务清单，并交给众多的主管或任职人就每项任务的重要性和所需要的时间进行评估，然后统计分析。在此基础上，对任务的性质与技能的性质进行比较、分析，得到其理想的绩效水平标准。三是运用绩效分析法找出现实绩效与理想绩效之间的差距，分析原因。四是培训的设计，组织根据培训需要分析的结果来选择相应的培训方案与方式。

全面分析法侧重于组织运转中的方方面面，而不是针对某些具体问题。该方法的优点在于能够比较全面地认识问题，因此分析资料不仅适用于培训，还适用于人力资源开发的众多环境和整个人力资源管理过程。但是其全面性也带来了缺点，由于该方法需要顾及多个层次多个方面，组织需要投入大量资源，难以进行有效组织，因此这种分析方法适合于小型的、任务简单的组织。

第三节　公共部门人力资源培训的设计

一、培训的类型

培训类型的划分可依据不同的标准执行：根据培训时间，可分为长期培训与短期培训；根据培训机构，可分为学校培训、内部培训、专门机构培训；根据培训对象，可分为高级管理人员培训、一般人员培训、专门技术人员培训等。本节以公务员培训为例，根据培训目的，将培训划分为以下几种类型。

（一）初任培训

初任培训，亦称为入职培训，是指公共部门对新入职或新晋升职位的员工进行的一系列理论与实践教育，旨在帮助他们在正式开始工作前快速融入组织。这一阶段是新入职员工培训流程中的关键一步，目的是让他们对所加入部门的历史背景、工作性质及职责有一个全面的了解，包括熟悉未来的工作环境、具体的岗位要求、组织架构以及工作流程，掌握履行岗位职责所需的基本技能等。

入职培训通常包含以下两个主要环节。首先是工作实践，即通过经验丰富的员工对新人进行指导，让新员工通过实际操作来深入理解工作的性质、特征和工作环境，从而快速积累工作经验。其次是集体培训，即将所有新进员工集中起来，系统地学习相关的国家政策、行业法规、企业文化和职业道德等，确保新员工明确自己的角色和使命。这一环节不仅涵盖了对岗位技能的培训，还包括加强思想政治教育，以提升员工的政治意识和团队精神。

此外，初任培训还着重于构建全面的知识框架，帮助新入职员工理解岗位要求，并提供必要的职业发展信息和资源，使他们能够更好地规划自己的职业生涯。通过这样的培训，新入职员工能够更快地适应新环境，提升工作效率和团队协作能力。

（二）在职培训

在职培训为现职员工提供了持续学习和技能提升的机会，可采用多元化的培训形式以满足不同员工的学习需求和偏好。这些培训方式包括但不限于安排系列化的理论学习课程、邀请行业专家或学者到机构内部进行专业培训，以及举办各类知识讲座或主题研讨班等。我国公务员的在职培训主要遵循《干部教育培训工作条例》和《全国干部教育培训规划（2023—2027年）》等文件要求，强调培训应围绕党和国家事业发展的需要，保持正确的政治方向，要突出党的创新理论武装和党性教育，加强能力培训，提高干部的德才素质和履职能力。

我国的公务员在职培训根据不同类别、层级、岗位的特殊需要，强调培训的针对性，确保全员培训，此外，还有具体的培训时间要求，例如省部级、厅局级、县处级党政领导干部和相当层次职级以上公务员，每5年应参加累计不少于3个月或550个学时的集中培训。

（三）晋升培训

晋升培训是对即将或有望晋升到某一管理职务的在职员工的培训。培训的内容一般围绕拟晋升职务所需具备的知识、技能而设定，旨在提高员工的政治素养和分析问题的能力，使其能够通过培训为拟担任新管理职务做好一定的准备，从而胜任该项工作。我国凡是拟担任某领导职务的公务员，一般必须在就职前进行不少于30天的培训，即使因特殊情况不能培训的，也须经任免机关批准，在到职后一年内再进行培训。

（四）专业培训

专业培训是针对具体岗位需求，提供与岗位职责直接相关的知识和技术技能的培训。这种培训主要面向那些承担特定专业任务的公务员，既包括刚加入组织的新人，也包括已经在职但需要进一步提升专业能力的现职员工。通常，这类培训采取集中式教学，特点是参训人员需暂时脱离日常工作，专注于培训课程。

专业培训的目的是确保从事专业岗位的员工具备所需的专业知识和操作技能，以维护和提升工作执行的质量和效率。为此，通常要求参加此类培训的员工必须通过最终的考核，以证明他们已经掌握了必要的专业技能，能正式投入工作或继续在更高层次的岗位上发挥作用。

此类培训的内容通常根据岗位特性和工作需求量身定制，涵盖了广泛的专业领域，从基础理论知识到实际操作技能，以及最新行业动态和法律法规等。通过这种培训，公务员不仅能够提升个人的职业竞争力，还能确保公共服务的专业性和效率，满足公众对高质量公共服务的期待。

专业培训作为公务员培训体系中的一个重要组成部分，对于保持和提升公共部门的专业水平和服务质量具有不可或缺的作用。通过系统的培训，公务员能够及时更新知识和技能，更好地适应岗位需求和社会发展的挑战。

经典理论——社会学习理论

社会学习理论缘起于20世纪60年代初，由美国心理学家Bandura提出，该理论在行为主义基础上发展而来，本质上是一种阐释主体行为的起源、发展和变化的行为理论。传统行为主义认为个体的行为是受到环境因素刺激而被机械地塑造的，Bandura的社会学习理论则超越了这个边界，关注环境、个体和行为的三元交互作用[1]，认为个体并非受到内外部单一因素的驱使产生行为，而是受

---

[1] BANDURA A. Self-Efficacy：Toward a Unifying Theory of Behavioral Change [J]. Psychological Review，1977，84（2）：191-215.

到环境、个体和行为三者连续交互作用的影响①。值得关注的是，这三者虽然具有高度的相互依赖性，但它们的影响力和交互模式并不固定，在不同的情境下，不同个体在多类型的活动中会体现出差异性②。个体能够与其他两个因素产生交互作用，是因为个体具备符号化能力、替代能力（学习能力）、预见能力、自我调节能力和自我反省能力等。

除去三元交互作用的理论框架外，社会学习理论还认为个体的复杂行为主要是通过后天的学习形成，但学习并非一定要参与实践，通过观察的形式也能进行。这种观察学习的过程由注意过程、保持过程、产出过程和动机过程构成，其具体逻辑为个体通过观察形成符号表征，这些符号被编码并保存，在满足一定条件的刺激强化下，这种符号就成了个体行为的范本，但个体是否会持续地产生学习到的这种行为，取决于是否存在合理的动机。

二、培训的内容

以公务员培训为例，人力资源培训的内容包括以下三个部分。

（一）政治素质培训

公务员代表国家和政府行使公共权力、履行公共职责，无论职务高低，其政治素质与政治行为直接影响着国家的性质、利益与形象，因此在公共部门中，政治素质的培训是公务员培训的首要内容。政治素质培训首先在于夯实公务员的理论功底，包括马列主义、毛泽东思想、邓小平理论、"三个代表"重要思想、科学发展观、习近平新时代中国特色社会主义思想，以及中国革命史和党的路线方针政策等；其次是提高公务员的政治素养，培养其运用政治理论观察问题、解决问题的能力；最后是培养公务员高尚的职业道德，通过培训，激发他们"鞠躬尽瘁，死而后已""先天下之忧而忧，后天下之乐而乐"的公共精神，促进他们遵循职业道德规范。

（二）职业能力培训

培训公共部门人员的根本目的在于增强政府的综合治理能力。这意味着，公共部门通过设计和实施高效的公共政策，优化资源分配，致力于向社会提供广泛且质量上乘的公共产品和服务。同时，公共部门还需要合理制定并执行得

---

① 郭斯萍，张晓冰.班杜拉的社会学习理论再评价——从文化心理学角度[J].心理研究，2022，15（02）：99-104.

② 高申春.人性辉煌之路——班杜拉的社会学习理论[M].1版.湖北教育出版社，2000：106.

到广泛社会认可的正式规划，主动塑造更广泛的非正式社会准则，保障社会公平正义和秩序，构建有效调控社会关系及行为的制度和机制。这样，不仅能够促进国家快速、均衡、持续和健康的发展，还能在比较中提升国家的整体发展水平。为实现上述目标，公务员必须掌握一系列的专业管理技能，对其的培训侧重于四个主要能力领域：政策分析、行政决策、行政执行和组织协调。

（1）政策分析能力：公务员应能够对公共政策进行深入分析，评估公共政策可能的影响和成效，为政府决策提供科学依据。

（2）行政决策能力：公务员需要具备高效决策的能力，这包括能够在复杂多变的情况下作出合理有效的管理决策。

（3）行政执行能力：执行力是公务员的核心能力之一，要求其能够确保政策和决策得到准确有效的实施。

（4）组织协调能力：公务员还应具备强大的组织和协调能力，能够在多部门、多层级的公共管理体系中有效沟通和协作，推进政府政策的实施和管理目标的实现。

（三）专业知识培训

在各种组织内员工所面临的工作范畴是多样且广泛的。这不仅要求员工具备完成自身工作职责所需的专业技能，同时也需要掌握相关的社会科学与自然科学知识。特别是在信息技术迅速发展的当下，工作环境正变得越来越智能化，政务活动也逐渐向电子化转型，这种趋势要求组织中的每个成员都必须持续地更新他们的知识和技能体系。专业知识的培训不仅有助于提高员工的个人能力，也对组织的整体效能和竞争力产生积极影响。因此，组织应该重视并投资于员工的持续教育和技能提升，为他们提供必要的学习资源和培训机会，以适应不断变化的工作要求和技术进步。

经典理论——目标定向理论

目标定向理论是一种描述学习者或工作者完成任务的动机和行为的理论。该理论认为人们在从事任务时会有不同的目标，这些目标影响他们的认知、情绪和行为模式。

目标定向理论的起源可追溯到德韦克（Dweck）等人对学生群体成就动机的研究。他们发现，有些学生关注提高自己的能力和理解任务，他们被称为具有学习目标定向（learning goal orientation）的学生；而有些学生则关注展示自己的能力和避免失败，他们被称为具有成绩目标定向（performance goal orientation）的学生①。

随后，研究者又将成绩目标定向进一步细分为成绩趋近目标定向（performance approach goal orientation）和成绩回避目标定向（performance avoidance goal orientation），分别表示追求在任务中表现优秀和避免在任务中表现不佳的倾向，还有一些研究者主张将学习目标定向再区分为趋近和回避两个成分，这样就形成了四种类型的成就目标②。

许多研究探讨了不同目标定向对个体或团队的工作绩效、动机、创造力等方面的影响及其作用机制。例如学习目标定向有利于提高个体或团队的适应性、创新性、合作性等；而成绩回避目标定向则可能导致个体或团队产生消极情绪、逃避责任、缺乏信任等③④。

三、培训的方法

（一）讲授法

讲授法作为一种传统且广泛采用的培训技术，依赖于培训师通过口头表达来向学员传达知识和技术。这种方法以其结构简单、操作方便和成本效益高等特点，特别适合于在限定时间内向大量学员传授一体化的知识体系和理论框架。然而，讲授法的主要劣势在于其单向性，这可能导致学员参与度不高，难以实现与培训师之间的有效互动和反馈。

为了克服这些局限，现代教育实践中引入了如"启发式讲授""发现式讲授"和"开放式讲授"等更为动态和互动的讲授形式。这些方法旨在激发学员的主动探索精神，鼓励他们在学习过程中提出问题、进行探讨和发现，从而增强与培训内容的联系和理解。

（1）启发式讲授：通过提问或引导，激发学员思考，引导他们通过自我探索来获取知识。

---

① DWECK C S, LEGGETT E L. A social-cognitive approach to motivation and personality[J]. Psychological review, 1988, 95(2):256-273.

② ELLIOT A J, HARACKIEWICZ J M. Approach and avoidance achievement goals and intrinsic motivation: A mediational analysis[J]. Journal of personality and social psychology, 1996, 70(3):461.

③ DESHON R P, GILLESPIE J Z. A motivated action theory account of goal orientation[J]. Journal of applied psychology, 2005:90(6), 1096-1127.

④ KAPLAN A, MAEHR M L. The contributions and prospects of goal orientation theory[J]. Educational Psychology Review, 2007, 19(2):141-184.

（2）发现式讲授：鼓励学员通过实践活动发现问题、解决问题，强调学习过程中的"发现"体验。

（3）开放式讲授：提供更宽松的学习环境，允许学员根据自己的兴趣和需要自主选择学习的内容和路径。

通过采用这些改进的讲授方法，不仅可以增强学员的学习兴趣和参与度，还能促进知识的深层理解和长期记忆，有效提高培训效果。这种方法的应用，使得讲授法在现代教育和培训中依然保持其重要性，同时也体现了教学方式的进步和创新。

（二）研讨法

研讨法是一种常用于培训中的互动式学习方法，它包括多种形式，如演讲与讨论结合、小组讨论、集体讨论、结构化研讨、系列研讨、委员会讨论、专题攻关小组和沙龙等。这种方法的核心优势在于其高度的互动性，使得培训过程不限于信息的单向传递，鼓励参与者之间的积极交流和深入探讨。

通过研讨，参与者能够自由表达自己对特定问题的见解和解决方案，这个过程不仅能促进他们思维能力、逻辑推理能力和口头表达能力的提升，还能加深他们对学习内容的理解和记忆。在这种学习环境中，培训师扮演着至关重要的角色，他们不仅需要组织和引导讨论，确保讨论内容的相关性和深入性，还要通过倾听、总结和反馈，有效地促进学习者之间的互动，从而增强学习者的参与感和满意度。研讨法的实施需要培训师具备以下几个关键能力。

（1）倾听和引导能力：有效地倾听学员的观点，引导讨论围绕核心问题展开，确保每位参与者都有机会表达自己的看法。

（2）总结和反馈能力：能够准确总结讨论的关键点和学员的贡献，提供建设性的反馈，帮助学员深化理解和学习。

（3）节奏控制能力：合理安排讨论的时间和节奏，确保讨论的有效性和效率，避免偏题或讨论陷入僵局。

通过以上的互动和指导，研讨法能够有效地提升参与者的学习效果，使其在互动和讨论中获得更深层次的知识掌握和技能发展，是一种非常有效的培训方法。

（三）案例教学法

案例教学法以实际或假设的业务场景作为学习基础，旨在通过具体案例的分析和讨论，培养被培训者解决问题的技能。这种方法将学员置于真实或模拟的工作情境中，让他们面对具体、复杂的问题情境和背景，鼓励他们主动思考和寻找解决方案。在案例教学中，学员通常被分成小组（每组大约4到8人），以便他们能深入分析案例，这种团队合作的过程有助于锻炼学员的沟通和协作能力，同时提高他们处理实际问题的能力和培养他们的团队合作精神。

案例的有效性关键在于案例的选取和制定。虽然直接采用现成案例在时间和精力上较为节约，但鉴于案例教学在某些地区尚处于初步阶段，且大量现成案例源自国外，这些案例的情境和背景与本土学员的实际环境存在显著差异，可能会影响培训效果。因此，为了提升培训的实用性和针对性，应根据学员的具体环境定制或选择案例，或者在现有案例的基础上进行适当的本土化调整。

在案例教学中，训练的不仅是学员对特定情境的应对能力，还包括他们如何在多种可能的解决方案中进行选择和权衡的能力。因此，这种方法特别强调了解决方案的多样性和开放性，不存在所谓的"唯一正确答案"。这种开放式的学习环境促使学员在寻找解决方案的过程中，发展独立思考能力、判断能力和创新能力。

总之，案例教学法通过贴近实际的学习情境，为学员提供了一个学习和实践并重的培训环境，不仅增强了学习的实用性和趣味性，也有利于学员综合能力的提升。为最大化这种方法的效果，培训者应着重于案例的精心选择和制作，确保其与学员的实际环境紧密相关。

（四）情景模拟法

情景模拟法是一种高度实用的培训技术，通过构建接近真实工作场景的模拟环境，让学员在仿真情境中做出反应，分析并解决可能在实际工作场景中遇到的问题，以此为他们未来的职业生涯做准备。该方法旨在通过实践训练提高学员的应对能力，包括但不限于管理模拟游戏、角色扮演和一揽子公文处理等方式。

角色扮演和一揽子公文处理是情景模拟法中应用较广泛的两种形式。在角色扮演中，参与者通过模拟特定角色的行为和对话，深入理解角色的职责、面对的挑战及必须做出的决策。这种方法有助于提升学员的同理心、沟通技巧及问题解决能力。一揽子公文处理法则是一种更具挑战性的练习，要求参与者在有限的时间内处理一大堆杂乱无章的文件，如备忘录、报告等，迅速识别文件的优先级，有效安排时间以处理这些文件。这种方法特别适合于培养高级管理人员的规划、组织、分析、判断、决策和书面沟通技能。

此外，会议培训法也是情景模拟法的一个重要组成部分，它通过双向沟通机制，允许培训者和被培训者之间进行充分的交流，共同探讨遇到的难题和问题。这种互动性强的方法不仅促进了有效沟通，还有助于培训者准确把握培训效果，调整培训内容和方法以更好地满足学员的需求。

总之，情景模拟法通过多样化的模拟活动，为学员提供了一个近乎真实的学习环境，不仅加深了学员对理论知识的理解，也大大提升了他们的实际操作能力，是一种效果显著的培训方法。通过精心设计的模拟情境，学员能够在安全无风险的环境中犯错、学习并提升，为将来的职业挑战做好全面准备。

（五）应用新技术的培训

随着信息技术的快速进步，人力资源培训领域经历了显著变革。借助于最新的互联网技术、现代化的视听手段和通信技术，培训的方法和途径已经迎来了新的发展趋势。这种以技术为支撑的培训方式，如计算机辅助学习、在线平台学习、远程多媒体培训等，展现了几个鲜明的特点。

（1）技术驱动：新兴的培训模式植根于技术进步，充分利用数字化工具和平台，为培训内容的传递提供了创新途径。

（2）学习自主：这些培训工具和方法增强了学员的自主学习能力，提供了高度的灵活性和便捷性。学员可以根据自己的时间安排和学习节奏来进行学习，大大提高了时间的利用效率。

（3）地理无界：新技术的应用使得培训不再受地理位置的限制，来自不同地区、不同背景的学员都能够通过网络共享相同的培训资源和课程内容，促进了知识的广泛传播和交流。

应用新技术的培训不限于传授知识，还包括培养学员运用新工具和平台的能力，使他们能够更有效地适应数字化工作环境。例如，通过模拟软件进行实际操作练习、利用在线论坛进行讨论和交流、通过远程视频会议参与实时互动课堂等，都是这种培训方式的实际应用。总的来说，随着技术的不断发展，应用新技术的培训方式正在不断演化和优化，为人力资源发展提供了更广阔的视野和可能性。这种培训方式不仅提升了学习效率和质量，也为培训行业带来了创新机会。

除以上比较常见的培训方法外，还有自我学习方法、示范培训法、户外培训、工作轮换法等。每一种方法都有优点和不足，因此在实践中要正确选择与科学使用，根据培训的目的、内容、经费、师资水平、教学设备情况，以及学员本身的理论知识水平、实践经验、接受能力等来选择最适宜的培训方法。表6-2对各类人力资源培训方法进行了概况。

表6-2 人力资源培训方法概况

培训方法	说明
讲授法	属于传统模式的培训方式,培训讲师系统地向受训人员传授知识
研讨法	这是一种双向沟通的培训方式,有助于培训讲师了解学员对培训效果的掌握程度
案例法	通过选择有关实例,并说明各种情况或问题,让受训者通过工作经验和所掌握的知识技能,寻求解决之道,目的在于鼓励受训人员思考
情景模拟训练	把参训人员划分成若干小组,每组承担不同的任务,它能让所有学员都参与到培训中来,同时还能提高学员的团队意识
角色扮演法	能够激发学员解决问题的热情,增加学习的多样性和趣味性
示范培训法	这种培训方式是指运用幻灯片、影片或录像等方式进行工作示范或训练活动
户外培训	是一种在室内以外的环境中进行学习、练习或模拟活动的方法
工作轮换法	是一种在职培训方法,让受训者在预定的时期内变换工作职位,使其获得不同职位的工作经验

第四节 公共部门人力资源培训的有效性评估

一、培训有效性评估概念及作用

培训效果评估是培训流程的关键环节,其主要目的是衡量培训参与者从培训活动中获得的实际收益。对于公共部门来说,这种收益不仅体现在提升群众对公共服务满意度上,还包括提高公务员的政治素养、知识水平和工作技能。培训效果评估的定义可以概括为"有系统地搜集和分析描述性及评价性信息,以协助决定培训项目的选用、应用及必要的调整"。

评估培训的效果具有双重意义。首先,它强调了语训在提升组织和个人能力方面的关键作用。通常,人力资源管理部门被视为成本中心,通过有效的培训效果评估证明培训能够提升组织绩效和个人发展,这样的结果证实了对员工培训的投入能够带来实际的收益和回报。其次,培训效果评估为管理层提供了制定培训决策的依据。通过评估和跟踪培训过程的每个环节,可以揭示哪些培训内容需要更新、哪种教学方法最能激发学员学习兴趣等,以帮助管理者决策培训是否继续或进一步改进等。

然而，实际操作中的挑战在于，很多评估只进行一次，且很少对培训完成后是否实现了预期目标进行持续的评估，这增加了评估工作的复杂性。例如，法国公共部门就采用了一种独特的培训效果评估方法——通过公务员的投票来判断不同培训的需求和目标。公务员根据自己对培训内容的偏好进行选择，以反映出各种培训项目的受欢迎程度和需求强度。

总体而言，培训效果的评估不仅对确保培训投资的回报至关重要，也为公共部门和其他组织提供了优化培训策略和提高培训质量的关键信息。通过持续和系统的评估过程，可以更有效地调整培训内容和方法，确保培训活动能够满足组织和员工发展的实际需求。

二、培训有效性评估模型

培训有效性评估有多种模型，其中运用最为广泛的是柯克帕特里克的四层次模型。表6-3为柯克帕特里克的四层次模型的内容概况。

表6-3　柯克帕特里克的四层次模型内容概况

评估层级	名称	评估内容	实施方法
一层级	反应层评估（学员的反应）	主要是总体的印象，对培训内容、讲师、教学方法、材料、设施、场地、报名程序等的评价	问卷调查、小组座谈常运用四分法（极好、好、一般、差）、五分法（极好、很好、好、一般、差）进行衡量
二层级	知识层评估（学员学习的知识）	学员掌握知识和技能的多少，以及对课程的理解程度	在反应层基础上，要求运用所学知识解答试题；进行现场操作；对于专业性的职位课程，要求学员提出改善方案并执行
三层级	行为层评估（学员行为的改变）	培训后的跟进过程，学员培训后工作行为和在职表现方面的变化	观察法主管、同事、下属、客户对学员的评价，以及学员的自我评价。这些评价需要借助一些评估表
四层级	绩效层评估（培训产生的效果）	上述三级变化对组织发展带来可见的、积极的作用；培训是否对企业的经营结果产生了直接的影响，如次品率下降在多大程度上归功于操作技能的培训等	通过一些企业组织指标来衡量，如事故率、次品率、生产率、员工流动率以及客户投诉率等

（一）反应评估

评估培训效果的反应层面是通过各种方式如调查问卷、个别面谈、集体讨论等，来收集参训人员对于培训项目整体满意度的直接反馈。这种评估在培训即将完成或已完成后进行，旨在衡量参训人员对课程内容、讲师表现以及培训环境等多个方面的满意度和反应。常用的量表包括四分量表（极好、好、一般、差）和五分量表（极好、很好、好、一般、差）等，以便于统计分析和解释。具体来说，反应评估主要关注以下几个方面。

（1）培训内容的相关性和适用性：评估课程的规划、结构是否合理，内容是否符合参训人员的实际需要和期望。

（2）培训讲师的备课和授课质量：包括讲师是否作了充分准备、理论与实践的结合程度、讲解的逻辑性以及教学方法是否能激发学员的学习兴趣等。

（3）培训环境和设施的适宜性：涉及教学场地、设施配备等物理条件，是否为学习提供了良好的环境。

虽然反应评估主要基于主观感受，带有一定的主观性，但它提供了对培训效果直观的初步反馈，是培训组织方能够直接控制和操作的重要评估工具。通过定期进行课后满意度调查，不仅可以将搜集到的反馈作为评估培训机构年终绩效的重要参考，还能根据反馈结果对未来的培训项目进行必要的调整和优化，从而持续提高培训质量和效果。因此，每次培训结束后，进行细致的反应评估并据此改善培训实践，对于提升培训成效至关重要。

（二）学习评估

学习评估，亦称为知识评估，主要目的是在培训接近完成时，对参训者在培训期间所获得的知识、课程理解以及技能的掌握程度进行评估。此评估不限于知识的积累，还包括技能的提升和道德素养的增强。通过对这些方面的综合评价，组织者能够直观了解培训项目的教育效果。

学习评估方法多样，旨在全面反映被培训者的学习成果。具体评估手段包括但不限于以下几个方面。

（1）书面考试：通过结业考试等形式，评估参训者对培训内容掌握的深度和广度，是评估理论知识掌握程度的常用方法。

（2）角色扮演：特别适用于评估参训者的实际操作能力和应对实际工作情境的能力，通过模拟特定角色，评估参训者对知识的应用能力和技能的实际运用情况。

（3）模拟环境：在接近真实的工作环境中模拟工作情境，评估参训者在实践中运用所学知识和技能的能力。

（4）结业报告：要求参训者提交一份报告，总结学习过程和成果，反映其对课程内容的理解、思考及应用能力。

（5）成果展示：通过展示项目成果或完成的任务，直观地展现参训者学习成果，评估其综合运用所学知识和技能解决问题的能力。

学习评估不仅有助于确定培训项目是否达到了既定的教学目标，还能帮助参训者自我反思学习成果，明确今后学习和工作中的改进方向。此外，通过这一评估过程，组织者可以获得宝贵的反馈信息，用于进一步完善和调整培训内容和方法，以提升未来培训的效果和质量。

（三）行为评估

行为评估关注于分析和量化培训参与者在返回其工作岗位后，行为上是否体现出了积极的变化，实质上是对参训者所学的知识、技能和态度是否成功迁移到工作中的评估。这种评估尤其复杂，因为行为的改变不仅与个人学习成效有关，还受到诸多外部因素的影响，如工作环境中应用新知识的机会、组织文化、上级的支持及鼓励等。

由于这一层次的评估涉及多方面因素，很多组织通常仅限于进行知识和学习评估，较少深入到行为评估这一阶段。尽管如此，行为评估对于确认培训目标的实际实现极为关键，它可以准确反映培训成果是否被有效地应用于工作实践中，从而达到提升参训者的工作表现和组织绩效的目的。

尽管行为评估难以通过直接量化的方式进行，但可以采用观察法等定性评估手段来实现。通过搜集管理者、同事、下属、客户等多方对参训者的观察和反馈，比较培训前后的行为变化，从而对培训效果进行综合评价。此外，参训者的自我评价也是重要的信息来源，可以帮助组织更全面地理解培训对个人行为改变的影响。

为了系统化和规范化这一过程，可以设计和利用特定的评估工具和量表，这些工具能够帮助评估者更有效地搜集和分析数据，从而提供关于行为改变的准确反馈。通过这种方式，组织不仅能评估培训成果的应用效果，还能据此优化培训计划，确保培训活动真正达到提高员工能力和组织绩效的目标。

（四）结果评估

结果评估，亦称绩效评估，旨在综合考量培训对个人与组织绩效的实际影响，是衡量培训有效性的一个高难度环节。这一评估层次超越了行为的直接改变，专注于评估这些变化如何转化为实际的绩效成果。管理者在此过程中关注的是参训者的工作态度和服务质量等方面是否得到了实质性提升，并检验这些提升是否达到了组织设定的培训目标。

对组织绩效的评估，是一个涵盖广泛因素的系统项目，通常采用投资回报率（return on investment，ROI）作为评估培训经济效益的关键指标。这个过程包含确定培训成本（包括直接和间接成本）、计算培训带来的绩效提升收益，并将收益与成本进行对比，以此来衡量培训的经济有效性。在商业组织中，这种评估通常基于培训是否直接促进了企业的经营成果，例如通过技能提升显著降低了次品率等。

然而，在公共部门的情境下，绩效的表现更多体现在提升的理论知识、完成工作的数量与质量上，而非传统的产量、利润或生产效率。这使得通过投资回报率来量化培训成效变得复杂。因此，公共部门的结果评估往往采取结合客观与主观标准的方法进行。客观标准可能包括公众满意度、工作完成率等指标，而主观标准则涵盖了来自领导、同事和下属等多个方面评价的综合反馈。通过这种综合方法，公共部门能够从多个维度全面评估培训成效，包括通过数字化的成本收益分析，还包括培训对广泛的社会效益影响的考量。这种评估策略有助于更准确地捕捉培训项目对个人和组织绩效的真实影响，为未来培训项目的设计与执行提供宝贵的参考和依据。

第五节　我国公共部门人力资源培训的问题与对策

一、我国公共部门人力资源培训中存在的问题

（一）难以按需培训

在我国，公共部门针对公务员的培训活动已经形成了系统化的实践，涵盖了从职前培训、岗位上的进阶培训、专业技能提升到知识更新等多个方面。这些培训项目旨在保证公务员队伍能够与时俱进，有效地履行公共职责。尽管如此，公共部门在实施培训计划时往往还面临一个显著挑战，即难以实现根据公务员个性化的学习需求和职务特点来定制化培训内容。这种现状导致公务员在参与培训时往往缺乏积极性，因为统一式的培训计划难以满足他们个性化的成

长需求和职业发展路径。高层管理者很少能从基层单位搜集到具体的培训需求反馈，这使得他们在设计培训项目时，难以充分考虑到各级组织的实际需要和特点。此外，基层单位在培训内容选择和时间安排上的自主权较小，这进一步限制了培训效果的最大化。

（二）培训设置不尽合理

在我国的公共部门中，培训体系主要由各级党校和行政学院构成，辅以其他专业培训机构。这一体系长期以来依赖传统的讲授法作为主要的教学手段，覆盖的培训内容广泛，包括中国特色社会主义理论、相关的法律法规、政府和市场经济的基础知识、科技进展、公共管理以及公务员职业行为标准等。这样的培训设置虽然在提升公务员的政治认识和职业技能方面起到了积极作用，却也暴露出一些显著的问题。

首先，培训模式的单一化问题较为严重，大量依赖传统的课堂讲授，缺乏互动性和参与感，这可能会导致学员感到内容枯燥乏味，从而影响他们的学习动力和效率。此外，这种模式在激发学员主动性和创新思维方面表现不佳，难以充分挖掘学员的潜力。

其次，虽然培训内容全面，但在快速变化的现代社会背景下，存在一定程度的脱节现象，难以满足公务员面对新挑战和新问题时的实际需要。尤其是在培养公务员面对复杂问题时的创新解决能力方面，现有的培训设置显得力不从心。

总之，尽管我国公共部门的培训体系在一定程度上促进了公务员素质的提升，但由于培训方法的单一性和部分内容的落后性，导致现阶段还存在着未能充分发挥公务员主动性和创新能力的问题。这些问题的存在，可能会影响公共部门在高效能管理及应对社会变革中的表现。

（三）缺乏深层次评估

在我国部分公共部门中，培训活动的评估体系尚未建立起一个全面和高效的记录和管理系统，这体现在几个方面的不足。首先，关于培训评估的各项数据，包括评估的方法、考核的内容、参训人员的完成情况以及最终的测试结果等，往往缺乏系统化和规范化的记录。其次，即便一些部门对培训的内容和方式有所记录，也普遍缺失对这些记录进行专业化管理的实践。虽然在培训效果的初级评估（如参训满意度和学习成果）上取得了一定进展，但对于更深层次的评估，如参训后在工作中的行为改变、工作态度调整以及长期的绩效和能力提升等方面，许多公共部门尚未能进行有效探索和实施。最后，更为复杂的是，对于公务员及其所在部门在提供公共服务和履职能力方面的长期效益评估，更是难以见到系统性的评估。

这种评估体系的不完善主要源于两个方面的原因。一方面，部分公共部门对于培训深层次评估重要性的认知不足，仍停留在较为传统的人力资源管理观念上。另一方面，深层次的培训评估不仅难以操作，而且成本较高，这使得在实践中往往难以持续执行。

这样的问题导致了一个明显的不良后果，即尽管投入了大量的培训资源，公共部门及其人力资源管理者仍难以清晰地观察到培训投入带来的具体成效，从而可能降低对培训工作重要性的整体认识和评价。这种现状在一定程度上阻碍了公共部门人力资源发展和管理工作的有效进行，也影响了培训活动的实际价值实现。

二、我国公共部门人力资源培训的发展方向

随着现代人力资源管理理念和思想在公共部门的不断引入，我国公共部门正在努力改变原来培训的不足，建立并完善一整套系统的培训体系。

（一）将公共部门的培训目标与组织的目标结合起来

公共部门追求的目标覆盖了广泛的领域，包括政治、军事、经济和社会文化等多个层面。这些目标根据时期的不同和部门的具体职能有所差异，因此，在特定时期，每个部门都会有其特定的重点目标。鉴于此，公共部门的培训规划应当密切关联并支持组织的整体目标。

有效的培训体系远远超越了对短期成果或单一技能的追求，它应该是一个全面考虑组织目标、岗位需求以及人员现状的系统性计划。这意味着，培训内容不仅是对知识和技能的简单传授，更是基于深入的岗位分析和对人力资源现状的全面了解后，制定的旨在促进组织长期发展和员工个人成长的综合性计划。

从组织目标出发制定培训目标，意味着公共部门需要在培训规划时，将组织的长期愿景和即时需求作为出发点和归宿，通过培训来弥补现有能力与组织目标之间的差距，同时预见并应对未来可能面临的挑战。这样的培训体系能够确保每一项培训活动都是为了支持和实现组织的目标，而不是孤立无关的个别行动。

（二）采用多种方式进行培训

在面对快速变化的公共管理环境和日益复杂的社会需求时，公共部门正逐渐从依赖传统的讲授法，转向采用更为多元化和创新的培训方法。这种转变旨在更有效地培养公职人员的创新思维、问题解决能力以及人际交往能力等，以下是几种被广泛采纳的新型培训方法。

（1）头脑风暴法和案例研究法：这些方法旨在激发公职人员的创造力和灵感，通过开放式的讨论和对具体案例的深入分析，促进思维碰撞和观点交流，从而提高问题解决能力和创新思维。

（2）角色扮演法：通过模拟不同角色，参训者不仅能够深入理解和体验不同角色的责任和挑战，还有助于改善他们对这些角色的态度，同时在人际交往、道德品质等方面得到提升。

（3）拓展训练：这种培训方法通过设计一系列挑战性活动，将参训者置于充满压力的环境中，以促进他们在面对困难和挑战时的心理成长，提升他们的抗压能力和团队协作精神。

（4）利用高科技手段：采用现代信息技术和视听技术，如互联网和高端视听设备，为公职人员提供远程学习的机会和沉浸式的学习体验。网络培训平台的建设，提供了灵活的学习选项，其中丰富的选修课程，使学员可以根据个人需求和时间安排自主选择学习内容。

这些创新的培训方式不仅丰富了培训的形式，使培训更加贴近公职人员的实际需求，也极大地提升了培训效果，有助于公职人员在复杂多变的公共管理环境中更好地发挥自己的潜力。

（三）将培训与考核、奖励及晋升结合起来

在人力资源管理体系中，培训子系统扮演着不可或缺的角色，其有效性依赖于与晋升、绩效评估以及奖励机制的紧密结合。传统上，培训内容被划分为通用性知识和特定性知识两大类。普遍现象是，公职人员对于通用性知识的学习表现出更高的兴趣，而对于与特定职位或任务直接相关的专业知识学习的热情相对较低。为了激发公职人员的学习动力，提升培训成果的应用效率，公共部门正日益将培训成果与职员的评估、职位晋升以及奖励制度相挂钩。这种做法旨在通过建立一个综合的激励机制，确保培训、评估、使用、晋升和奖励之间形成有效的相互支持关系，从而鼓励公职人员在培训过程中更加积极主动地学习和参与竞争。通过这种方式，可以发现培训不是一项单独的、孤立的活动，

而是公职人员职业发展路径中的一个关键环节。

具体而言，《中华人民共和国公务员法》已经明确规定，公务员的培训情况和学习成果将作为其绩效考核的重要内容，同时也是决定其是否适合现职或晋升的重要依据。这种制度性安排进一步强化了培训与公职人员整体职业生涯规划的紧密联系，旨在通过为公职人员提供持续学习和成长的机会，促进他们个人能力的提升，从而提高公共部门的整体服务效能和管理水平。

（四）重视对培训的需求评估及效果评估，注重培训成果的转化

在公共部门，培训活动的核心目的不在于培训本身，而是通过培训手段来达成组织目标或战略。这一理念的实现，强调了对培训需求和培训成效进行深入评估的必要性。当前，公共部门在培训需求识别和培训成果评价方面还存在一定的不足，这些环节的加强对于确保培训活动能有效支持组织目标的实现至关重要。

虽然培训需求分析及效果的深层次评估，尤其是涉及行为改变和组织绩效提升的第三层次和第四层次评估，既是技术性强又是资源密集型的过程，从长远来看，它们对于组织的发展和战略实施具有不可替代的价值。未基于实际需求的培训容易成为无目的性的活动，而缺乏系统评估的培训则难以衡量其对于实现组织目标的贡献度。

因此，未来公共部门培训工作的主要趋势，将是更加重视对培训需求进行准确评估和对培训成效进行全面评价。这也就是，通过科学的需求分析确保培训的内容和形式与组织的实际需求紧密相连，以及通过细致的效果评估确保培训成果能有效转化为组织能力的提升。这种方法不仅能提高培训投资的回报率，而且还能确保组织通过培训手段实现其战略目标，从而推动公共部门向更高效、更高质的服务目标迈进。

【复习思考题】

1.公共部门在什么时候需要开展人力资源培训？为什么？

2.人力资源培训需求分析主要包括哪些内容？

3.影响人力资源培训需求分析的因素有哪些？

4.公共部门人力资源培训主要包含哪些内容？

5.公共部门人力资源培训主要包含哪些方法？每种方法的优缺点是什么？

6.如何实施公共部门人力资源培训效果的评估？其难点是什么？

7.结合自己所在的工作单位，谈谈我国公共部门人力资源培训中存在哪些

主要问题？如何改进？

【案例与讨论】

新录用干部入职基层，往往具有学历高、干劲足、思维活跃、敢于创新的优势，但也存在经验不足，容易浮躁，眼高手低，容易脱离实际等缺陷。为解决这些问题，提升新录用干部能力素质，让他们更好地发挥作用，江苏省南通市海门区创新性地开展了"东洲春笋"工程，抓住新干部入职前 3 年"扎根""蓄能""生长"关键期，健全和完善全链条全周期的培养模式，为海门高质量发展蓄足了"源头活水"。

师徒结对，跨越语言障碍

外来年轻干部在基层一线工作时往往面临着不易与群众顺畅沟通的问题。例如一年前来常乐镇信访办工作的朱越洋，尽管与群众沟通时充满了耐心，却经常被对方不耐烦地直接回绝。

朱越洋很沮丧也很困惑，但很快被自己的"成长导师"、信访办负责人杨立娟点出自己与群众沟通受阻的原因。"你虽然普通话说得标准，但不熟悉方言俚语，与群众沟通比较费劲，大家自然不爱跟你多说话。"杨立娟有着丰富的基层调解经验，被群众亲切地称为"杨大姐"。

为帮助新入职干部融入新环境、适应新角色、胜任新岗位，海门区委组织部实行一线锻炼、"2+1"青蓝结对，精心组织开展业务微课、走访调研等"开门七件事"，为一百多名见习期干部配备科级政治导师和中层业务导师，帮助年轻干部平稳度过岗位适应期，走好走稳入职的"第一步"。

一年来，朱越洋一直跟着杨立娟不断熟悉着调解工作，学习本地方言。如今，他不仅很好地融入了信访办这个大家庭，也掌握了本地日常交流用语，与群众交流不时说上两句方言，拉近了与群众的距离。

一线磨砺，抓住成长黄金期

几个月的征迁一线工作实践后，常乐镇人武部副部长何南扬在与涉迁户面对面时，可以熟络地唠家常、讲政策，在与征收办讨论难题时，也可以迅速理清思路、找出对策了。

海门区委组织部紧紧抓住新入职公务员的能力提升黄金期，对入职 3 年内的干部压担"蹲苗"，选派157人驻村驻点实践锻炼、84人在乡镇和机关间换岗跟班学习、332人到疫情防控等急难险重任务中历练。

在农村一线，面对台风"烟花"侵袭，年轻干部们冒雨清理倒伏树木，参与道路清障，查看大棚种植户的受损情况；在企业一线，他们宣传各级各类减税降费、审批服务、金融支持、人才引进等涉企热点政策，协调疏通发展堵点；在项目一线，常乐镇经济发展局副局长龚勇为企业顺利解决立项环评、证照办理、劳务用工等多项实际问题，推动项目早获批、早落地、早达效……

"年轻人就应该多到基层一线经风雨、见世面，才能熟悉基层，增长才干，在将来挑起重担。"海门区委常委、组织部部长杨江华说。

提能增干，搭建培育快车道

在"任职夯基"专题培训班上，新录用干部们起早贪黑地学习与实践，有时讨论得面红耳赤。在他们看来，这样的培训有助于提升开口能讲、提笔能写、问策能对、遇事能办的能力。

为更好地发现培养年轻干部，海门区委组织部每年举办"初任适岗""任职夯基""铸魂提能"等3个系列专题培训班，通过系统学习，让年轻干部洞悉工作内容，使他们对未来的规划更加清晰明了。

除了专题培训班，海门还不定期遴选入职3年的优秀干部参加"区委书记面对面"座谈会，书记现场提问，干部即兴答题，帮助干部正视不足、破土成长。

自海门建立"东洲春笋"训练营以来，227名学员自主组建15支学习小队，贯彻"干什么学什么、缺什么补什么"理念，走进红色场馆、走上田间地头、走入千家万户，在党建宣传、乡村振兴、经济运行等工作一线设立调研课题18个，集中线上线下学习31场，展开实践活动73次。

海门区委组织部充分借助海门丰富的红色教育资源，邀请百姓名嘴宣讲团成员、优秀老党员等"理论名师"，在"江海潮红客厅"海门"原动力"党性教育基地、通东革命老区红色记忆馆、张謇纪念馆等场馆为学员们带来了一堂堂"微党课"，以身边平凡人的不凡事迹给青年学员以深刻启迪。在线上线下组织思享会、读书会等思想交流活动中，引导学员就参观红色场馆、学习红色书籍、重温党史故事等谈思想感悟，为学员夯实理想信念根基。

实训强基，练就过硬本领。在悦来镇保民村，悦来镇农业农村和社会事业局副局长张永波站在田间地头，现场为乡村振兴小队的学员们开展了一场高标准农田建设及管护工作讲座。在海门区市场监管局，行政执法小队的队员近距离观摩海门市智慧监管业务系统运转情况，进一步提升他们在大数据时代的行政执法能力。在海门港新区，城建规划小队的队员们来到"魅力港城"主题展厅，深入了解港城规划建设的历史沿革，了解在一代代"海港人"的奋斗下，新区发展的壮阔历程。

海门区委清楚地认识到，年轻干部是推动海门高质量发展的重要基础和根本保障。接下来，海门区委组织部还将结合全区干部队伍"劲竹拔节"三年行动计划、"逐梦东洲"公务员练兵比武活动和优秀年轻干部系统培养八项措施等，把训练营的优秀学员放到一线承压岗位进一步培养锻炼，让"春笋"破土而出、向阳生长，拔节成长为顶天立地、可堪大用的栋梁之材。

思考题：

1. 在本案例中，干部培训包括哪些方式和内容？有什么特点？
2. 干部培训中普遍存在什么问题？试分析这些问题出现的原因。
3. 本案例中干部培训的模式可以克服这些问题吗？值得推广吗？为什么？

【现实思考】

多措并举培养人才

重视人才培养是中国共产党百年奋斗取得革命、建设和改革伟大成就的宝贵经验。无论是在多么严峻的形势中，还是在多么艰难困苦的条件下，党始终坚持把人才工作作为一项十分重要的任务，常抓不懈，一以贯之。新时代更需要人才、依靠人才。党的二十大提出，要"广泛践行社会主义核心价值观，弘扬以伟大建党精神为源头的中国共产党人精神谱系，深入开展社会主义核心价值观宣传教育，深化爱国主义、集体主义、社会主义教育，着力培养担当民族复兴大任的时代新人"。

高技能人才进校园是产教融合的重要方式，职业学校迫切需要更多的来自企业一线的工程技术人员、高技能人才、管理人员、能工巧匠等共同参与人才培养。2023年11月，教育部会同财政部、人力资源社会保障部、国务院国有资产监督管理委员会共同修订印发了新的《职业学校兼职教师管理办法》。该办法注重提升兼职对象的广泛性与兼职方式的灵活性，进一步拓展了聘任对象范围，丰富了聘任形式。企业选派骨干人员作为兼职教师参与职业教育人才培养是一种相互合作的模式，其成效在很大程度上取决于企业、职业院校和兼职人员三方主体的协同意愿，为此该办法作出了针对性的制度安排，从企业激励、学校激励、人员激励等方面，明确了相关办法。

2023年11月，国家标准委、教育部、科技部、人力资源和社会保障部、全国工商联等五部门联合印发《标准化人才培养专项行动计划（2023—2025年）》，提出要创新标准化人才培养机制，完善标准化人才教育培训体系，优化标准化人才发展环境，统筹推进标准化科研人才、标准化管理人才、标准化应用人才、标准化教育人才、国际标准化人才等各类标准化人才队伍建设，为全面推进中国式现代化提供强有力的标准化人才支撑。

作为科研杰出人才"孵化器"的国家自然科学基金，2023年以来也推出了一系列改革举措，积极探索基础研究人才自主培养之路。比如，前移人才资助端口，试点资助优秀本科生，推动基础研究拔尖学生培养；将女性科研人员申请国家杰出青年科学基金项目的年龄放宽到48周岁，为其承担科研项目提供更多机会；开展国家杰出青年科学基金项目结题分级评价及延续资助，着力破解杰青项目"帽子化"难题，支持培育战略科学家；提升评审专家青年科学家比例，支持青年人担重任、把方向；积极鼓励青年人才承担基础科学中心项目，搭建青年人才挑大梁的舞台；深入开展评审专家被"打招呼"专项整治，强化正面引导，为科研工作者心无旁骛开展研究营造良好环境等。

思考题：

1.党和国家密集出台人才政策对我国科技人才培养将有哪些深远影响？

2.担当民族复兴大任的时代新人应具备什么样的素质？

3.你认为如何进一步优化人才培养体系，以适应新时代中国特色社会主义现代化建设的需求？

【拓展阅读】

[1]陈晓宇,杨锦秀,朱玉蓉.农村实用人才培训效果及影响因素研究[J].农村经济,2017(11):108-113.

[2]雷蒙德·A·诺伊.雇员培训与开发[M].徐芳,译.6版.北京:中国人民大学出版社,2015.

[3]李静,司深深.人才错配下的消费增长——公共部门人才膨胀何以影响消费支出[J].当代经济科学,2020,42(01):49-59.

[4]李娟,杨晶晶,赖明勇.人才政策可以促进企业全要素生产率增长吗?——基于地方政府人才治理视角的研究[J].经济理论与经济管理,2022,42(09):38-51.

[5]李璇.共生视域下区域人才培养的核心要义、现实困境与可为路向[J].江淮论坛,2023(02):161-166.

[6]彭剑锋,荆小娟.员工素质模型设计[M].北京:中国人民大学出版社,2003.

[7]任可欣,张洪泰,安晓菲,等.动态匹配:高层次拔尖创新人才成长经历研究[J].国家教育行政学院学报,2023(06):10-18.

[8]石金涛,唐宁玉.培训与开发[M].5版.北京:中国人民大学出版社,2021.

[9]宋德孝,崔宏业.党的青年人才培养工作的历史回顾、基本经验及当代启示[J].中国青年研究,2023(08):43-50.

[10]王博.智能时代的职业演进趋势:人机协作与人才培养[J].上海交通大学学报(哲学社会科学版),2023,31(12):39-55.

[11]张楠,杨思澎,余京洋.强化西部中国式农业现代化建设的人才支撑路径[J].西北农林科技大学学报(社会科学版),2023,23(06):41-49.

[12]BOUDLAIE H,MAHDIRAJI H A,SHAMSI S,et al.Designing a human resource scorecard:An empirical stakeholder-based study with a company culture perspective[J].Journal of Entrepreneurship,Management,and Innovation,2020,16(4):113-147.

[13]JAIN S.Methods of training programmes evaluation:A review[J].The Journal of Commerce,2014,6(2):19-30.

[14]MARTIN B O,KOLOMITRO K,LAM T C M.Training methods:A review and analysis[J].Human Resource Development Review,2014,13(1):11-35.

[15]VAN ASSEN M F.Training,employee involvement and continuous improvement - the moderating effect of a common improvement method[J].Production planning & control,2021,32(2):132-144.

第七章　公共部门人员绩效管理

【学习要点】

1. 了解公共部门人员绩效管理的概念、导向和内容。
2. 掌握公共部门人员绩效管理的流程和方法。
3. 了解我国公共部门人员绩效管理的方法。
4. 分析公共部门绩效管理中存在的问题和挑战。

【引入案例】

沛县杨屯中学校长张宜兴，从2011年开始任职，就一直以优异的教学管理成绩著称。2020年，他带领的杨屯中学在全县农村中学绩效考评中位居第一名。按照沛县新制定的干部调整规则，张宜兴因为绩效突出，被提拔为县直属中学校长。"以前农村中学校长一干就是一辈子，有的干得再好也没机会调到城镇中学当校长，新的竞争性选拔机制做到了选人用人公平公正。"沛县教育局副局长杨平说。

近年来，沛县选人用人改革不仅覆盖教育系统，还在干部调整上采用"先定规矩再定人"的政策，将绩效考评与每位干部的升迁去留挂钩，提拔重用的班子成员的本职工作在全县单项工作排名中须位居前50%。规则施行以来，当地17名想干事、会干事、干成事的同志因绩效突出得到了及时提拔重用。

"把干部选拔任用权交给规则，坚决反对少数人说了算，特别是书记一个人说了算，可以说是县委书记用人权的自我革命。"沛县县委书记吴昊说。沛县还创设了"双向考评"和"开门定绩"机制，鼓励层层挑担子，反对逐级甩包袱。"双向考评"注重实现"平分话语权"，各乡镇在年终对县直部门日常服务水平和服务绩效测评打分，结果与各部门干部任用挂钩。"开门定绩"则按照"全程公开、允许旁听、当面亮分、出门不改"原则，由县直部门逐项公布镇街指标成绩，各镇街、园区则对目标考评责任单位和数据来源单位逆向测评。

高质量发展是乡镇、县直部门共同的责任。"双向考评"可约束县直部门不作为，"开门定绩"可促进上下联动。沛县新的绩效考评与管理制度，在全县形成了一股积极向上、争先创优的氛围。安国镇党委书记武来力说："大家现在工作劲头足，个个像个小老虎。"他所在镇2020年度考评获得一等奖，6名干部被提拔重用，全镇各项工作乘势而上。今年一季度，安国镇完成进出口总额2.08亿元，占全年任务的52%。而在2020年度考评中居末位的栖山镇，则按照规则对党委班子成员予以全部非重用性调整安排。"新调整后的栖山镇班子面貌一新，现在人人有担子、个个有压力。"栖山镇党委书记刘平伟说，今年以来栖山镇干部工作主动、靠前服务，一批老大难问题正在加紧办结。

沛县的绩效管理制度，让干部能上能下、有为者得位子，激发了广大干部的干事创业热情，为高质量发展提供了强大的人才支撑。

思考与讨论：

1.沛县人员绩效管理制度的主要特点和优势是什么？它对提升沛县的政府管理水平和公共服务质量有什么作用？

2.沛县人员绩效管理制度是否具有推广意义？

公共部门是国家和社会的重要组成部分，承担着为公众提供公共产品和服务的重要职责。公共部门面临着日益激烈的竞争和日益增长的期待。要适应这种变化，提高公共部门的绩效，就需要对公共部门工作人员进行全面的绩效管理。绩效管理既是一种管理手段，也是一种管理理念，它有助于提高公共部门工作人员的工作动力和工作能力，促进公共部门工作人员的个人发展和职业生涯规划，激发公共部门工作人员的创新精神和服务意识，提升公共部门的组织效能和社会责任。本章将系统地介绍绩效管理的基本概念、主要内容、方法技巧等方面的知识，并结合案例，分析人员绩效管理在公共部门中的应用和实践。

第一节　公共部门人员绩效管理概述

绩效管理是组织内一种提升组织成员绩效，并能开发团队与成员潜能，使组织不断获得成功的管理思想和具有战略意义的、整合的管理方法。然而，人们常将绩效考评与绩效管理的概念混淆，因此在组织的管理实践中出现了一些"重评价、轻管理"的问题。本节通过介绍绩效、绩效考评以及绩效管理的概念，厘清绩效考评与绩效管理的差异。

一、绩效的概念

绩效是一个在管理学中经常使用的概念，它指的是组织或个人为实现既定目标而采取的一系列行动所产生的结果和过程。绩效可从不同的层面和角度来衡量。一种常见的视角是从工作成果出发，将绩效定义为在给定的时间和条件下，完成某项任务所表现出的水平、效果、效率和效益；另一种常见的视角是从工作行为出发，将绩效定义为与组织目标相一致的、可观察的行为表现，或是具有评价标准的行为要素。在实践中，这两种视角都有其合理性，工作行为和工作成果是一个有机整体的两个方面，它们之间存在着密切的联系，工作行为是产生绩效的直接动力，而工作成果则是衡量工作行为优劣的依据。因此，绩效的基本内涵可以定义为：特定行为主体的工作和活动所取得的成就或产生的客观效果。组织内的绩效也因行为主体的特点而被划分为不同层次，例如组织绩效、部门绩效、团队绩效、员工绩效等。而人力资源管理则关注个体层面的绩效。

二、绩效管理的概念

所谓的绩效管理，是指各级管理者和员工为了达到组织目标，共同参与的绩效计划制定、绩效辅导沟通、绩效考核评价、绩效结果应用、绩效目标提升的持续循环过程；绩效管理的目的是持续提升个人、部门和组织的绩效。绩效管理涉及绩效计划、绩效沟通、数据分析、绩效考评、薪酬管理和人事决策，它们形成了组织内一个完整的绩效管理系统（图7-1）。

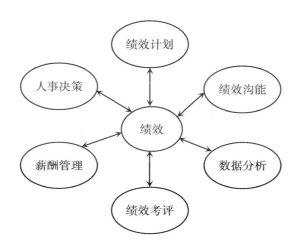

图7-1 绩效管理系统

转引自：孙柏瑛.公共部门人力资源开发与管理［M］.北京：中国人民大学出版社，2006。

其中绩效考评是指运用科学的程序和标准，对组织中的行为主体（如员工、团队、部门等）在工作中与评定任务有关的绩效信息（如业绩、成就、实际作为等）进行观察、搜集、组织、贮存、提取、整合，并尽可能做出准确评分、评定等级或状态的过程。绩效考评包括绩效考核以及对考核结果的评价，其目的是评估和反馈组织内行为主体的工作表现，及时发现问题并进行纠正，以激励组织内行为主体的工作动力和提升他们的工作水平。在完整有效的绩效管理系统中，绩效考评是服务于整个绩效管理系统的核心技术工具，承载着实现绩效管理目标的责任。

三、绩效管理与绩效考评的区别

绩效管理与绩效考评是两个相互关联但又有区别的概念。绩效管理是一个综合性的系统工程，涵盖了绩效考评的内容，但不限于此。绩效考评是绩效管理的一个重要环节，也是绩效管理的一个核心技术工具，不等同于绩效管理。绩效考评对于管理者来说，是一种评估和反馈员工或团队工作表现的手段或过程，而绩效管理则是管理本身，是一个循环的系统，需要从战略和发展的角度提升其整体效果。绩效管理与绩效考评的区别主要体现在以下几个方面。

1.目标不同。绩效管理的目标是为了实现组织发展战略和目标，提高组织和员工的绩效水平，促进员工的积极性、主动性和创造性，持续改善组织和员工的能力和素质。而绩效考评的目标是为了评估和反馈员工或团队在完成计划过程中的表现，及时发现问题并进行纠正，同时也是为了激励员工或团队的工作动力以提升他们的工作水平。因此，绩效管理更加关注事前计划，重导向控制；而绩效考评则讲求结果评价，重结果评定。

2.内容不同。绩效管理的内容包括绩效计划、绩效沟通、数据分析、绩效考评、薪酬管理和人事决策等，形成组织内一个完整的绩效管理系统。而绩效考评的内容只包括对员工或团队与评定任务有关的绩效信息（如业绩、成就、实际作为等）进行观察、搜集、组织、保存、提取、整合，并尽可能做出准确评分、评定等级或状态等。绩效管理是一个完整的、持续的、循环的管理过程，需要根据组织战略和目标制定相应的部门目标和个人目标，并与员工达成一致，然后通过对员工或团队进行辅导、支持、监控、评估、反馈、奖惩等方式，实现目标达成和行为改进。而绩效考评只是一个阶段性的、局部的、判断性的活动，需要在每个评定周期内对员工或团队进行一次或多次的评价。二者存在宏观与微观的差异，绩效管理作为一个系统工程，从宏观层面强调通过反馈获得绩效的提升，而绩效考评只是微观层面的评价，没有反馈环节。

3.参与主体不同。绩效考评和绩效管理的参与者都是组织内的各级管理者、工作人员和工作团队，但他们在这两种过程中的角色是不同的。绩效考评过程通常是由上级管理者或是组织部门制定出绩效计划和考评标准，要求公共部门分开设定各级目标。这样可以从多个角度和层面对工作人员或团队的工作情况进行分析和评价，以确定考评结果。但目标的分立也导致工作人员难以把握上级管理者对他们的期望和评价标准，感觉缺乏主动权和掌控感，管理者和工作人员都把考评视为人力资源管理部门的职责，因此在整个绩效考评的过程中是被动的。而在绩效管理过程中，组织内的各级目标统一协调，通过同一体系综合评价工作人员或团队的素质和组织的绩效，各层次主体都能从整体上了解绩效管理的目标和意义。由于工作人员可以参与制定指标、绩效沟通和绩效反馈等绩效管理的各个环节，因此他们能够充分感受到绩效管理对自己当前和未来发展的影响，从而增加了参与的积极性和主动性，也能明确自己的发展方向和目标。下表7-1列举了绩效考评和绩效管理之间的主要区别。

表7-1 绩效考评和绩效管理的主要区别

	绩效考评	绩效管理
概念	是绩效管理的一个重要环节,也是一个核心的技术工具	是一个完整的、持续的、循环的管理过程
目标	评估和反馈员工或团队的工作表现,及时发现问题并进行纠正,同时也是为了激励员工或团队的工作动力和提升他们的工作水平	为了实现组织发展战略和目标,提高组织和员工的绩效水平,促进员工的积极性、主动性和创造性,持续改善组织和员工的能力和素质
内容	包括对员工或团队与评定任务有关的绩效信息进行观察、收集、组织、保存、提取、整合,并尽可能做出准确评分、评定等级或状态等	包括绩效计划、绩效沟通、数据分析、绩效考评、薪酬管理和人事决策等,形成组织内一个完整的绩效管理系统
参与者	参与者是被动的,感觉缺乏主动权和掌控感,把考评视为人力资源管理部门的职责	参与者是积极的,感觉有主动权和掌控感,把管理视为自己的责任

事实上，在管理实践中许多组织仍对绩效考评与绩效管理有所混淆，将绩效管理系统弱化为了绩效考评工具。

四、公共部门人员绩效管理的重要性

（一）公共部门人员绩效管理是提高政府治理能力的迫切需要

公共部门人员是政府治理的主体和核心资源，他们的素质、能力、态度和行为直接影响着政府的治理水平和效果。随着社会经济的发展，公众对政府的要求和期待越来越高，政府面临着更加复杂多变的治理环境和挑战。为了适应这些变化，政府需要不断改进自身的治理能力，提高其对社会问题的解决能力和对公共资源的配置能力。公共部门人员绩效管理是一种有效的治理手段，可以帮助政府明确人员目标、规范人员行为、优化人员结构、激励人员动力、改善人员效果，从而提升政府的公信力和形象。

（二）公共部门人员绩效管理是促进政府创新发展的迫切需要

公共部门人员绩效管理不仅是一种管理方法，也是一种创新理念。它强调以结果为导向，以人民为中心，以创新为手段，以反馈为保障，以改进为原则，以价值为目标。它要求政府在制定和实施公共政策时，充分考虑社会需求和利益相关者的意见，运用科学的方法和技术进行分析和评估，不断寻求更好的解决方案和更优的执行方式。它也要求政府在管理和激励公共部门人员时，建立有效的激励和约束机制，鼓励公职人员积极主动地参与工作，培养其创新意识和能力，促进其不断学习和成长。通过公共部门人员绩效管理，可以激发政府的创新活力，推动政府的创新发展。

（三）公共部门人员绩效管理是增强政府与社会互动沟通的迫切需要

公共部门人员绩效管理是一种开放式的管理模式，它强调政府与社会之间的互动沟通和参与合作。它要求政府在制定和实施公共政策时，广泛征求社会各界的意见和建议，充分尊重社会多元化的需求和期望，平衡各方利益和诉求。它也要求政府在管理和激励公共部门人员时，主动向社会公开透明地展示其工作目标、行为、成果、评价等信息，接受社会各界的监督和评价。通过公共部门人员绩效管理，可以增强政府与社会之间的信任和理解，促进政府与社会之间的协调与合作。绩效是最好的证明，公共部门人员绩效管理有利于提升政府治理能力、促进政府创新发展、增强政府与社会互动沟通。因此，公共部门人员绩效管理是一项重要而必要的工作，对于实现国家治理现代化、建设服务型政府、满足人民群众的美好生活都具有重要意义。

第二节　公共部门人员绩效管理的内容

本节侧重介绍公共部门人员绩效管理所遵循的原则、价值和具体考评与管理的内容。通过学习本节内容，可为进一步学习公共部门人员绩效管理的方法做好准备。

一、公共部门人员管理的基本导向

在对公共部门进行绩效管理时，应遵循一些原则和价值，以提高考核的科学性、有效性和公正性，从而实现对公共部门人员的管理、激励和发展的目的。在不同的时期和背景下，公共部门绩效管理的基本导向有所变化和发展，在20世纪90年代形成分野。

20世纪90年代以前，对公共部门组织绩效和公共部门内人员绩效的管理存在着较大的差异。组织绩效管理导向，主要侧重于对经济指标的分析，以实现组织的效率和效益为目标。这类方法通常采用传统的财务会计方法，如收入、成本、利润等，来衡量组织的绩效。对这些经济指标的管理，客观、简单、易于操作，但也存在一些问题，诸如忽视了非经济指标对组织绩效的影响；忽视了组织内部各部门和个人之间的协调和协作，导致各自为政、相互竞争；忽视了组织外部环境的变化和不确定性，导致缺乏应对风险和挑战的能力。因此，这个时期的绩效管理导向更加适用于稳定、简单、可预测的环境，但难以适应复杂、动态、不确定的环境。而人员管理则普遍选取员工的个人品质、性格特征等因素作为绩效管理指标。在实际操作中，考核人员通常选取15个左右的指标，根据这些个人品质或性格特征的表现，将员工划为优、良、中、差（或五级评分）不同的等级。这种方式虽然简单易操作，且成本低廉，但该管理方式只能在一定程度上反映员工的素质和品质，而未将素质品质与绩效实现相关联。这种绩效管理方式的结果也可能只代表了上级对下级素质品质的期望，不同管理者对指标的要求差异，可能会导致员工评价结果的差异。此外，对员工素质品质的绩效管理既不能明确绩效是否令人满意，也难以从实践层面要求员工改进。

随着社会经济的发展，公众对政府的要求和期待越来越高，政府面临着更加复杂和多变的治理环境挑战。为了适应这些变化，政府需要不断改进自身的治理能力，提高其对社会问题的解决能力和对公共资源的配置能力。公共部门人员管理也需要进行相应的改革和创新，因此，引入了现代组织绩效管理方法。这类方法注重经济指标和非经济指标的有机结合，注重对组织环境、创新、知识等因素的分析，以实现组织的多元化目标。绩效管理导向适用于复杂、动态、不确定的环境中，但需要不断完善和优化。在此背景下，为了使得公共部门人员绩效管理指标更加全面、客观和统一，现代公共部门开始采用改进式指标体系。该体系将员工的个人品质与绩效考察相结合，继承传统品质考核的优势，统一界定和理解公共部门需要的员工品质，同时将组织目标与员工个人目标相结合，体现功绩精神，来测量员工与工作相关的行为以及这些行为的结果。

二、公共部门人员绩效管理的具体内容

公共部门员工绩效管理是公共部门人力资源管理的重要组成部分，它旨在通过客观公正地评价员工的工作表现，激励员工提高工作效率和质量，促进公共部门的公平、廉洁和发展。通常绩效管理的内容分为工作态度、工作数量、工作能力和工作业绩等。

工作态度是指员工对待工作的心理状态和行为方式，包括热情、责任、合作、纪律等多个方面。良好的工作态度可以激发员工的积极性和主动性，增强员工的忠诚度和敬业度，促进员工与组织和同事的协调沟通，遵守国家法律法规和组织规章制度，保持公共部门的公平和廉洁。工作态度同时会影响到工作能力的发挥和工作业绩的产生，是公共部门人员绩效管理中重要的个性因素。

工作能力是指员工从事本职工作所需具备的基本能力和应用能力，包括体能、知识、技能和潜力等多个方面。强大的工作能力可以使员工适应不同的工作环境和挑战，运用专业知识和技能解决工作问题，学习和掌握新知识和新技术，提高公共部门的专业性和竞争力。工作能力体现出员工是否能够胜任公共部门的工作。值得注意的是，高的工作能力并不一定能够产生高绩效，员工工作态度、外部环境都会影响绩效的产出。

工作数量是指员工在规定的时间内完成工作任务的数量和难度，以及对工作目标的达成程度。在公共资源紧缺的现代情境下，高的工作数量可以体现员工的工作效率，进而提升公共部门的服务质量和效率，满足社会需求和期望，促进公共部门的发展。

工作业绩是指员工职务行为的直接结果，包括责任、目标、指标、任务、关键成果领域等多个方面。优异的工作业绩可以反映员工的工作质量和效果，实现公共部门的战略目标和任务，提升公共部门的形象和声誉，增加社会认可和支持。

中国经典人力资源管理案例——中国古代如何管理官员绩效

在中国古代，官员绩效的管理是一个复杂且严谨的系统，涉及多方面的评价标准和程序。这个系统随着朝代更迭虽有所变化，但有一些共同特点。

1.德行考核

德行是古代考核官员的首要标准，特别是儒家思想盛行时期，重德行成为对官员的基本要求。官员需表现出忠诚、正直、廉洁等品质。德行考核往往通过观察官员的日常行为、言论以及处理事务的方式来进行。

2.政绩评定

官员的政绩主要通过其治理地区的和平程度、经济状况、民生改善等方面来评定。如地区内是否有战乱、民众生活是否有改善、税收是否合理等。一些朝代还会派遣巡视使检查地方官员的政绩，通过实地考察了解情况。

3.考绩制度

自唐代开始，中国古代政府实行较为正式的考绩制度，即定期对官员的工作进行评定。考绩的内容包括官员的品行、能力、政绩等。考绩通常由上级官员或专门的考官进行，结果常常关系到官员的升迁、降职甚至罢免。

4.言官监督

在中国很多朝代，都存在着专门负责言论的官员，如御史，他们的职责之一就是监督其他官员，对其不当行为进行弹劾。

御史可以直接上书皇帝，对地方官员的过错或者中央官员的失职进行举报，是中国古代的一种反腐机制。

5.民声考核

古代也重视民间对官员的评价，认为民声能从一个侧面反映官员的政绩。比如，通过接受百姓上访、信访等方式了解官员的表现。有的朝代还会有密访制度，即皇帝派遣密使于民间，了解官员的真实表现及民情民意。

这些考评方式共同构成了一个多维度的评价系统，旨在确保官员能够恪尽职守、廉洁奉公。

第三节　公共部门人员绩效管理的方法

公共部门人员绩效管理的方法是指在公共部门人员绩效管理过程中，采用的一些具体的技术和手段，以实现对员工工作表现的有效测量和评价。公共部门人员绩效管理的方法有多种，不同的方法都有各自的优缺点和适用范围，需要根据公共部门的特点和目标，选择合适的方法进行绩效管理。

一、非系统性方法

非系统性方法是指那些没有固定的评价体系和流程，而是根据不同的情况和目的，选择或组合一些简单易行的管理方法，对员工或组织的绩效进行管理的方法。非系统性方法主要包括以下几种。

（一）业绩报告考核方法

业绩报告考核方法是指利用员工或组织的业绩报告，如销售额、利润、生产量等，作为评价指标，对员工或组织的绩效进行量化和比较的方法。这种方法的优点是客观、简单、直观，可以反映出员工或组织的实际成果。缺点是忽略了非财务方面的绩效，如客户满意度、员工满意度、创新能力等，也不能反映出员工或组织的潜力和发展空间。

以自我业绩报告考核法为例，它要求员工自己对自己的工作表现进行评价，并将评价结果以书面或口头的形式报告给上级或考核者。自我报告法的优点是可以提高员工的自我认识和自我管理能力，增强员工的主动性和责任感，促进员工与上级之间的沟通和信任，为员工的个人发展提供反馈和指导。自我报告法的缺点是可能存在主观性和偏差，员工可能过高或过低地评价自己，或者受到情绪、心理、环境等因素的影响，导致评价结果不准确或不客观。因此，自我报告法需要与其他管理方法相结合，以提高管理的有效性和公正性。

（二）比较考核方法

比较考核方法是指将员工的绩效按照一定的标准或规则进行排序或分组，从而得出评价结果的方法。这种方法主要有简单排序法、配对比较法、强制分布法等。这种方法的优点是可以克服评分趋势，减少主观误差，便于横向比较。缺点是缺乏客观标准，难以反馈具体问题，可能引起员工间的竞争和不满。

以强制分布法为例，它要求员工的评分必须按照一定比例进行分布，如 A 级评分占20%，B 级评分占70%，C 级评分占10%。这种方法旨在避免出现评分过于集中或过于分散的情况，从而更公平地评估员工的工作表现。强制分布法的优点是可以克服评分趋势，减少主观误差，便于横向比较。它可以激励员工在工作中更加努力，因为他们知道只有表现优异才能获得更高的评分，并有机会获得更多的奖励。但强制分布法可能导致员工感到不公平，尤其是在评分较低的情况下。它也难以确定合理的比例，需要考虑到公司的实际情况，如员工人数、工作性质等。

（三）个性考核方法

个性考核方法是指根据员工的工作行为和个性特征，如态度、能力、技能、习惯等，进行评价的方法，主要有因素考核法、行为评定量表法、行为观察量表法等。这种方法的优点是可以反映出员工的工作过程和方式，有利于提供反馈和指导，促进员工的个人发展；缺点是可能存在主观性和偏差，难以量化和比较，也不能直接衡量员工的工作结果。

以行为评定量表法（behaviorally anchored rating scales，BARS）为例，该方法是在行为观察量表法（behavior observation scales，BOS）的基础上发展而来的。它要求根据员工的具体工作行为和结果，将员工的绩效分为不同的等级，并给出每个等级的行为描述和评分标准。具体来说，它根据组织的战略目标和员工的职责，确定需要评价的绩效维度和指标，通过访谈、问卷、观察等方式，搜集员工在各个绩效维度上表现出的优秀、一般、较差等不同水平的具体行为样本，将搜集到的行为样本按照不同的绩效维度进行分类，并对每个维度下的行为样本进行分析，根据每个绩效维度下的行为样本，确定评分等级的数量和范围。这种方法的优点是可以提供清晰、具体、行为化的评价指标，减少主观性和模糊性，提高管理的有效性和可信度。表7-2是一个公共服务部门员工行为评定量表的示例。

表7-2 公共服务部门员工行为评定量表示例

行为维度	行为指标	评分标准
服务态度	热情友好	5分:主动微笑,礼貌用语,积极主动地为群众提供服务;4分:微笑,礼貌用语,按要求为群众提供服务;3分:面无表情,简单用语,勉强为群众提供服务;2分:冷漠,粗鲁用语,不耐烦地为群众提供服务;1分:无视,恶语相向,拒绝为群众提供服务
服务质量	专业水平	5分:掌握丰富的专业知识和技能,能够准确、高效、优质地完成服务任务;4分:掌握一定的专业知识和技能,能够正确、及时、合格地完成服务任务;3分:掌握基本的专业知识和技能,能够基本完成服务任务;2分:缺乏专业知识和技能,不能独立完成服务任务,需要他人指导或协助;1分:没有专业知识和技能,无法完成服务任务,造成损失或危害
服务效率	工作速度	5分:工作速度远高于平均水平,能够在规定时间内完成多项或复杂的服务任务;4分:工作速度高于平均水平,能够在规定时间内完成一项或简单的服务任务;3分:工作速度等于平均水平,能够在规定时间内完成基本的服务任务;2分:工作速度低于平均水平,不能在规定时间内完成基本的服务任务,需要延长时间或降低要求;1分:工作速度远低于平均水平,不能在规定时间内完成任何服务任务,造成拖延或影响
服务创新	解决问题	5分:能够主动发现并解决服务中的问题或难题,提出创新性的解决方案或建议;4分:能够及时发现并解决服务中的问题或难题,提出合理的解决方案或建议;3分:能够在他人提醒下发现并解决服务中的问题或难题,提出一般的解决方案或建议;2分:不能发现并解决服务中的问题或难题,需要他人提供解决方案或建议;1分:忽视或放大服务中的问题或难题,没有解决方案或建议

二、系统性方法

系统性方法是指那些基于一定的理论和模型，有明确的评价体系和流程，能够全面、系统、科学地对员工或组织的绩效进行考核的方法。本节介绍的系统性方法主要包括关键绩效指标分析方法、平衡计分卡与标杆管理。

（一）关键绩效指标分析方法

关键绩效指标（key performance indicator，KPI）管理法是一种基于绩效特征分析的方法，它通过筛选和确定能够准确反映组织绩效的核心指标体系，用以指导绩效评估的过程。这些KPI指标的选取关键在于它们能够精确衡量组织在实现其战略目标方面的表现，目的在于通过建立一套系统的机制，把抽象的组织战略具体化为可执行的内部流程和活动，从而提升组织的核心竞争力，并持续实现优化绩效。

KPI的设定侧重于对组织内部工作流程的关键输入和输出参数的监控和分析，旨在通过一系列目标化的量化指标，评价和监控组织流程的表现。它将组织的高层战略目标细化为每个部门和员工可以具体实施的操作目标，为绩效管理提供了一种可量化、可操作的工具，是实施绩效考核管理的基础。

通过精心设计的KPI系统，组织可以明确各部门乃至每位员工的主要职责和预期成果，基于此可以构建一个清晰、有效的KPI考核与分析体系。例如，在一些公共部门中，关键绩效指标可能简单包括服务响应时间、民众满意度、项目按时完成率等，这些指标既反映了公共服务的质量和效率，又能够指导部门和员工优化工作流程，进一步提升服务效能。

总之，KPI管理方法的应用不仅有助于组织更好地理解和执行其战略目标，还促进了组织内部管理的规范化和科学化，为组织持续改进和发展提供了坚实的基础。通过对关键绩效指标的持续跟踪和分析，组织能够及时发现问题、调整策略，确保组织目标的有效实现。表7-3为一些公共部门简单的关键绩效指标示例。

表7-3　部分公共部门简单的关键绩效指标示例

公共部门	岗位	KPI指标	指标含义	指标计算方法
教育部门	教师	学生满意度	衡量教师的教学质量和效果	通过问卷调查,对教师的教学满意度进行打分,计算平均分
教育部门	教师	学生考试通过率	衡量教师的教学成果和水平	学生考试通过的人数/学生参加考试的人数

续表7-3

公共部门	岗位	KPI指标	指标含义	指标计算方法
教育部门	教师	教学创新指数	衡量教师的教学创新能力和活动	综合考虑教师使用的教学方法、教学手段、教学内容等因素,给出一个0~100的分值
卫生部门	医生	诊断准确率	衡量医生的诊断水平和能力	诊断正确的病例数/诊断总的病例数
卫生部门	医生	治愈率	衡量医生的治疗效果和水平	治愈或痊愈出院的病人数/治疗总的病人数
卫生部门	医生	患者满意度	衡量医生的服务态度和质量	通过问卷调查,对医生的服务满意度进行打分,计算平均分

　　确定组织的关键绩效指标,不仅要关注组织战略,还要对关键绩效指标的过程、结果与监控进行考量,并进行测试以确保关键绩效指标的客观性、可测量性、现实性等因素。因此确定关键绩效指标要遵循SMART（Specific、Measurable、Attainable、Relevant、Time-bound）原则。表7-4为设立关键绩效指标的原则。

表7-4　设立关键绩效指标的原则

SMART原则	设计KPI的方法	公共部门中的注意事项
S(具体的)	明确关键绩效指标的目标和范围,避免模糊和含糊的表述	考虑公共部门的特殊性,如社会责任、公共利益、政策导向等,使关键绩效指标与公共部门的使命和价值相符
M(可度量的)	确定关键绩效指标的计量方法和数据来源,确保关键绩效指标是可验证和可跟踪的	选择合适的数据收集和分析工具,如问卷调查、满意度评分、效率指数等,提高数据的质量和可信度
A(可实现的)	分析关键绩效指标的可行性和难度,设定合理的目标值和基准值,激励员工努力实现	参考历史数据和同行业标杆,制定符合公共部门实际情况和发展水平的目标值,避免过高或过低
R(相关的)	考虑关键绩效指标的相关性和有效性,确保关键绩效指标与组织的战略和价值相一致	平衡不同利益相关者的需求和期望,如政府、公众、媒体等,使关键绩效指标能够反映公共部门的综合绩效
T(有时限的)	制定关键绩效指标的执行计划和时间表,明确关键绩效指标的起止日期和考核周期	根据公共部门的工作特点和节奏,确定合适的考核周期,如年度、季度、月度等,及时评估和反馈关键绩效指标结果

建立KPI指标的要点在于流程性、计划性和系统性。首先要明确组织的战略目标，利用头脑风暴法和鱼骨分析法找出组织的业务重点，也就是组织价值评估的重点。然后，再用头脑风暴法找出这些关键业务领域的关键业绩指标（KPI），即组织级KPI。

各部门的主管需要依据组织级KPI建立部门级KPI，并对相应部门的KPI进行分解，确定相关的要素目标，分析绩效驱动因素（方法、组织、人），确定实现目标的工作流程，分解出各部门级的KPI，以便确定评价指标体系。KPI指标体系确立之后，还需要设定评价标准。一般来说，不同的KPI其评价标准是不一样的，目前比较通用的是采用四维度评价法，这四个维度是时间、数量、质量、成本，通常对KPI进行评价时，并不是四个维度都需要，可以根据KPI的性质选取其中一个或者多个评价维度进行评价。

（二）平衡记分卡

平衡计分卡（balanced score card，BSC）作为一种全面的绩效管理工具，旨在通过一套综合的绩效指标体系将企业的战略目标落实到操作层面，实现组织目标与个人绩效的有效对接。它的核心理念在于，企业的成功不能仅依赖于财务成果的优异，还需要考量客户满意度、内部业务流程效率、员工的学习与成长等多个维度因素。因此，BSC从财务、客户、内部流程、学习与成长这四个维度出发，构建了一个平衡多方面因素、融合短长期目标、整合内外部需求、关联结果与过程的指标系统。

在BSC框架下，每个绩效指标不仅反映了组织在特定领域的成效，而且体现了这些成效背后的因果逻辑，将组织的具体目标与其战略愿景紧密连接。此外，BSC强调指标之间的"驱动关系"，即指标集必须同时涵盖结果指标和驱动因素指标，形成一个既反映业绩结果也能指示业绩驱动因素的全面考核系统。下图7-2是平衡记分卡的四个基本程序。

不同部门在实施BSC时，会根据自身特点和职能，对四个基本维度的指标进行差异化的侧重和权衡。在此基础上，组织需制定双方认可的"可量度的效益指标"及其权重，确保这些指标清晰具体、易于衡量。例如，在客户服务领域，应制定明确的目标，如具体提升客户满意度的百分比，而非仅停留在模糊的"提高服务水平"的表述上。

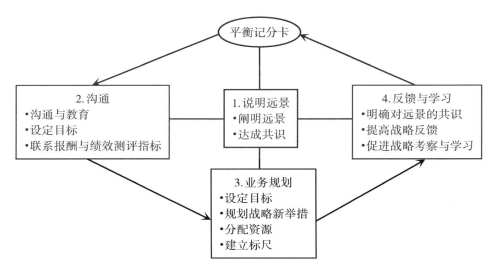

图7-2　平衡记分卡的四个基本程序

　　根据期望理论，设定的目标应具有一定难度，既能激励员工追求，又确保其通过努力可达成，防止目标过高或过低而影响员工的积极性。同时，明确的实施时间表对于确保目标的顺利完成也至关重要，它能够帮助管理者持续跟踪进度并及时调整策略。

　　BSC的实施促进了企业高层和中层管理者的广泛参与，这些管理者对企业的愿景、战略及关键绩效指标有着深入的理解。通过将员工绩效管理与企业战略管理紧密结合，并通过持续的沟通交流，BSC增强了管理层与员工间的相互理解，明确了双方的期望，提升了员工对企业战略目标的认同感。此外，BSC能够为企业提供一个精确衡量员工绩效的工具，辨识出表现突出的员工，为他们提供适当的奖励和更好的职业发展机会，从而激励员工努力贡献，共同推动企业战略目标的实现。表7-5是一个公共部门的平衡记分卡。

表7-5　某公共部门绩效平衡记分卡

绩效指标	比重	维度	目标	实际	差异
经济绩效	33%	财政收入	1000万元	950万元	−5%
		财政支出	800万元	850万元	+6.25%
		财政结余率	20%	10.53%	−9.47%
客户绩效	29%	群众满意度	90%	85%	−5.56%
		群众忠诚度	80%	75%	−6.25%

续表7-5

绩效指标	比重	维度	目标	实际	差异
内部运作绩效	25%	流程效率	95%	90%	−5.26%
		流程质量	98%	95%	−3.06%
		流程创新率	10%	8%	−20%
		流程合规率	100%	98%	−2%
学习和成长绩效	13%	员工满意度	85%	80%	−5.88%
		员工培训率	15%	12%	−20%

（三）标杆管理

标杆管理是一种用于改进组织绩效的管理方法，它通过比较和学习来自其他组织或行业的最佳实践和绩效水平，以找到改进自身业务和流程的机会。这个方法的目标是提高组织的工作效率、服务质量、创新能力和竞争力。以下是标杆管理的一些关键概念和步骤。

（1）确定标杆对象：首先，组织需要确定要比较和学习的标杆对象，可以是同行业的竞争对手，也可以是在其他行业或领域表现优异的组织。

（2）搜集数据和信息：组织需要搜集与标杆对象相关的数据和信息，包括业务流程、绩效指标、最佳实践、技术和方法等。

（3）比较和分析：将组织自身的数据与标杆对象进行比较和分析，以识别差距和改进机会。这可以涉及各种绩效指标，如成本、质量、交付时间、客户满意度等。

（4）制定改进计划：根据比较和分析的结果，制定改进计划，明确需要采取的措施和优先级。

（5）实施改进：组织需要实施改进计划，包括改进流程、培训员工、采用新技术等。这可能需要逐步实施，并进行监控和评估。

（6）持续监测和更新：标杆管理是一个持续的过程，组织需要不断监测绩效，并与标杆对象进行比较，以确保改进的可持续性。

标杆管理的优势包括帮助组织发现盲点、提高效率、降低成本、促进创新和提高客户满意度。它适用于各种组织，包括制造业、服务业、非营利组织等。然而，成功实施标杆管理需要充分的数据和信息，以及组织内部的积极合作和领导支持。

每种类型的标杆管理都有其特定的优势和应用场景，可以根据组织的需求和目标选择适当的类型来实施。无论选择哪种类型，标杆管理都是一个有助于改进绩效和增强竞争力的有用工具。标杆管理有多种类型，根据比较的对象和目的不同，可以分为以下几种主要类型。

（1）内部标杆管理：在这种类型中，组织将其不同部门、团队或项目之间的绩效进行比较。这有助于发现内部流程改进和效率提升的机会。例如，一个公司可以比较不同工厂的生产效率，以确定最佳实践并在所有工厂中推广。

（2）竞争标杆管理：这种类型的标杆管理是将组织与其竞争对手进行比较。这有助于识别组织在市场上的竞争优势和劣势，以制定战略决策。例如，一家零售商可以将自己的价格、产品选择和客户服务与竞争对手的表现进行比较。

（3）行业标杆管理：在这种类型中，组织将自己与同一行业内的其他公司进行比较。这有助于确定行业内的最佳实践，并找到提高自身绩效的机会。例如，一家银行可以将其客户满意度、风险管理和金融产品与其他银行的表现进行比较。

（4）功能性标杆管理：这种类型的标杆管理将组织的特定功能或流程与其他行业或领域内的组织进行比较。例如，一家医院可以将其医疗设备维护流程与制造业同类设备的最佳维护实践进行比较。

（5）国际标杆管理：在这种类型中，组织将自己与国际市场上的其他公司进行比较，通常涉及不同国家或地区的组织。这有助于了解全球市场上的竞争情况，并为国际扩张做准备。例如，一家全球性的汽车制造商可以将其销售和市场份额与其他国际竞争对手的表现进行比较。

第四节　公共部门人员绩效管理的程序

在了解公共部门人员绩效管理的概念、内容与方法后，本节主要介绍如何利用上述理论与方法，具体地对公共部门人员开展绩效管理，包括绩效管理的流程和指标设计。

一、公共部门人员绩效管理流程

人员绩效管理的流程是指在绩效管理过程中，对员工的工作表现进行系统的评价和反馈，并根据评价结果进行奖惩、培训和发展的一系列活动。人员绩效管理的流程一般分为横向流程和纵向流程两种。

（一）横向流程

横向流程是指从组织层面出发，按照一定的步骤和方法，对员工的绩效进行管理的过程。横向流程包括以下几个步骤。

1.确定绩效管理目的与目标。这是绩效管理的基础，需要明确组织的战略目标、部门的工作目标和员工的个人目标，并使之保持一致。

2.确定绩效管理实施机构及职责。这是绩效管理的组织保障，需要明确哪些部门或人员负责绩效管理的规划、实施、监督和改进，并明确各自的职责和权限。

3.制定绩效管理标准体系。这是绩效管理的核心，需要根据组织和岗位的特点，选择合适的绩效指标、评价方法、评分标准和评价表格，形成一个科学、合理、公正和可操作的绩效管理的标准体系。

4.选定考评、反馈和辅导的时机或时间。这是绩效管理的节奏控制，需要根据组织和员工的实际情况，确定合适的考评周期、反馈频率和辅导时长，以保证绩效管理的及时性、有效性和持续性。

5.实施绩效管理。这是绩效管理的执行环节，需要按照既定的标准体系，对员工的工作表现进行客观、公正、全面、准确地搜集、记录、分析和评价，并将结果及时反馈给员工。

6.绩效考评结果的分析、评定与原因诊断。这是绩效管理的改进环节，需要对考评结果进行统计、汇总、排序和比较，找出优秀者、平均者和低劣者，并分析其表现背后的原因和影响因素。

7.结果反馈与辅导。这是绩效管理的关键环节，需要根据考评结果，对员工进行正面或负面的激励，包括奖励、惩罚、晋升、降级、调动等，并对员工进行个性化的培训和发展，帮助他们提高工作能力和满意度。

（二）纵向流程

纵向流程是指从个人层面出发，按照不同的角度和来源，对员工的绩效进行多元化和全方位的管理的过程。纵向流程包括以下几种方式。

1.直接上级考评。这是最常见和最重要的一种方式，由员工的直接领导对其进行考评，主要依据员工完成任务目标和遵守规范要求等方面。直接上级应该对员工的工作内容和要求有清晰的了解，避免对员工的工作表现有偏差或误解。考评时，直接上级应该根据员工的实际表现和贡献，给予员工公正、客观、合理的评价，避免因为个人喜好或情绪影响考评结果。

2.同级同事考评。这是一种互动式和民主式的方式，由员工所在部门或团队内部其他成员对其进行考评，主要依据员工的合作能力和人际关系等方面。同级同事应该对员工的工作职责和范围有一定的了解，避免对员工的工作负责程度或难度有误判。考评时，同级同事应该根据员工在团队中的协作态度和贡献程度，给予员工真实、诚恳、建设性的评价，避免因为关系亲疏或情感好恶而对员工进行夸大或贬低。

3.被考评者本人考评。这是一种自我管理和自我提升的方式，由员工对自己的工作表现进行自我评价，主要依据的是员工的自我认知和自我期望等方面。被考评者本人应该对自己的岗位职责和目标有清楚地认识，避免对自己的岗位定位或期望值有偏差。被考评者本人应该对自己的工作过程和结果有客观、全面、准确的记录和分析，避免对自己的工作表现有忽视或夸大。考评时，被考评者本人应该根据自己的实际情况和发展需求，给予自己真实、合理、适度的评价，避免因为自卑或自满而对自己进行低估或高估。

4.直属下级考评。这是一种反馈式和监督式的方式，由员工的直接下属对其进行考评，主要依据员工的领导能力和管理风格等方面。直属下级应该对员工的领导职责和目标有充分的理解和认同，避免对员工的领导要求或期待有不满或抵触。考评时，直属下级应该根据员工在领导过程中的表现和效果，给予员工真实、客观、公正的评价，避免因为利益关系或情感因素而对员工进行奉承或攻击。

5.外界专家或顾问考评。这是一种客观式和专业式的方式，由组织外部的专家或顾问对员工进行考评，主要依据员工的专业知识和技能等方面。外界专家或顾问应该具有相关领域的专业背景和资质，避免因为知识水平或经验不足而对员工的专业水平有误判或误导。外界专家或顾问应该与组织内部的管理者和人力资源部门进行充分的沟通和协调，了解组织的战略目标和文化价值，避免因为理念不一致或标准不统一而对员工产生误解。考评时，外界专家或顾问应该根据员工在专业领域内的表现和水平，给予员工客观、科学、权威的评价，避免因为个人偏好或利益关系而对员工有偏颇或不公。

6.顾客（群众）考评。这是一种市场式和结果式的方式，由组织的外部客户或利益相关者对员工进行考评，主要依据员工的服务质量和满意度等方面。顾客（群众）应该是员工的直接或间接的服务对象或受益者，避免因为与员工无关或无利害关系而对员工进行无意义或无效的考评。但顾客（群众）考评时，可能对员工的服务内容和标准存在不清楚和不合理的认识和期待，出现要求过高或过低而对员工产生不公平或不合理的评价。

二、公共部门人员绩效评价指标的设计

绩效管理过程的关键内容是绩效评价指标的设计，绩效评价指标是绩效评价内容与标准融合的具体化和操作性展现。这些指标以评价要素、要素的具体标识和评级尺度为构成要素，形成了一个完善的指标体系。该体系是绩效评价活动的核心，连接评价的主体、对象、方法及结果，指引绩效评价工作的方向。构建一个有效的绩效评价指标体系涉及指标的设计与量化两个基本步骤，其中，指标设计的关键在于确立评价的具体标识和评级尺度。这一过程包括确定评价要素、选取标识和划分尺度三个环节。

以关键绩效指标（KPI）为例，其实质上体现了绩效评价指标体系设计的方法论。首先，机构需识别对其成功至关重要的领域或方面，亦即KPI维度，这一步骤符合德鲁克的目标管理理论，即明确实现卓越业绩所需的关键条件。确定成功的关键领域包括三个方面的考量：机构成功的原因及其依赖的因素；评估这些成功因素中哪些能持续贡献成功，哪些成为障碍；以及根据战略规划预见未来目标和所需条件。

接下来，识别关键成功要素（critical success factors，CSF），这是实现绩效关键方面的定性描述，为具体的KPI设计提供依据。然后，确定关键绩效指标。尽管一个要素可能对应多个指标，为了确保可操作性和考评的可行性，需要筛选出最具代表性的KPI。对于无法直接量化的指标，则需选择能够代表隐性指标的显性标志，并适当划分评级尺度。

最后，关键在于如何根据机构的需求，对不同指标进行合理的赋分和加权，确保绩效评价体系的合理性和对机构需求的反映。

下面以环保局为例，说明如何在公共部门中建立和应用绩效评价指标体系。

首先，环保局需要确定其服务和责任的关键领域，即那些对于实现环保目标至关重要的维度。这包括空气质量改善、水质管理、废弃物处理和公众环保意识提升等方面。这一步骤体现了从机构的使命和战略目标出发，明确关键绩效领域的重要性。其次，环保局需要识别这些关键领域中的关键成功要素，即那些对于实现其环保目标具有决定性影响的因素。例如，在空气质量改善领域，关键成功要素可能包括减少大气污染物排放、提升空气监测能力和增强应对空气质量突发事件的能力。基于关键成功要素确定关键绩效指标。这些指标应能够量化的反映环保局在各关键成功要素上的表现，如空气质量指数的改善幅度、

监测站的覆盖率和对空气质量突发事件的响应时间等。在选择指标时，既要考虑其量化和可操作性，也需要确保这些指标能够真实反映环保局工作的效果。最后，对这些绩效指标进行赋分和加权，以确保绩效评价体系能够全面而准确地反映环保局的整体表现和对公众服务的贡献。例如，如果当前城市面临的最大环境挑战是空气污染，则可以相应提高空气质量改善指标的权重。

通过这种方法，环保局不仅能够更有效地监测和评估其在环保工作中的表现，还能通过绩效结果的反馈优化其策略和行动计划，更好地服务于公众和环境保护。这种绩效评价指标体系的建立和应用，对于提升公共部门的透明度、效率和责任感都有着至关重要的作用。

第五节　我国公共部门人员考核制度

当前我国的公务员考核制度融合了历史经验与国际做法，形成了一套具有中国特色的体系。该体系旨在评估公务员的综合能力和表现，确保公务员能够有效地服务于公众和政府机构。该考核制度不仅考量公务员的职业道德、责任感和公共服务精神，也关注其具体工作绩效和能力表现。考核内容通常包括德、能、勤、绩、廉五个方面，旨在全面评价公务员的工作和行为表现。这种考核方式体现了对公务员"德性"和服务能力的双重要求。我国公务员的评价体系试图平衡个人表现与公共服务之间的关系，确保公务员能够以高效、公正、廉洁的方式履行职责。

然而，我国公务员考核制度仍面临一些挑战和限制。由于公共部门的特殊性，包括权威性、目标多样化，服务的非商品性及工作的复杂性等，使得公务员考核比起私营部门来说更加复杂。目前的考核制度虽然已经比较完善，但仍是从传统的考核方式向更加注重绩效的考评方式的过渡。这一转变旨在更准确地反映公务员的工作实绩，同时也意味着需要不断调整和优化考核指标和方法，以适应公共管理的现代化需求。

公务员考核制度的改革和优化是一个持续的过程，需要根据社会发展和政府职能的变化进行相应的调整。通过不断改进考核机制，可以更好地激励公务员提升工作效率和服务质量，进一步推动国家治理体系和治理能力的现代化。

一、考核的原则和基本方法

为了保证公务员考评过程的公正性、透明度和有效性，公务员考评应遵循以下若干基本原则，以体现现代人力资源管理理念的核心价值观。

（1）客观性与公正性原则。公务员的考评应当严格基于其在职业道德、能力水平、勤奋程度、成果贡献和廉洁自律等多个维度的实际表现。考评过程需遵循公平、合理的标准，以客观的态度决定考评结果，确保每位公务员的努力和成绩得到正当的认可。

（2）民主化与公开性原则。考评过程应当有来自不同群体的参与，包括同事、上级甚至服务对象的反馈，确保考评的全面性与公开性。考评的相关信息，如考评的对象、时间、内容、标准和程序，应在适当的范围内进行公开，以增强考评的透明度和接受度。公务员应接收到书面的考评结果，且在存在异议时，有权利提出申诉或复议请求。

（3）成效导向原则。在对公务员进行全面和综合的考评时，应特别强调其实际工作成果和贡献。这一原则有助于确立考评的焦点，有效地决策考评结果，避免形式主义和无效讨论，强调实际表现与成效的重要性。

（4）严格性原则。考评公务员的过程中需要保持严谨的态度和纪律，防止任何形式的偏颇和不公正行为，确保考评的标准、程序和方法都是明确、客观和合理的。考评方法应当科学、合理，确保考评过程的正义和有效性。

在遵守前述核心原则的基础上，公务员考评通常采取以下两种主要的考评方法，这些方法结合了来自不同层面的反馈，旨在确保考评的全面性和公正性。

（1）坚持行政领导与群众参与的融合。这一方法强调了将行政领导的监管与公众参与相结合的重要性。在这种模式下，行政领导承担考评的领导角色，贯彻行政首长责任制的原则，负责确定考评的框架和重点。与此同时，考评过程还应积极吸纳来自群众的反馈，允许公众对公务员的工作表现提出建议和考评。这种双向的考评机制既体现了上级的管理职责，又充分利用了群众的监督作用，从而增强了考评的客观性和多元性。

（2）坚持日常监督与周期性考评的结合。公务员的表现考评应融合日常监督与定期考评两种方式。日常监督侧重于对公务员工作行为的持续观察，以便及时发现问题并给予反馈，促进公务员及时改进和职业成长。定期考评则通过系统地总结公务员在一定时间周期内的工作表现和成绩，确保考评的全面性和长期性。这种结合既能保持对公务员工作的持续关注，又能在周期性节点上进行全面的绩效回顾，以全面、公正地考评公务员的整体表现。

在公务员考评过程中，坚持严格的考评原则是确保公平、透明和有效性的关键。

（1）坚持严肃认真的考评态度。考评过程中，考评者需保持一种严肃认真的态度，确保考评的思维方式和心态是正直和严谨的。在进行考评时，公正无私是基本准则，应彻底排除个人喜好或主观偏见的影响，保证考评的纯粹性和客观性。此外，考评过程中绝对禁止任何徇私舞弊、断章取义或隐瞒真相的不正当行为，以保持考评的诚信和正直。

（2）明确严格的考评标准。考评标准的设定必须是明确、客观且合理的。这意味着考评的具体要素和标准需要事先清晰界定，确保每位公务员都能在相同的标准下被公平考评。这样的标准既要能够具体反映公务员工作的性质和要求，又要有助于准确衡量其绩效和能力，以支持考评的公正性和有效性。

（3）科学合理的考评方法。选择和应用科学合理的考评方法对于实现公务员考评的目标至关重要。考评方法应当基于最新的人力资源管理理论和实践，旨在全面、公正地捕捉和分析公务员的表现。这包括采用量化指标和定性描述的结合、多元反馈系统以及自我考评和同行考评等多种手段，以确保考评过程的全面性、客观性和透明性。

二、考核内容

在公共部门内，所有工作人员的职级和职责在宏观层面上都遵循国家行政机关的统一标准，显示出一定的共性；然而，从微观角度考虑，因为每个人负责不同的职位，他们对于组织的贡献效果自然有所差异。基于公共部门既有的共通性又具特定性的特点，其工作人员的评价体系被分为两大类指标：一是普适性指标，这一类指标体现了公共部门工作人员普遍需要达到的标准，通常包括"德""能""勤""绩""廉"五个方面；二是岗位专用指标，这些指标是根据各个职位的具体要求和特点量身定做的，以满足不同工作角色的评估需求。

（一）德

"德"考核政治思想、工作作风以及职业道德和品德修养。在思想政治维度上，考核公务员是否坚定地拥护中国共产党的领导，是否认真贯彻执行党和国家的方针政策，是否能够模范地遵守宪法和法律。这包括公务员对国家的基本路线、政策以及社会主义核心价值观的理解和实践。

工作作风维度上，关注公务员是否能够实事求是、密切联系群众，以及是否能够全心全意为人民服务。工作作风的考核旨在鼓励公务员培养良好的职业习惯，如诚实守信、公正无私等。

职业道德和品德修养维度上，评价公务员在职业生活中的道德表现，包括是否忠于职守，是否能够严守工作秘密，是否廉洁奉公。此外，还包括公务员的个人品德，如是否具有良好的社会公德，是否能够在个人行为上做到诚信、谦虚等。

（二）能

"能"考核公务员开展本职工作的基本能力、应用能力以及创新与适应能力。公务员的基本能力维度涵盖了政策理论水平、文化程度和专业知识技能等方面。应用能力维度则更侧重于公务员在实际工作中的表现，如分析问题、解决问题的能力，以及组织协调、领导管理等方面的能力。

随着社会发展和科技进步，公务员面临的挑战和任务也在不断变化。因此，创新与适应能力维度上，考核制度还特别强调了公务员的创新思维和适应变化的能力，旨在鼓励公务员持续学习、积极适应新环境和新要求。

（三）勤

"勤"考核公务员的事业心和勤奋精神、工作态度和纪律。事业心和勤奋精神维度考核公务员是否热爱本职工作，是否具有强烈的事业心和责任感。这涉及公务员的工作热情、勤奋程度以及对工作的奉献精神。

工作态度和纪律维度评价的是公务员在日常工作中的行为表现，包括是否能够积极主动、认真负责，以及是否能够遵守工作纪律和规章制度。

（四）绩

"绩"考核公务员的工作成果、效益和影响。工作成果维度考核公务员在职责范围内完成的工作数量和工作质量，包括任务完成的效率、效果以及创新性等方面。这一指标关注的是公务员工作的具体成果和对社会的实际贡献。

效益和影响维度则在除了具体的工作任务外，评估公务员工作所产生的社会效益和长远影响。这包括公务员在促进社会发展、提高政府效能等方面所作出的贡献。

（五）廉

"廉"考核公务员廉洁从政及遵守法律和道德方面的表现。廉洁从政维度考核公务员在履职过程中的廉洁自律，是考核的重要内容。这包括是否能够坚持公正执行职务，是否能够抵制腐败，以及是否能够在各种诱惑面前保持清正廉洁。

法律和道德要求维度则评价公务员是否能够遵守法律法规和道德规范，是否能够在工作和生活中展现出高尚的道德风貌。

（六）岗位专用指标

岗位专用指标是根据公务员所在岗位的具体职责和特点，设定的专用考核指标。这些指标旨在评价公务员在特定工作领域的专业能力和成绩。在对公务员的实际考核中，岗位专用指标既可以单列考核，也可以归入"能"和"绩"的考核范畴。

总的来说，当前我国公务员考核制度通过综合考虑公务员的政治品质、职业能力、工作态度、工作成效和廉洁自律等多个方面，形成了一个全面、科学、客观的评价体系。这一体系不仅促进了公务员个人能力的提升和职业素养的改进，也为提高政府工作效率和服务质量提供了保障。通过持续的改革和完善，公务员考核制度正逐步向更加公开、透明和高效的方向发展，以更好地适应社会发展的需要。

经典理论——工作要求-资源模型

工作要求-资源模型是一种用于分析工作特征对员工心理和行为影响的理论模型。该模型认为，任何工作特征都可以划分为工作要求和工作资源。其中：工作要求（job demands）是指工作中需要持续的生理或心理努力或技能的因素，如工作过载、时间压力、情绪要求等。这些因素可能会消耗员工的精力，导致压力和倦怠；工作资源（job resources）是指工作中有助于实现工作目标、减少工作要求或促进个人成长的因素，如工作自主性、社会支持、绩效反馈等。这些因素可能会激发员工的动机，提高其工作投入和绩效[1]。该模型有三个核心假设。

双路径假设（dual process assumption）：工作要求和工作资源对员工有不同的影响路径。高工作要求会引发健康损耗过程，导致倦怠和消极结果；高工作资源会引发动机过程，导致工作投入和积极结果[2]。

缓冲假设（buffering assumption）：工作资源可以缓冲工作要求对员工的负

① DEMEROUTI E, BAKKER A B, NACHREINER F, et al. The job demands-resources model of burnout[J].Journal of Applied Psychology,2001,86(3):499-512.

② BAKKER A B, DEMEROUTI E. The job demands-resources model: State of the art[J]. Journal of managerial Psychology,2007,22(3):309-328.

面影响，即当员工拥有足够的资源时，高工作要求不会导致高倦怠[1]。

应对假设（matching assumption）：员工在高工作要求的环境下更能发挥高工作资源的积极效果，即当员工面临挑战时，他们会更充分地利用资源来应对和完成任务[2]。

三、考核的工作机构和程序

（一）工作机构

在进行年度绩效评估时，国家行政机构需成立专门的评估委员会或小组，作为执行评估任务的临时工作机构。这一机构通常由各个部门的负责人组成，直接负责本机构内公务员的年度绩效评估工作。作为一个特设的组织，其的成立通常在年度评估活动启动之初，任务完成后即解散。这种设置确保了评估工作的专业性和高效性，同时也保障了评估活动的正式性和严肃性。

（二）考核的程序

公务员的年度考核程序是一个系统且规范的流程，旨在全面评估公务员的工作表现和职责履行情况，而平时的考核则较为灵活，不受严格程序约束。年度考核过程中采取的方法包括个人与集体的互评和自评，以确保评估的全面性和公正性。具体的年度考核流程如下。

1.个人总结与述职：每位公务员根据自己的职位责任和相关标准，撰写工作总结，并在适当的范围内进行述职，以展示其一年来的工作成效和贡献。

2.领导评价与建议：在收集群众意见和考核对象自我评价的基础上，直接主管领导综合公务员平时的表现和个人总结，撰写评价意见，并提出考核等级建议及未来工作改进方向。

3.优秀等级的公示：对于评定为优秀等级的公务员，其考核结果将在机关内部进行公示，以便于公开透明，接受监督。

4.考核等级的确定：由机关负责人或者特别设立的考核委员会综合所有信息，最终确定每位公务员的考核等级。

---

① SCHAUFELI W B, BAKKER A B. Job demands, job resources and their relationship with burnout and engagement: A multi-sample study[J]. Journal of Organizational Behavior, 2004, 25(3): 293-315.

② XANTHOPOULOU D, BAKKER A B, DEMEROUTI E, et al. The role of personal resources in the job demands-resources model[J]. International Journal of stress Management, 2007, 14(2): 121-141.

5.考核结果的通知：将最终的考核结果以书面形式告知被考核的公务员，并要求公务员签署意见，以确保评估结果的接受和认同。

6.民意调查或民主评议：对于担任较高级别领导职务的公务员，根据实际需要，可能会额外进行民意调查或民主评议，以更广泛地收集对其工作表现的反馈。

这一系列的考核流程不仅体现了对公务员工作表现的系统考察，也强调了公开、透明和公正的原则，旨在激励公务员更好地履行职责，同时为公务员的职业发展提供方向指导和改进建议。

（三）考核等次的划分

全球各国的公务员考核等级制度存在差异，主要可以归纳为两种类型：一种是采用五级制度，如英国、法国、日本等，另一种则是采用三级制度，以美国为代表。

五级制度下，考核等级划分较为细致，如英国的考核等级依次为特别优异、甚为良好、满意、普通和不良；法国则划分为较标准非常低劣者、较标准低劣者、合乎标准者、较标准优良者、较标准非常优良者；日本的等级则为出类拔萃、特优、优、良、劣。这种细致的区分有助于更精准地评价公务员的工作表现。

相对而言，美国的三级制度较为简化，包括不满意、满意和特别优异三个等级。三级制的优势在于操作简便，能够减少考核过程中的人事纷争。然而，由于等级划分较为宽泛，大多数公务员的表现可能都会集中在中间的"满意"等级，这样就难以准确反映个体之间的微小差异，可能会影响到激励机制的有效性。

我国的《公务员考核规定（2020年修订）》采取了四级制度，即优秀、称职、基本称职和不称职。其中，优秀代表在各方面均有出色表现，成绩显著；称职意味着达到职务要求，工作任务完成良好；基本称职指勉强满足职务要求，工作完成情况一般；不称职则表明在多个方面未达到职务要求，工作表现不佳。这种划分旨在更全面地评价公务员的整体表现，从德、能、勤、绩、廉五个维度进行考察。

不同的考核等级制度各有优劣，关键在于如何根据公务员的具体岗位、职责以及组织的具体需求，制定出合适的考核标准和评价体系。在实施过程中，应当对各个等级的评价标准进行细化，确保考核结果能够真实、准确地反映公务员的工作表现和能力水平，进而促进其职业发展和组织目标的实现。

（四）考核结果的使用

关于公务员考核结果的反馈及其使用，不同国家采取了不同的做法。例如，法国向被考核者明确通报考核分数，并要求其签字确认，但具体的评语内容则不予展示。英国则仅在评价结果较差时才会通知被考核者，并解释原因。而日本选择不向公务员直接通报考核结果。相比之下，我国的做法更加倾向于透明化，根据《中华人民共和国公务员法》，考核结果须以书面形式通知被考核的公务员，旨在保障其知情权，促使其了解自我表现的评价，认识到自身的长处和不足，明确未来努力的方向。

此外，我国的公务员法还为公务员提供了对考核结果不满意时申请复核和申诉的权利，以防止考核过程中可能出现的主观偏见或不公平现象，保护公务员的合法权益。

公务员的年度考核结果不仅是对其过去一年工作表现的总结，更直接关联到其职业生涯的多个方面。

（1）行政级别与职务的调整：连续数年获得优秀或称职等级的公务员，有资格在职级内晋升或获得职务提升。

（2）奖惩制度：年度考核结果与公务员的奖惩措施紧密相连，表现优异者可获得奖金，连续表现不佳者可能面临辞退。

（3）工资调整：连续获得称职以上等级的公务员，其工资档次可相应提升；反之，表现不佳者的工资可能会降低。

（4）培训机会：表现优秀的公务员还可获得更多的培训机会，包括国内外学习和考察的机会。

（5）奖金发放：根据年度考核结果，符合条件的公务员可以获得相当于一个月基本工资额的奖金。

（6）档案管理：考核结果是公务员个人档案的重要组成部分，客观记录了公务员的工作表现和成长轨迹，对其职业发展具有长期影响。

综上所述，年度考核结果在公务员的职业生涯中起着至关重要的作用，它不仅是对个人过去一年工作的总结和评价，更关乎其未来的发展机会、收入水平以及职业成长路径。因此，建立一个公正、透明、全面的考核和反馈系统，对于激励公务员积极进取，促进公共部门的健康发展具有重要意义。

经典理论——计划行为理论

计划行为理论是解释态度与行为关系的一般性理论，适用于从微观层面探索特定行为的心理机制。①计划行为理论可用来预测组织决策者对理性规划工具的使用和管理②③，但计划行为理论尚未用于评估战略规划工具的使用动机④。

计划行为理论认为，个体的行为受到行为态度（the attitude towards the behavior，指个体对某种行为的偏好）、现实规范（subjective norms，指个体身边群体对个体行为的影响）、行为掌控感（the degree of perceived behavioral control，指个体感知到完成某一行为的难度）三个方面的影响。具体到行为掌控感，个体对行为难度的感知取决于自我效能感与外部可控性⑤。

四、我国公务员绩效管理中存在的问题

公务员绩效管理是指对公务员的工作表现和工作成果进行评价和管理的过程，旨在提高公务员的能力和素质，激发公务员的工作积极性，优化公务员队伍结构，提高政府的服务效率和社会满意度。目前，我国公务员绩效管理中还存在着一些问题，主要表现在以下几个方面。

1.绩效考核内容缺乏量化指标。我国公务员绩效考核主要从德、能、勤、绩、廉五个方面进行，但这些方面都比较抽象和主观，难以用具体的数据和标准来衡量。这导致了考核结果的不准确和不客观，也不利于对公务员的奖惩和激励。因此，需要建立科学合理的绩效考核指标体系，将公务员的工作内容、工作目标、工作过程、工作结果等方面进行量化和规范化，使考核结果更具有可比性和可操作性。

---

① AJZEN I. The theory of planned behavior [J]. Organizational Behavior and Human Decision Processes，1991，50(2)：179–211.

② STEVENS J M，STEENSMA H K，HARRISON D A，et al. Symbolic or substantive document?The influence of thics codes on financial executives' decisions[J]. Strategic Management Journal，2005，26(2)：181–195.

③ KROLL A. Explaining the use of performance information by public managers：A plannedbehavior approach[J]. The American Review of Public Administration，2015，45(2)：201–215.

④ 张书维，郭晟豪.行为公共管理研究中的公共组织行为问题:最新代表性研究及探讨[J].公共管理评论,2021,3(03):160–184.

⑤ 段文婷,江光荣.计划行为理论述评[J].心理科学发展,2008(02):315–320.

2.绩效考核过程流于形式。我国公务员绩效考核的程序是由个人总结、主管领导评议、考核委员会审核、部门负责人确定等几个环节组成的。但在实际操作中,这些环节往往缺乏有效的沟通和反馈,缺少民主参与和公开透明,缺少有效的监督和制约。比如,有些公务员只是应付考核而不重视自身的提升,有些领导只是根据自己的喜好或者人际关系而不是实际业绩来评价下属,有些考核委员会只是走过场而不是认真审核,有些部门负责人只是为了平衡各方利益而不是为了优化人才配置来确定考核等次。这样就造成了考核结果的失真和失效,也削弱了考核的激励作用。

3.绩效考核结果运用不合理,未能有效从绩效考核转变为绩效管理。我国公务员绩效考核结果主要用于决定公务员的奖惩、培训、调动、辞退等人事管理事项。但在实际运用中,存在一些问题。一是考核结果等次偏少,大多数公务员都被评为优秀或称职,很少有不称职或者较差的评价,这就使得考核结果失去了区分度和激励度。二是考核结果与奖惩脱节,有些优秀或称职的公务员没有得到相应的奖励或晋升机会,有些不称职或较差的公务员没有受到相应的惩罚或淘汰,这就使得考核结果失去了约束力和引导力。三是考核结果与培训脱节,有些公务员没有根据自己的考核结果来制定个人发展计划或参加相关培训活动,有些培训机构没有根据公务员的考核结果来设计培训内容或提供培训服务,这就使得考核结果失去了改进和提升作用。

4.绩效管理法律法规体系不健全。我国目前对于公务员绩效管理的法律法规主要有《中华人民共和国公务员法》《公务员考核规定(2020年修订)》等,但这些法律法规还不够完善和细化,没有涵盖公务员绩效管理的各个方面和细节,也没有明确公务员绩效管理的权利和义务、责任和制约、奖励和惩罚等。因此,需要进一步完善国家公务员绩效管理的法律法规体系,明确公务员绩效管理的目的、原则、内容、标准、程序、方法、结果、运用等方面的具体规定,为公务员绩效管理提供法律依据和保障。

5.绩效管理监督机制不健全。我国目前对于公务员绩效管理的监督主要由上级部门、纪检监察机关、审计机关等进行,但这些监督机构的职能和权限还不够明确和强大,也缺乏有效的协调和配合,导致监督的力度和效果不够理想。另外,我国还没有建立完善的社会监督机制,没有充分发挥媒体、民间组织、公众等社会力量的监督作用,使得公务员绩效管理缺乏外部的制衡和反馈。因此,需要进一步完善国家公务员绩效管理的监督机制,加强内部监督和外部监督的结合,建立多元化的监督主体和渠道,提高监督的透明度和公信力。

【复习思考题】

1.什么是绩效管理？什么是绩效考评？二者有何联系与区别。

2.绩效管理应当注重什么导向？

3.绩效管理有哪些方法？

4.我国公共部门人员绩效管理有什么特点？

5.结合自己所在的工作单位，谈谈我国公共部门人员绩效管理中存在哪些主要问题？如何改进？

【案例与讨论】

一家本可过安稳日子的事业单位，为何坚持驶入改革"深水区"，而且首先从人事改革的硬骨头啃起？这得从浙江省特种设备科学研究院（简称浙江特科院）8年前的境遇说起。

发展压力，催生改革实策

浙江是石油炼化大省，也是制造业大省，特种设备数量逐年增长。特种设备指涉及生命安全、危险性较大的压力容器、压力管道、电梯、起重机械、客运索道、大型游乐设施、锅炉等设备。这些设备一旦出现故障或事故，后果不堪设想。"面对日益增多的大型化、高参数、高风险的特种设备，保安全的压力越来越大。如不探出一条发展新路，守着原有的摊子，根本谈不上履行公益职责。"浙江特科院党委书记、院长钟海见说。

原有体制弊病使单位缺乏活力，也是隐忧。浙江特科院总工程师郭伟灿介绍，改革前，该院收入分配平均主义突出、按资排辈风气较重。全院中层干部全为事业编，干得好的聘用制人员上不去，干得差的事业编人员下不来，人才时有流失。

2013年，浙江特科院靠从事法定检验，撑起全年总收入的53%，而市场委托性检验业务仅占全年总收入的23%，靠政策吃饭成了生存隐患。法定检验是指国家法律法规规定必须进行的检验活动，市场委托性检验是指根据市场需求和客户委托进行的检验活动。法定检验受到政府补贴和行政保护，市场竞争较小；市场委托性检验则需要与其他检验机构竞争，提高服务质量和效率。

不破不立。在浙江省人社厅等部门的支持下，以钟海见为首的新班子立下

"省财政不投入一分钱,不新增一个事业编制"的军令状,一场人事制度综合改革在2014年拉开帷幕。

能上能下,充分激发活力
改革从哪里动刀?

——岗位、职称能上能下。浙江特科院打破事业编和非事业编身份界限,实施全员岗位管理,中层干部以公开竞聘和目标制竞聘方式选拔,破除任命制,对连续两年考核倒数后三位的中层正职给予免职或降职处理。同时,以3年为一周期,按5%的比例对副高以上职称职工实行末位淘汰,淘汰者一律降级聘用。

该院聘用制人员、高级工程师林正说,这一安排让大家都有了压力,自觉"奔跑"起来。岗位管理是指根据工作需要,对岗位的职责、要求、条件等进行分析、设计、评价和调整的过程。职称管理是指根据职工的专业技术水平和业绩,对其进行评定、晋升、降级或撤销的过程。岗位和职称能上能下,有利于激发职工的积极性和创造性,促进人才的合理流动和优化配置。

——创新绩效分配模式。浙江特科院推行优先保障公益履职与激发职工干劲相结合的新绩效分配模式。一是打破传统事业单位工资体系,以全院职工全部工资性收入为总盘子,依据职工工作量与质量实行差别化绩效考核。二是对院领导班子成员收入作出限制,将每年新增结余收益的70%用于奖励科技研发、设备采购等公益履职。

浙江特科院副院长凌张伟说,新考核办法出台以来,该院职工到省外开拓业务的积极性大增,业务范围从过去的8个省(区、市)增加到如今的22个省(区、市)。绩效分配是指根据职工的绩效表现,对其进行合理的奖励或惩罚的过程。绩效考核是指对职工的绩效表现进行客观、公正、科学的评价和反馈的过程。创新绩效分配模式有利于调动职工的主动性和责任感,形成公平竞争和优胜劣汰的良好氛围。

——保障科研人员心无旁骛搞科研。2017年,该院设立入职博士3年"放养期",鼓励博士潜心科研。"在这3年,博士只要安心搞科研就能拿到一年20万元的保底收入,项目失败也不怕。"新引进院的博士职工唐萍说。改革以来,浙江特科院共获各类技术奖16项,浙江省科技进步一等奖1项,其中球罐爬壁打磨机器人等技术填补国内空白,并建成条件一流的国家特种金属结构材料质检中心。

"放养期"是指为了吸引和留住高层次人才，在一定期限内给予他们较大的自主权和优厚的待遇，让其专注于科研创新的一种人才管理方式。"放养期"有利于培养和激发科研人员的创新能力和动力，提高科研质量和水平。

思考题：

1.本案例中，浙江特科院的绩效管理体现了哪些原则和特点？与传统的事业单位绩效管理有什么不同？

2.本案例中，浙江特科院如何将绩效管理与人事制度改革相结合？这对于激励和留住人才有什么作用？

3.本案例中，浙江特科院适宜采用什么样的绩效考评方法？

【现实思考】

坚持全面从严治党

党的二十大提出，我们要落实新时代党的建设总要求，健全全面从严治党体系，全面推进党的自我净化、自我完善、自我革新、自我提高，使我们党坚守初心使命，始终成为中国特色社会主义事业的坚强领导核心。全面从严治党是党永葆生机活力、走好新的赶考之路的必由之路。推动新时代全面从严治党向纵深发展，必须用好纪律这把管党治党的"戒尺"，全面加强党的纪律建设。

强化经常性纪律教育。要把党章党规党纪作为理论学习、党性教育、干部培训的必修课，把政治纪律、政治规矩摆在首位，把能干什么、不能干什么讲清楚，使党员、干部增强纪律意识，将党章党规党纪刻印在心上，形成尊崇党章、遵守党纪的良好习惯；要通过身边人身边事开展警示教育，举一反三、以案明纪，教育引导广大党员干部，特别是领导干部严格按党章标准要求自己，知边界、明底线，把他律要求转化为内在追求，养成纪律自觉。强化经常性纪律教育，要促使党员干部特别是年轻干部提高党性觉悟，涵养浩然正气，增强拒腐防变能力。

抓住领导干部这个"关键少数"。领导干部对全党全社会都具有风向标作用。习近平总书记在党的二十大报告中强调，全面加强党的纪律建设，督促领导干部特别是高级干部严于律己、严负其责、严管所辖。各级领导干部特别是高级干部认真落实好严于律己、严负其责、严管所辖要求，必定能产生以上率下的强大示范带动效应，以党规党纪的制度刚性守护党的先进性和纯洁性。要抓住领导干部这个"关键少数"，教育引导各级领导干部立正身、讲原则、守纪律、拒腐蚀，形成一级带一级、一级抓一级的示范效应。

严格执行党的纪律规定。制定纪律是要执行的，必须使纪律真正成为带电的高压线。遵守党的纪律是无条件的，要说到做到，有纪必执，有违必查，而不能合意的就执行、不合意的就不执行，不能把纪律作为一个软约束或是束之高阁的一纸空文。执行党的纪律不能有任何含糊，不仅要严格执行党的政治纪律、组织纪律，还要严格执行党的廉洁纪律、群众纪律、工作纪律、生活纪律。要以纪律为尺子衡量党员干部的行为，不能搞特殊有例外，不能让党规党纪成为"纸老虎""稻草人"，造成"破窗效应"，对违纪问题发现一起就要查处一起，提高纪律执行力，维护纪律严肃性。

精准运用监督执纪"四种形态"。无数案例深刻揭示：腐败分子从"好同志"沦为"阶下囚"，往往有一个从感染病毒到得病的过程。一旦被感染，轻病，正确施治、救助及时，还是"好同志"；而深度感染，病得很重，又抗拒医治，错过挽救的机会，就可能成为"阶下囚"。精准运用监督执纪"四种形态"，在日常工作中发现了问题就要真管真严，抓早抓小、防微杜渐，不能等问题"养大了"再去处理。要坚持严管和厚爱结合、激励和约束并重，坚持"三个区分开来"，更好激发广大党员干部的积极性、主动性、创造性，形成奋进新征程、建功新时代的浓厚氛围和生动局面。

思考题：

1.全面从严治党体现了党在人力资源管理考评中的何种导向？

2.如何在全面从严治党中将考评与培养结合起来？

【拓展阅读】

[1]陈钰瑶,刘业深,张正堂,等."理想"与"现实"的桥梁:人力资源管理执行研究述评[J].管理学报,2021,18(12):1881-1891.

[2]方振邦,杨畅.战略性绩效管理[M].6版.北京:中国人民大学出版社,2022.

[3]付亚和,许玉林.绩效管理[M].4版.上海:复旦大学出版社,2021.

[4]郭广生,刘佳.高校管理人员组织公平感、敬业度与工作绩效的关系研究[J].国家教育行政学院学报,2022(04):24-34.

[5]解洪涛,李玉姣.公务员体系中"高技能型"人力资源对组织绩效影响——基于税收征管部门的实证研究[J].中国行政管理,2018(02):94-100.

[6]王士红,霍晓星,孙铭禧.魅力型领导、情感控制策略与内部审计人员工作绩效[J].审计与经济研究,2022,37(06):43-48.

[7]徐芳,晋新新,刘杨,等.我国科技人才评价的问题与建议——基于内部绩效管理与外部人才选拔的维度[J].科学学与科学技术管理,2023,44(11):37-45.

[8]徐辉.基于大数据的公共部门人员绩效提升与管理模式创新[J].中国软科学,2017(01):50-58.

[9]徐辉.治理现代化背景下区块链技术在公共部门人员绩效管理中的应用与创新[J].中国软科学,2020(09):60-69.

[10]杨建锋,郭晓虹,明晓东.工作场所中的助人决策过程[J].心理科学进展,2022,30(01):15-31.

[11]张宏宇,郎艺,王震.“制度”与“人”是互补还是替代？高绩效人力资源管理系统和领导支持对员工关系型心理契约的影响[J].管理评论,2021,33(12):213-229.

[12]张琦,史志乐.我国教育脱贫工作绩效评价指标体系构建[J].教育与经济,2018(02):35-42.

[13]赵源,吴田.人力资源系统对公共部门绩效的影响研究——基于元分析的检验[J].软科学,2017,31(07):66-70.

[14]BAUWENS R, AUDENAERT M, DECRAMER A. Performance management systems, innovative work behavior and the role of transformational leadership: an experimental approach [J]. Journal of Organizational Effectiveness: People and Performance,2024,11(1):178-195.

[15] DENISI A S, MURPHY K R. Performance appraisal and performance management:100 years of progress?[J].Journal of applied psychology,2017,102(3):421-433.

[16] DONAHUE A K, SELDEN S C, INGRAHAM P W. Measuring government management capacity: A comparative analysis of city human resources management systems[J].Journal of Public Administration Research and Theory,2000,10(2):381-412.

[17]MELTON E K, MEIER K J.For the want of a nail: The interaction of managerial capacity and human resource management on organizational performance [J]. Public Administration Review,2017,77(1):118-130.

[18]SMITH P C, KENDALL L M.Retranslation of expectations: An approach to the

construction of unambiguous anchors for rating scales [J]. Journal of applied psychology, 1963, 47(2): 149-155.

[19] VAN DOOREN W, BOUCKAERT G, HALLIGAN J. Performance management in the public sector[M]. Routledge, 2015.

[20] VARMA A, Budhwar P S, DeNisi A. Performance management systems: A global perspective[M]. 2nd ed. Routledge, 2023.

[21] YOON D. How can personnel performance evaluation systems be improved?[J]. SAGE Open, 2021, 11(1): 1-12.

第八章　公共部门人员激励与薪酬制度

【学习要点】

1. 激励理论与方法。
2. 激励机制的设计与内容。
3. 公共部门人员激励的定义、现状与存在的问题。
4. 我国公共部门人员薪酬管理的基本情况。
5. 公共部门人员激励的对策。

【引入案例】

当下，"不积极主动也不被动担责"以及"避免冒风险也不追求卓越"的基层干部现象依然存在，而传统的考核和监督机制对这些干部产生的效果有限。自2022年以来，江苏、浙江、河南等地开始尝试评估"躺平式"干部，并希望通过这一举措来激发基层干部的积极性。

评估"躺平式"干部举措初见成效

一些地方采用不同方式来确定"躺平式"干部，首次推出时取得了明显的成果。例如，江苏省滨海县、河南省南阳市、浙江省景宁县等地曾组织过对"躺平式"干部的评估活动。这些评估通常由组织部门或纪委监委组织进行，一开始推出后取得了令人满意的效果。

在滨海县，评定"躺平式"干部的活动采用了群众推选、单位评议和组织评定相结合的方式。考察组会向各单位发放匿名表格，列出在岗不在位、出工不出力、消极应付、得过且过等7种情形，然后干部和群众可以勾选出符合这些情形的干部姓名。最终，得票率超过30%的干部被认定为"躺平式"干部。一位参与评议的村民说："我们村有几个干部就是典型的'躺平者'，他们从来不管村里的事情，只知道吃喝玩乐，还经常欺压百姓。我们早就看不惯他们了，这次评议就是给他们一个教训。"

南阳市采用了群众评议等手段来破解"不担当"、官僚主义以及懒政现象。南阳市通过明察暗访、视频曝光、群众评议、问责等方式，解决了一些干部不作为的问题，进一步激发了基层干部的积极性。一位被曝光的乡镇干部说："我以前觉得自己做得还不错，没想到群众对我的评价这么低。我深感惭愧，我决定改正错误，重新做一个合格的公仆。" 在浙江省临海市，根据领导干部年度考核情况以及"争先指数、担当指数、辛苦指数"考评结果，综合评估"躺平式"干部的表现，然后根据排名情况确定了建议名单。一位负责考核工作的组织部门负责人说："我们希望通过这种方式来激励基层干部争先进取、担当作为、辛勤奋斗。我们也会根据考核结果给予相应的奖惩措施，让优秀者受到表彰和提拔，让'躺平者'受到警告和处分。" 不同地区评定"躺平式"干部的举措取得了令人鼓舞的效果。这些活动的推出不仅对被评定的干部产生了震慑作用，也对整个基层干部队伍产生了警示效果。

给予改进机会，期待干部持续进步

提供改进机会、希望持续改进，一些地方并没有简单地将被认定为"躺平式"干部的人员一棒子打死，而是为他们提供了改进的机会。只要他们及时改进，就可以摘掉这个帽子。

浙江省景宁县规定，在完成整改后，干部可以申请取消这一称号，并努力追求进步，争取早日"摘帽"。一位曾被认定为"躺平者"的单位负责人表示，这个称号对自己来说是个警示，因此他下定决心积极改进，努力工作，争取早日摘掉这个帽子。他说："我知道自己以前有些得过且过，没有尽职尽责。但是我也不想就这样被人看不起，我想证明自己还有能力和潜力。我希望能够得到组织和群众的理解和支持。"

探索激励机制，适应中国国情

一些干部和群众认为，与民营企业不同，公务员和事业编制干部只要不触犯法律法规，他们的工作稳如泰山，几乎是拥有"铁饭碗"。因此，有必要严格执行能上能下、能进能出的人事制度，消除"铁饭碗"思维，让"躺平式"干部无处容身。一位在民营企业工作的年轻人说："我觉得公务员和事业编制干部太安逸了，他们不用担心失业或者降薪，也不用担心竞争或者压力。他们只要按部就班地工作就行了，没有什么动力去创新或者进步。我觉得这样很不公平，他们应该跟我们一样受到市场的考验。"

有专家建议，应该切实贯彻"能者上、庸者下"的用人导向，激发基层干部的积极性。另一方面，要减轻基层干部的工作负担，建立合理的绩效评价机制，提高对基层干部的关爱程度，以及调整绩效工资水平，鼓励基层干部的内在动力。一位研究公共管理问题的教授说："评估'躺平式'干部是一个有益的尝试，但是不能只是一次性的行动。要真正解决'躺平式'干部问题，还需要从制度上进行改革和完善。比如说要建立一个科学合理的考核评价体系，既要考核结果又要考核过程；要建立一个公开透明的晋升机制，既要考虑资历又要考虑能力；要建立一个激励约束并重的奖惩机制，既要表彰优秀者又要惩戒失职者；还要建立一个以关爱服务为本的保障机制，既要关注干部的物质待遇又要关注干部的精神状态。只有这样，才能让基层干部真正感受到组织的关心和支持，从而提高他们的工作积极性和主动性。"

那么在基层，到底用什么样的方式激励干部才符合我国的实践情境呢？

思考与讨论：

  1. 公共部门的干部激励方式有哪些？你认为哪方面的激励具有最大的效用？

  2. 你认为应采取哪些非经济的激励措施，以提高干部的工作动力和忠诚度？

如何激励组织内的成员，提高他们的工作绩效和周边绩效，是组织管理者面对的一个永恒的话题。公共部门工作人员的激励与薪酬管理，不仅关系到公共部门的效率和质量，也影响到公共部门的形象和声誉。然而，公共部门与一般组织不同，其薪酬制度较为固定，很难根据个人的工作表现和贡献进行调整。这就使得公共部门人员的激励难度较大，需要采取更加多样的方式，以提高他们的工作满意度和工作投入度。因此，本章将着眼于人员激励原理、公共部门的人员激励与薪酬管理现状、公共部门人员激励的方法与对策等三个方面，重点探讨人员激励的原理和方法，薪酬管理则作为背景知识进行简要介绍。同时，本书认为，人员激励是公共部门人力资源管理中非常重要的环节，因此本章还将介绍一些学界前沿的公共部门人员激励的研究。

第一节　公共部门人员激励原理

本节将首先介绍激励的概念，进而从多学科、多层次角度介绍激励理论的发展历程，以期让读者较为全面地了解激励理论，以便开展公共部门人员激励与薪酬管理现状、公共部门人员激励的方法与对策的后续学习。

一、激励的概念

激励实际上是通过满足员工的需要而使其努力工作、实现组织目标的过程。具体来说，激励有以下功能。

1.有利于激发和调动职工的积极性。激励是一种影响人的行为和心理状态的动力，它可以使职工产生满足感、自信心和成就感，从而提高他们的工作热情和创造力。激励可以通过各种方式实现，例如奖励、表扬、晋升、培训、参与决策等。

2.有助于将职工的个人目标和企业目标统一起来。激励可以使职工认同企业的愿景、使命和价值观，从而增强他们的归属感和责任感。激励还可以使职工明确自己的职业发展方向和期望，从而与企业的战略目标相协调。

3.有助于增强组织凝聚力，促进组织内部的协调和统一。激励可以促进组织内部的沟通、交流和合作，从而提高组织的效率和效果。激励还可以培养组织内部的信任、尊重和支持氛围，从而减少组织的冲突和分歧。

对于公共部门来说，对干部进行适当的激励，可以促使他们不断学习新知识、新技能、新方法，提高自身素质和能力，鼓励他们的创新思维，寻求更好的解决问题的方案，提升公共部门的服务质量和效率，有利于提高公共部门人力资源管理的水平；可以使公共部门干部树立正确的价值观，遵守法律法规，尊重社会公德，履行职责，使公共部门干部关注社会问题，积极参与社会活动，为社会发展作出贡献，增强公共部门干部的职业道德和社会责任感；可以使公共部门干部形成共同的目标、理念和信念，增强对公共部门的组织认同感和归属感，还可以使公共部门干部形成积极、健康、开放、合作的心态和风格，营造和谐、民主、包容、创新的工作环境，形成良好的组织文化和氛围。

中国经典人力资源管理案例——敏探春兴利除宿弊

探春接手管家的事务后，发现天下没有不可用的东西，既可用，便值钱。因而决定在大观园内实行承包责任制。

探春说道："咱们这园子只算比他们的多一半，加一倍算，一年就有四百银子的利息。若此时也出脱生发银子，自然小器，不是咱们这样人家的事。若派出两个一定的人来，既有许多值钱之物，一味任人作践，也似乎暴殄天物。不如在园子里所有的老妈妈中，拣出几个本分老诚能知园圃的事，派准他们收拾料理，也不必要他们交租纳税，只问他们一年可以孝敬些什么。一则园子有专定之人修理，花木自有一年好似一年的，也不用临时忙乱；二则也不至作践，白辜负了东西；三则老妈妈们也可借此小补，不枉年日在园中辛苦；四则亦可以省了这些花儿匠山子匠打扫人等的工费。将此有余，以补不足，未为不可。"宝钗正在地下看壁上的字画，听如此说一则，便点一回头，说完，便笑道："善哉，三年之内无饥馑矣！"李纨笑道："好主意。这果一行，太太必喜欢。省钱事小，第一有人打扫，专司其职，又许他们去卖钱。使之以权，动之以利，再无不尽职的了。"

探春和李纨命人将园中所有婆子的名单要来，大家参度，大概定了几个。又将他们一齐传来，李纨大概告诉与他们。众人听了，无不愿意，也有说："那一片竹子单交给我，一年工夫，明年又是一片。除了家里吃的笋，一年还可交些钱粮。"这一个说："那一片稻地交给我，一年这些顽的大小雀鸟的粮食不必动官中钱粮，我还可以交钱粮。"（改编自《红楼梦》）

二、人员激励的理论基础

激励的相关理论自20世纪初开始兴起，经历了从行为主义到认知主义，从内容理论到过程理论，从单一因素到多元因素的发展历程，取得了丰富的成果。然而，伴随着相关研究向纵深发展，理论丛林现象和实践指导困境成了激励相关理论面对的两大难题[①]。

理论丛林现象是指在不同学科背景的影响下，由于研究方法和观点的不同，导致激励的相关理论出现了多样性的特点，部分理论可能存在分歧或冲突。而实践指导困境则体现在理论滞后于实践的需求。因此，我们需要在借鉴国外经验的

---

① 马喜芳,芮正云.激励前沿评述与激励协同研究展望——多学科/学派、多层次、多维度视角[J].科学学与科学技术管理,2020,41(06):143-158.

基础上，结合中国国情和特点，探索适合中国环境和文化的激励机制和方法。

（一）西方激励理论

前文已经提出了人员激励的相关理论流派林立，存在多学科、多视角、多维度的特性。为避免学习公共部门人力资源管理的读者产生困惑，本书按照理论的类型，将其分为内容型激励、过程型激励、行为改造型激励与综合型激励等理论进行介绍。

表8-1 西方激励理论的类型

激励理论	类型
内容型激励理论	需要层次理论 双因素理论
过程型激励理论	期望理论 目标理论 公平理论
行为改造型激励理论	强化理论 挫折理论
综合型激励理论	豪斯综合激励模式理论

1.内容型激励理论

内容型激励理论（或需要型激励理论）是认知派激励论的一种。它从人的需要这一行为动机的根源出发，试图解释人的内在因素如何引发、维持并指导某种行为去达成目标的，是动态研究中的静态分析。内容型激励理论涉及个体与组织层面的激励，涵盖物质与精神层面的激励，因而在当代人力资源管理领域中应用最为广泛。内容型激励理论的代表性理论有：马斯洛的需要层次理论，奥德费的核心需要理论，赫茨伯格的双因素理论以及麦克利兰的成就需要理论。其中，又以马斯洛和赫茨伯格的理论最具影响力。

（1）马斯洛的需要层次理论

马斯洛的需要层次理论是美国心理学家亚伯拉罕·马斯洛在《人类动机理论》一文中提出的。马斯洛根据他对不同群体的观察和研究，将人类的需要归纳划分为五个层次[1]，并在《动机与人性》中进行了详细阐述[2]（图8-1）。

---

① MASLOW A H. A theory of human motivation[J]. Psychological Review, 1943, 50(4): 370-396.

② MASLOW A H. Motivation and personality [M]. 2nd ed. New York: Harper & Row, 1970.

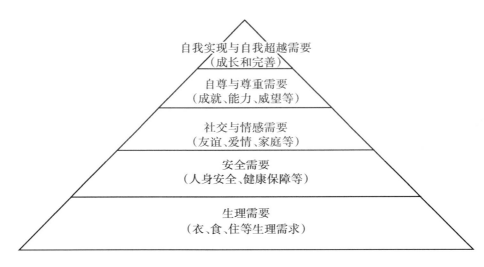

图8-1 马斯洛的需要层次理论——人类需要的五个层次

马斯洛把人类的多种需要归纳并划分为生理需要、安全需要、社交与情感需要、自尊与尊重需要、自我实现与自我超越需要。

①生理需要（physiological need）。指人类维持生命所必需的基本物质条件，如衣、食、住等方面的要求。这些需求是最原始和最强烈的，如果没有得到满足，就会危及生命。

②安全需要（safety need）。指人类追求稳定、安全、有序、免受恐惧和威胁等的心理状态。这些需求包括身体安全、财产安全、职业安全、健康保障等方面。

③社交与情感需要（belongingness and love need）。指人类渴望与他人建立亲密和温暖的关系，如友谊、爱情、家庭等。这些需求使人感受到自己被接纳和尊重，有归属感和社会支持。

④自尊与尊重需要（esteem need）。指人类追求自我价值和他人认可的心理需求，如成就、能力、地位、威望等。这些需求使人感受到自己的重要性和尊严，有自信和自尊。

⑤自我实现（self-actualization need）与自我超越（self-transcendence needs）需要。指人类实现自己的潜能和个性的最高层次的需求，如创造、探索、发展等。这些需求使人感受到自己的成长和完善，有自我满足和幸福感。

马斯洛在后续的研究中，拓展了需要层次理论，在"自尊与尊重需要"和"自我实现与自我超越需要"间增加了求知需要和审美需要，但这种观点并未流行开来。

将马斯洛的需要层次理论归纳后，可以梳理出以下观点：

①马斯洛的五种需要以阶梯式逐级上升，但需要层次的次序并非完全固定，也可能存在例外情况。

②需要的发展遵循"满足/激活率"的特性。一般来说，当较低层次的需要得到满足后，个体就会去追求更加高层次的发展，对更高层次需要的追求将成为个体行为的动力；而已经得到满足的需要就无法再对个体产生激励作用。

③需要的强弱存在"剥夺/主宰律"的特性。个体的某一需要被剥夺得越多，就越缺乏越不足，个体对这个需要的追求就越突出、越强烈。即越缺少的东西就越想要，越匮乏。

④马斯洛的五种需要可以被划分为高低两个层级。其中生理需要、安全需要和社交与情感需要属于低层级需要，能够通过外部条件来满足这些需要；而自尊与尊重需要和自我实现与自我超越需要是高层级的需要，只能通过内部因素得到满足，而且个体对这些需要的追求是无止境的。

⑤个体在同一时期可以有很多需要，任何一种需要都不会因为高层次的需要发展而消失，但个体在每个时期总会有一种特定的需要占主体地位，对其行为起决定作用。这种占支配地位的需要称为优势需要。

⑥国家的经济发展水平、科学技术发展水平、民众受教育程度与国内大多数人的需要层次结构息息相关。在欠发达国家，低层级需要占主导的人数比例较高，高层级需要占主导的人数比例则较低；而在发达国家，则与之刚好相反。当然国家的民众需要层次会随着生产力水平的变化而变化。

（2）赫茨伯格的双因素理论

美国心理学家、管理理论家赫兹伯格在其1959年出版的专著《工作的激励因素》中提出了"双因素理论"，即"激励-保健因素理论"[①]。

赫兹伯格在20世纪50年代末期，与其助手们在美国匹兹堡地区对11家工商机构中的200名工程师进行了大规模的调查访谈。赫兹伯格采取半结构化访谈的形式，询问被试者在工作中何时感到满意或不满意，以及原因为何。

在获取访谈资料后，赫兹伯格对受访者的回答进行了分析归纳和演绎，提出了"激励-保健因素理论"。

赫兹伯格分析发现，组织内员工产生不满意的因素往往源于外部的工作环

---

① HERZBERG F, MAUSNER B, SNYDERMAN B B. The motivation to work[M]. New York: Wiley, 1959.

境，涉及诸如组织施行的政策、薪酬制度、工作条件、上下级关系、地位等多种因素。即使组织改善了这些因素，也无法提升员工的满意度和工作积极性，而只能消除其不满。这些因素称为"保健因素"。

能够提升组织内员工满意度的因素主要是工作中的成就感，例如，组织内员工的工作能够得到社会认可，或工作本身具有挑战性能够发挥员工的才智，或工作赋予员工更多的发展机会和责任等。这类因素的满足或改善，能够激发员工的责任感、荣誉感和自信心，增强员工的工作满意度，有助于充分、有效、持久地调动他们努力工作和勤奋上进的积极性。赫茨伯格把这类因素称为"激励因素"，激励因素是与组织内员工的工作内容息息相关的因素。

赫兹伯格的双因素理论认为，激励因素如果得到满足和改善，能够使得组织内的员工受到相当强的激励，使得他们产生持久的满足感和积极性。而保健因素如果无法得到合理的满足，会导致员工的不满，甚至严重挫伤员工的积极性；如果保健因素被合理对待，则能够起到保护员工的积极性并维持激励于"零状态"的作用。

激励因素和保健因素之间存在一定的转化机制。例如组织内员工的薪酬一旦被减少或停发，就会导致员工不满；如果将员工的薪酬与绩效挂钩，则能够产生激励作用，成为激励因素。因此，组织的管理者应当在注重满足员工的保健因素的前提下，尝试将其转化为激励因素，以激励员工。

囿于时代的局限，赫茨伯格的双因素理论存在一定的抽样缺陷和调研设计缺陷。调研的被试者类型单一，缺乏代表性；调查手段只是采用了简单的问答，缺乏信效度。因而，双因素理论在西方管理学界存在不少争议。但双因素理论所阐述的员工激励的内在逻辑，为组织管理者强化员工工作动机，激发员工工作积极性提供了良好的思路，具有重要的实践应用价值。

在应用双因素理论分析员工的激励因素和保健因素时，需要考虑当地的生产力水平。在一些生产力水平和社会产品不足的发展中国家，对保健因素和激励因素的划分就与发达国家不同。例如薪酬在发达国家被视为保健因素，而在一些发展中国家则是很重要的激励因素。此外，即使是同一具体因素，在不同时期也可以将其划归不同类别。因此，采用双因素理论对当今我国的公共部门人员进行分析时，需要从实际出发，划分激励因素和保健因素。

2.过程型激励理论

过程型激励理论的关注焦点是从动机的产生到采取行动的心理过程，它采用动态、系统的分析方法来研究激励机制，是以"外在目标"激励员工的理论。

过程型激励理论的代表性理论包括：弗洛姆的期望理论、洛克的目标理论和亚当斯的公平理论。

（1）期望理论

美国心理学家和行为学家弗洛姆在其1964年出版的《工作与激励》中①，首先提出了期望理论，认为人的固定需求决定其行为和行为方式，员工的劳动建立在期望基础上，使得个人活动与结果之间建立联系。期望理论可用下列公式表示：

动机（M）=$\sum$效价（V）×期望（E）

效价（V）是指个体对其工作目标的评估。实践中，由于需求不同，所处的环境不同，个体对于同一目标的效价也不尽相同。例如，组织内有的员工希望通过工作获得表彰，这就表明表彰在其心中的效价高；而有的员工对表彰毫不关心，那么表彰对他的效价就等于零；如果有的员工不但不追求表彰，甚至害怕受到表彰，那么表彰对他来说效价为负。

期望值（又称期望概率）是指个体对某项行为实现特定目标可能性的估计与判断。实践中，个体会根据既有的经验来判断自身行为能够实现特定目标或满足某种需要的概率。对于这个目标，如果个体预估其完全能够实现，则概率为最大（$E=1$）；而当个体预估其完全不能实现时，则概率为最小（$E=0$）。结合效价的定义，如果个体对受到表彰的渴望很高，同时又认为受到表彰的概率很大，那么用表彰来作为对其的激励手段，则能够收获良好的效果。

（2）洛克的目标理论

洛克的目标理论，即目标设定理论是指由美国心理学家埃德温·洛克在20世纪60年代末提出的一种动机理论，这一理论强调了目标设定在提高个人和团队的动机和绩效中的作用。洛克的研究表明，设定具体而有挑战性的目标可以促进更好的工作绩效。这个理论已经成为现代组织和人力资源管理实践中的一个关键组成部分（图8-2）。

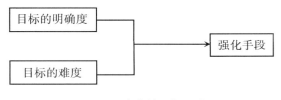

图8-2　洛克的目标理论

---

① Vroom V H. Work and motivation[M]. New York：Wiley, 1964.

这一模式表明，绩效即目标的效果，主要由目标的难度和目标的明确性组成。

①目标的清晰度：清晰、具体和明确的目标更有可能激发个人做出努力，因为他们能更清楚地知道需要达成的标准和期望。

②目标的难度：目标应该具有一定的挑战性，但同时也需要是实际可行的。这样的目标可以激发动机，促使人们为之付出更多努力。过于容易或过于困难的目标都可能导致动机降低。

目标设置理论同样重视目标承诺与反馈。个体需要对他们的目标有承诺或认同。这种承诺意味着他们愿意并准备为实现目标付出努力。通常，当个人认为目标对他们是重要的，或者他们参与了目标设定过程时，承诺度更高。洛克的实验同样表明，提供关于个体或团队迈向目标进展的反馈也是至关重要的。反馈帮助人们调整他们的努力水平和策略，明确他们距离实现目标的距离，并可能提高他们的承诺度。

洛克的目标设定理论强调了设定目标对于指导行为、激励努力、提升坚韧度和增强自我满意度的重要性。同时，这个理论也被广泛应用于个人发展、教育和组织行为管理等领域中，用以提高成员的积极性和工作绩效。

（3）亚当斯的公平理论

亚当斯的公平理论是由美国行为心理学家约翰·斯图亚特·亚当斯在1963年提出的，这一理论是工作场所中的动机理论之一。亚当斯的理论着重强调了员工对公平和平等的感知，这对他们的工作满意度、动机和绩效都产生重要影响。

该理论的核心是"公平感"，即个体通过比较自己与他人的投入（例如努力、技能、经验等）和产出（例如薪酬、认可、晋升等），来评估自己所得到的是否公平。这种比较可能导致以下几种感知。

①平等感：当个体感觉自己的投入与产出之比与他人相等时，他们认为自己得到了公平的待遇。

②不公平感——过度报酬：当个体感觉自己的产出超过了他们的投入，相对于他人获得了更多的回报时，他们可能感到内疚或压力。

③不公平感——不足报酬：当个体感觉自己的产出相对于投入过少，比他人得到的少时，他们可能感到愤怒或感受到不公正的待遇。

根据亚当斯的公平理论，那些感觉到不公平的个体可能会采取一些行动来恢复公平感，这些行动包括：减少工作努力或质量、要求增加报酬或其他形式的回报、改变自己的感知（例如说服自己当前的不平等是暂时的）、改变比较的对象（与自己处境更类似的人比较）、从工作环境中撤离（例如辞职）等。

亚当斯的公平理论强调了管理者在制定薪酬、奖励和其他形式的回报时，需要确保公平，因为员工对公平的感知直接影响了他们的工作表现、职业满意度和组织忠诚度。同时，为了维护公平感，组织内部的透明度和沟通也是至关重要的。因此，组织的管理者就要重视研究公平问题，分析不公平产生的原因，有针对性地采取措施加以解决。

3.行为改造型激励理论

行为改造型激励理论被认为是激励目的理论，激励的目的是要改造和修正人们的行为方式和状态。行为改造型激励理论主要包括：强化理论和挫折理论。

（1）强化理论

强化理论是基于行为主义心理学原则的理论，最早可以追溯到 B. F. 斯金纳的操作条件反射理论。这个理论关注于行为的后果，认为个体的行为模式是由行为后果决定的。简单地说，一个行为如果带来了正面的结果，那么这个行为重复的可能性就会增加；反之，如果一个行为带来了负面的结果，那么这个行为重复的可能性就会减少。强化理论在人力资源管理实践中常被用于员工的动机激励，该理论主要包括正强化、负强化、惩罚和消退等四种手段（图8-3）。

图8-3　强化手段的分类

①正强化：这发生在一个行为后被给予某种奖励，从而使该行为在未来更可能发生。例如，一个员工完成了一项艰巨的任务，随后收到了表扬或奖金，那么他在未来更有可能再次表现出色。

②负强化：这发生在一个行为导致不舒服或不愉快状态的消除或避免，从而使该行为在未来更可能发生。例如，员工加班以避免老板的批评，这种避免

不良后果的情况可能会增加他们加班的频率。

③惩罚：与负强化相反，惩罚是指在行为发生后施加不愉快的后果，以减少该行为在未来发生的可能性。例如，如果员工迟到，他们可能会被罚款或受到批评，目的是减少他们迟到的频率。

④消退：这发生在一个行为没有得到预期的奖励或反馈，结果可能是这个行为在未来减少。例如，如果一个员工的额外努力或成就没有被注意到或奖励，他可能不太继续表现出类似的努力水平。

强化方式描述的是在何种情况下如何频繁地应用强化措施来增加或减少特定行为。其中，连续强化和间隔强化是两种主要类型（图8-4）。

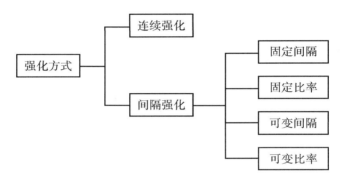

图8-4　强化方式的分类

强化方式包括连续强化和间隔强化，前者是某种行为出现一次后就给予强化，后者是某种行为出现若干次再给予强化，后者在使用过程中需要注意固定间隔、固定比率、可变间隔和可变比率。连续强化方式中，个体每一次行为都得到强化，连续强化可以快速地帮助形成新的行为。但如果强化消失，行为可能也很快消失。与连续强化不同，间隔强化不是每次目标行为发生后都跟随强化，而是在一定的时间间隔或行为数量间隔后进行。间隔强化有助于行为的长期维持，即使强化措施被撤销也是如此。

强化理论的指导意义在于：①要建立完善的绩效管理体系和奖惩制度；②对员工的绩效考核不仅要注重目标，还要注意过程；③及时发现员工的有效行为和不良行为，并及时奖励或惩罚，以达到引导和纠正员工行为的目的；④加强人力资源管理的培训活动，通过不断强化，使员工的行为与组织的目标紧密结合起来。

（2）挫折理论

挫折是社会生活和工作中普遍存在的现象，但挫折后的心理和行为反应却有很大的不同。挫折理论就是研究挫折后的心理和行为反应的理论。造成挫折的原因有客观和主观两类。客观方面的原因，有自然环境的因素，也有社会环境的因素，还有个人条件的限制。主观方面的原因，有个人目标的适宜性、对工作环境的了解和适应程度、个人价值观等。人们在遭受挫折之后，不管这种挫折是客观因素还是主观因素造成的，都会对个体产生重大影响，应对客观因素个体会改变自己的行为方式，应对主观因素个体会改变自己的主观态度。要帮助遭受挫折者战胜挫折，克服因挫折带来的消极后果。

在管理过程中，可以采用以下方法：①了解员工的个人目标、动机和需要，以及可能导致挫折的主观和客观因素，尽量避免或减少挫折的发生；②设定合理、明确、可达、可测量的组织目标，并与员工沟通、协商，使之与个人目标相协调，增强职工的期望值和效价；③提供适度的挑战和支持，使员工能够在成功和失败之间保持平衡，从而增强自信心和自尊心；④建立良好的组织成员关系，使员工能够在遇到困难时得到及时的关心、鼓励和帮助；⑤教育员工正确地认识和评价自己的能力和表现，以及外部环境的影响，避免产生消极的归因和情绪；⑥培养员工积极的应对策略，如寻求解决问题的方法、转移注意力、调节情绪、寻求社会支持等，使他们能够有效地克服挫折。

4.综合型激励模式理论

罗伯特·豪斯的"综合型激励模式理论"融合了多种激励理论，同时考虑了内在和外在的激励因素。其中，内在激励因素包括：任务本身的报酬、完成任务的期望和完成任务的效价；外在激励因素包括：物质奖励或其他形式的外在认可。此理论强调，不同的激励策略对不同的人有不同的影响。激励的总体效力依赖于多种因素的综合影响，这意味着有效的激励需要细致地考虑个人的需求、期望和个人所处环境的具体状况。

（二）中国历史中的激励理论

中国有着悠久的历史和丰富的文化传统，在其漫长的历史进程中，不同的管理思想和实践逐渐形成并应用于各种社会治理和组织管理中。在管理思想的发展史上，尤其是在激励理论和应用方面，中国古代的思想家和治理者提出了许多重要的观点，这些观点至今仍对现代管理实践有所启发。

1.儒家思想

儒家是中国历史上最具影响力的学派之一，强调道德修养、仁爱和社会责任。在激励人的问题上，儒家倾向于强调内在动机，认为通过道德教育和培养良好的个人品质，可以激发个人的内在潜力，促使其为社会作出贡献。《论语》是儒家学说的基本经典，记载了孔子及其弟子的言行。孔子强调，"三军可夺帅也，匹夫不可夺志也。"（《论语·子罕》）这说明了内在的意志和动机是非常重要的，是外在因素无法夺取的。同时，儒家也主张以德治国，认为领导者应该通过自身的道德榜样来影响和激励他人。"得其心者，得其人；失其心者，失其人。"（《孟子·公孙丑上》）孟子在此强调，获得他人的心（即内在动机和忠诚）是管理的关键。

2.法家思想

《韩非子·难一》中提出："赏罚不信，则禁令不行。"法家强调法律和规则的重要性，主张严格的社会秩序和统治。在激励方面，法家强调外在动机，特别是通过奖惩制度来管理和激励人。这一思想强调，严格的规章制度和明确的奖惩措施是确保社会秩序和促进个人行为符合社会期望的关键。

3.兵家思想

在战略管理方面，兵家思想特别强调领导艺术、策略和人员配置。例如，《孙子兵法》中提到的许多原则和策略，不仅用于军事，也被应用于商业和组织管理。在激励人员方面，兵家认为领导者需要了解其团队成员的需求和心理，通过合适的策略激励士气，例如确保公平、给予适当的奖励，以及建立有效的组织结构和文化。

4.墨家思想

"兼爱非攻，尚同也；交亲有礼，尚异也。"（《墨子·尚同》）墨家提倡"兼爱"和"非攻"，强调平等、公正和对所有人的关爱。在激励方面，墨家主张通过互惠的社会关系和公平分配的资源来激励人，认为这有助于建立和谐稳定的社会。

在现代，这些传统思想以不同的方式继续影响着中国的管理实践。特别是在人力资源管理中的领导风格和员工激励方面，中国企业往往结合本土文化和国际先进理念，形成了独特的管理模式。例如，许多公司会结合儒家的道德价值观，在企业文化建设、领导榜样，以及员工培训上下功夫；同时，在薪酬管理、晋升机制等方面，则可能采纳更现代化的激励理论和实践。

第二节　公共部门人员激励思路

在传统观念中，许多人可能会认为公共部门的工作稳定但缺乏激励。然而，随着时代的发展和公众对公共服务需求的增加，我们必须重新思考如何更好地激发公共部门员工的工作热情和创新能力。理解他们的客观需要，无疑是制定有效激励策略的第一步。本节将深入探讨公共部门员工的客观需求和薪酬制度，试图揭示在现代社会背景下，如何通过满足这些需求来达到人员的最佳激励状态。我们将深入了解他们所面临的挑战、期望与愿景，从而为公共部门的人力资源管理提供有价值的参考。

一、公共部门人员激励问题的提出

公共部门的人员激励可以定义为公共组织根据激励原理依法对表现出色或有突出贡献的员工给予物质或精神上的奖励，同时对那些未能达到工作目标或失职的人员采取相应的处罚措施。这不仅是对员工工作成果的肯定，也是对其工作态度和职业道德的鼓励。这种特定的激励方式，实际上是激励理论在公共组织中的独特应用。

公共部门作为国家和社会公共治理的重要组成部分，一直承担着为公众提供多种公共服务的责任。为了确保公共部门能够高效、公正地为社会提供服务，其人力资源管理显得尤为关键。而在众多的人力资源管理策略中，公共部门的人员激励无疑是一个核心的议题，这不仅关乎到公共服务的质量和效率，还涉及公共部门人员的职业激情和职业道德。

随着公共部门职责的变化和社会期望的提高，公共部门的人力资源管理也经历了从传统人事管理到现代人力资源管理的转变。其中，其管理目标已不再仅仅是为政府提供所需的人才，而是在此基础上，还要确保公职人员个人的成长和发展需求得到满足。这意味着现代公共部门的人力资源管理要同时考虑两个目标：既要满足政府组织的需求，也要满足公职人员的个人需求。

这一转变背后所反映出的问题是深远的。过去，公共部门的人事管理往往只关注于如何为政府提供合格的人才，而对公职人员的个人成长和职业发展很少给予关注。这种做法在一定程度上忽略了员工的个人需求，导致了许多有才华的员工流失，同时也影响了公共部门的工作效率和服务质量。为了解决这一问题，公共部门开始重视并尝试建立更加有效的人员激励机制。这实际上是对公共部门人力资源管理目标和方法的重新审视。在新的管理思路下，公职人员不再仅仅是执行政府职责的工具，而是公共部门提供高质量服务的关键因素。他们的工作满意度、职业发展和个人成长，都与公共部门的整体效益紧密相关。因此，如何有效地激励公职人员，使其既能满足政府的需求，又能满足自己的个人需求，已成为公共部门人力资源管理的核心议题。

经典理论——社会认同理论

社会认同理论关注群体行为，是社会心理学、管理学、组织行为学等领域最具影响力的理论之一。社会认同理论的基本观点是：个体通过社会分类对自己所在的群体产生认同，并提升自尊，社会认同会同时产生内群体偏好和外群体偏见[①]。简单来说就是个体在意识到自己属于某个群体时，也肯定了这个群体为其带来的价值。该理论认为，社会认同建立遵循的原则是：社会分类、社会比较和积极区分[②]。这三项原则同时很好地解释了个体产生社会认同的过程。首先，个体感知自身条件和群体条件，通过社会分类将自己纳入一个群体当中；其次，个体将自己所在的群体与其他群体进行权力、声望等方面的社会比较，通过这种比较扩大化社会分类的意义，如果个体将自己归入了某一个群体，那么个体还会以这个群体的标准来要求自己；最后，群体中的个体会激励自己，让自己在群体内表现得更好。简言之，当个体将自己归类于某一个群体之中时，会做出符合群体特征的事情，并维护这一群体的利益[③]。

二、公共部门人力资源管理制度的内在运行机制

公共部门的人力资源管理是一项至关重要的任务，与企业的人力资源管理略有不同，但同样致力于为组织找到、培训和留住最佳人才。然而，公共部门的特点使其人力资源管理制度中的某些机制具有独特性。基于我国政府体制改革的深入，从传统的人事管理制度转变为现代的人力资源管理体制，公共部门

---

① TAJFEL H, Turner J C. The Social Identity Theory of Inter-Group Behavior. In：Worchel S, Austin W［J］. Psychologyof Intergroup Relations. Chicago：Nelson Hall，1986. 724.

② TAJFEL H. Social Psychology of Intergroup Relations［J］. Annual Review of Psychology，1982，33（1）：1-39.

③ 郭晟豪，胡倩倩. 力学不倦：组织认同、工作繁荣下的创新绩效［J］. 管理评论，2022，34（01）：205-217.

人力资源管理中的五大内在运行机制得到了进一步的明确。

（一）竞争机制

为了公共部门能够高效地运作并为公众提供优质服务，竞争机制的建立显得尤为关键。这不仅确保公职系统持续招引优秀的人才，而且为现有公职人员提供了一个创新和提高的环境。在企业中，竞争机制常常表现为员工的业绩竞赛、职位晋升的机会等。但在公共部门，这种竞争更多地体现在为公众服务的质量、效率及创新上。例如，公开考试、择优录用、工作分析与职位分类等，都是为了挑选出最适合的人才，使其在相应的位置上尽快发挥作用。

（二）保障机制

要确保公共部门的稳定运行，公职人员的权益保障是必不可少的。与企业员工不同，公职人员更多地面临着公众的期望和压力，因此，为他们提供稳定的工作和生活环境变得尤为重要。而在企业中，员工的保障往往与其业绩、公司的盈利能力等因素挂钩。公共部门则需要更加注重公职人员的职业发展、工作与生活的平衡，以及他们的心理健康。

（三）激励机制

激励是任何组织人力资源管理中的关键要素，与企业相似，公共部门也需要通过人事奖惩、考绩考评、职务升降、在职培训等措施，鼓励员工提高自己的业务能力，努力完成任务，以取得更好的工作绩效或周边绩效。但与追求盈利的企业不同，公共部门的激励更多地聚焦于公共利益、社会责任感和使命感。这需要一个更为细致、人性化的激励体系，以确保公职人员能够在复杂的公共管理环境中持续高效工作。

（四）更新机制

公共部门中，人员的更新机制包括：①政府工作人员正常的新老交替，保持公职队伍的稳定性和年龄结构的合理性；②现有公职人员知识结构和技能手段的更新，以及公职人员根据适才适用的原则和职业生涯发展的条件，进行职位交流调配的人才流动活动。为了适应快速变化的社会环境，公共部门人员队伍的血液，以及他们的知识和技能也必须得到及时更新。与企业中常见的退休退职、技能培训、团队建设活动相似，更新机制在公共部门人力资源管理制度中的应用包括退休退职、教育培训、交流调配、任职回避、辞职辞退、双向选择和人才市场完善等。

（五）监控机制

公共部门中的监控机制同样包括两个层面的含义：①公共部门依据法定的公职人员义务和纪律，对公职人员的行政管理活动进行监督，依法追究其违法乱纪的行为；②政党、立法机关、司法机关、公众等都对公职人员及行政机关以及政府人事管理部门的工作进行监督。前者是要求公职人员忠于政府，恪尽职守、依法行政；后者是保证国家行政机关包括公务员管理机关在法律的范围内，依照法律程序行使人事管理权。相比于企业，公共部门更多地受到公众的关注和监督。为保证公共部门的行政效率和公正性，对公职人员的行为和工作成果进行监控是必要的。这不仅包括组织内部的监管，还包括组织外部的监督。例如，人事档案、行政惩戒等手段都可以帮助组织及时发现并纠正公职人员的不当行为；此外，政府人事部门和公职人员也需要接受立法机关、司法机关和公众的监督，以确保他们的行为始终在法律的规定范围内。

总之，公共部门的人力资源管理制度中的这五大内在运行机制为组织提供了一个稳定、公正和高效的工作环境，使其能够更好地为社会提供服务。随着我国政府体制改革的深入，这些机制也将得到进一步的完善和发展。

经典理论——公平启发理论

公平启发理论认为人们的公平判断和感知是基于启发式信息加工。启发式信息加工是指人们利用手头的经验信息，快速地做出判断，而不是详细地分析所有的信息。公平启发理论的主要观点可以概括为两个阶段和三个效应[①]：

公平判断的形成阶段：人们在形成整体公平判断时，通常处于一种不确定或不安全的状态，个体的内部特征和外部情境会影响到其对公平信息的解读和反应以及对公平的期待和评价。

公平判断的使用阶段：人们在形成整体公平判断后，会用这个判断来指导和解释后续遇到的相关公平信息。例如，如果认为程序是公平的，那么也会认为结果和互动是公平的。同时，这个判断也会影响人们对组织和领导的态度、情感和行为[②]。

---

① LIND A E. Fairness heuristic theory: Justice judgements as pivotal cognitions in organizational relations[J].American Psychologist,2001,56(7):594-604.

② LIND A E, KRAY L, THOMPSON L. Primacy effects in justice judgement: Testing predictions from fairness heuristic theory[J].Organizational Behavior and Human Decision Processes, 2001,85(2):189-210.

主因效应：人们在一个新的情境下，会根据最先得到的与公平相关的信息，如结果、程序或互动信息，来形成一个整体的公平印象，这个印象会对后续的公平判断和感知产生主导作用。

替代效应：人们在形成整体公平判断时，不同种类的公平信息可以相互替代。如果某类公平信息缺乏或不清晰，人们会用另一类公平信息来弥补。例如，如果结果公平信息不明确，人们会用程序公平或互动公平信息来判断结果是否公平[①]。

其他效应：公平感主要影响与组织有关的态度和行为，且整体的公平判断有一定的惯性，只有出现新的事件时，人们才有可能重新进入公平判断的形成阶段，重新评估自己所处的情境[②]。

三、我国公共部门的薪酬制度

薪酬制度是影响员工工作积极性和效率的关键因素，我国幅员辽阔，各地差异大，发展不平衡不充分是当前社会发展面临的重要问题。根据双因素理论，薪酬制度在我国的不同地区可能是激励因素，也可能是保健因素。因此，对公共部门的薪酬制度进行全面分析，对研究公共部门人员激励尤为重要。以公务员为例，我国公务员法规定，公务员薪酬制度包括工资、福利、保险三个基本部分。

（一）工资

《中华人民共和国公务员法》明确规定，我国公务员的薪酬构成包括基本工资、津贴、补贴及奖金等部分，并且公务员还可以根据国家的具体规定，享有住房和医疗等相关补贴和补助。

1.基本工资

在我国公务员的薪酬体系中，基本工资扮演着核心角色，该体系主要围绕职务工资和级别工资展开。职务工资主要反映公务员职位所承担的责任和职责范畴的大小，而级别工资则旨在反映公务员个人的资历、经验以及其在职业生涯中所取得的成就。在各个职务级别中，根据公务员的实际表现和经验积累，

---

① BOS V D K, VERMUNT, R, WILKE H A M. Procedural and distributive justice: What is fair depends more on what comes first than on what comes next[J].Journal of Personality & Social Psychology,1997,72(1):95-104.

② LIND A E. Fairness heuristic theory: Justice judgements as pivotal cognitions in organizational relations[J].American Psychologist,2001,56(7):594-604.

又细分为不同的工资等级和薪资档次，以确保薪酬体系的公平性和合理性。

公务员的具体薪资档次和级别的确定，依据的是其所承担的职务类型、个人的能力和品德、工作绩效以及职业经验的长短等多方面因素。我国的公务员法实施以来，为了更好地激励公务员的工作积极性，提升公务员队伍的整体素质和效能，公务员级别的变化使得薪酬体系更加细致和层次分明。

这种以职务和级别为基础的薪酬结构设计，不仅确保了公务员工作的积极性和主动性，而且为公务员退休金和其他相关福利的计算提供了重要依据，在保障公务员基本生活的同时，也促进了公务员制度的稳定性和持续发展。

2. 津贴

公务员的津贴体系旨在对那些在特定工作环境或劳动条件下付出更多劳动的公务员提供补偿。这一体系主要分为地区津贴和岗位津贴两种类型。

地区津贴进一步细分为地区附加津贴和艰苦边远地区津贴，以反映不同地区的经济和生活成本差异。地区附加津贴的实施有助于将公务员的薪酬与地区的经济发展水平挂钩，而艰苦边远地区津贴则为那些在自然条件恶劣或发展水平较低地区工作的公务员提供额外的经济支持。尽管目前中国尚未推出统一的地区津贴制度，但许多地方政府已经根据自身情况制定了地区附加津贴政策，并且正在进行整顿和标准化。

岗位津贴是根据公务员所在岗位的性质和工作条件来确定的，主要针对那些工作环境艰苦或有特殊风险的岗位。一旦公务员离开这些岗位，相应的岗位津贴也会随之取消。这一制度由国家进行统一管理，确保公务员在特殊岗位上的额外付出得到合理补偿。人事部和财政部作为国务院授权的部门，负责岗位津贴的具体管理工作。这样的管理机制有助于确保公务员薪酬制度的公平性和合理性，同时也体现了对公务员工作条件的关注和重视。

3. 补贴

公务员补贴制度的设计，旨在维护公务员的实际收入和生活标准，使之免受经济波动和其他外部变化的不利影响。这些补贴不仅弥补了公务员因特殊工作环境或生活条件而产生的额外费用，还作为一种激励措施，鼓励员工长期致力于其职业生涯的发展。目前，我国正在积极推进公务员补贴制度的改革，以期通过未来的立法进一步明确和完善补贴政策，确保公务员福利与国家经济和社会发展同步提升。

4. 奖金

公务员的奖金体系是对其一年工作成绩的认可。该制度规定，基于公务员的年度绩效评估，那些评定为称职或更高等级的员工将获得年终奖金。这笔奖金的数额等同于员工当年最后一个月的基本工资。尽管这样的奖金提供了一定的激励，但由于金额限制可能对公务员的整体激励效果有限，未来可能会有进一步的改革以增强奖金的激励作用。

（二）福利

根据相关法律规定，我国公务员的福利主要有以下几项。

1.休假制度

公务员现行的休假有法定节假日、年休假、探亲假、产假、婚假、丧假、病假、事假等。

其中，探亲假是为了解决公务员与分居两地的配偶、父母团聚问题而设立的。凡在公共部门工作满1年以上，与配偶不住在一起且不能在公休假日团聚的，可以享受探望配偶的待遇，与父母不在一起且不能在公休假日团聚的，可享受探望父母的待遇。

年休假是国家为保护公务员身体健康，每年安排公务员集中一段时间轮休的制度。根据2007年12月7日国务院颁布的《职工带薪休年假条例》规定，公务员累计工作已满1年不满10年的，年休假5天；已满10年不满20年的，年休假10天；已满20年的，年休假15天。

2.优抚制度

我国的公务员法规定，公务员因公致残的，享受国家规定的伤残待遇。公务员因公牺牲、因公死亡或者病故的，其亲属享受国家规定的抚恤和优待。这是公务员福利制度的重要组成部分。

3.其他福利

目前，我国主要的公共部门工作人员福利设施有：为满足公务员共同需要、减轻公务员的家务劳动、方便生活并使公务员获得优惠服务而建立的集体福利设施，如食堂、托儿所、幼儿园、浴室、理发室、疗养院等；为满足公务员文化生活需要提高其身体、文化素质而建立的文体福利设施。如文化宫、俱乐部、图书馆、游艺厅、体育场、游泳池等。

（三）保险

《中华人民共和国公务员法》第七十七条规定："国家建立公务员保险制度，保障公务员在退休、患病、工伤、生育、失业等情况下获得帮助和补偿。"目前我国公务员的保险制度还处在初步建立阶段，其主要内容如下。

（1）公务员因公负伤、致残、死亡的保险待遇；

（2）公务员非因公负伤、致残、死亡的保险待遇；

（3）公务员疾病的公费医疗和保险待遇；

（4）公务员生育的保险待遇；

（5）公务员退职退休的保险待遇；

（6）公务员待业期间的保险待遇；

（7）公务员供养直系亲属的保险待遇；

（8）公务员集体保险待遇。

对上述公务员保险项目的实施范围、待遇标准、资金来源和管理办法，国家都要通过法律或法规的形式，予以具体明确的规定，以便使公务员保险制度的实施依法进行。

总的来看，当前的薪酬制度中，基本工资、补贴和福利占比较大，而与工作绩效直接挂钩的激励性薪酬（如奖金）占比较小，这种刚性的工资结构不利于激发公务员的工作积极性和创新能力。现行薪酬制度对公务员的工作表现和成果缺乏有效区分，高效能和低效能员工获得的薪酬差距不大。此外，相较于快速增长的物价和生活成本，以及私营部门的薪酬水平，公务员的基本工资增长缓慢。

第三节　我国公共部门人员激励对策

在前两节中，我们已经对西方激励理论和中国传统文化中的优秀思想遗产有了全面的理解；同时，通过对我国公共部门现状的梳理，明确了人员激励的迫切需求和可能面临的具体挑战。在此基础上，本节的重点是结合理论与实际，为我国公共部门制定具有针对性和可操作性的人员激励对策，以期达到提升公共部门人员工作积极性、效率及服务质量的综合目标。

从1984年开始，我国进入了全面改革国家干部人事管理制度的阶段。经过近四十年的探索和实践，我国逐步建立起了具有中国特色的公职人员管理制度。但是，对公职人员的激励仍存在着诸多方面的问题。随着我国经济结构转型，与此相适应的政府体制改革、职能转换、简政放权等革新举措也逐步得到落实。党的二十大报告强调，高质量发展是全面建设社会主义现代化国家的首要任务，也是中国式现代化的本质要求，我们要加快构建新发展格局、坚定实施创新驱动发展战略、构建高水平社会主义市场经济体制、全面推进乡村振兴、着力推进区域协调发展、推进高水平对外开放等战略部署，要求政府在保持经济运行在合理区间的同时，着力提升发展质量和效益，实现更高水平的人民富裕和国家富强。在此背景下，建设堪当民族复兴重任的高素质干部就成了重中之重。因此，我国亟需建立以公共价值为导向的激励目标体系，把提高公共价值创造能力作为公共部门人力资源激励的根本目标，把满足人民群众日益增长的美好生活需要作为公共部门人力资源激励的最终目标，把公共价值创造能力与公共部门人力资源的薪酬待遇、职务晋升、荣誉表彰、培训发展等方面挂钩，使之形成正向的相互促进关系。

尽管近年来各级政府在完善公共部门人力资源激励机制方面做了一些探索和尝试，但总体来看，公共部门人力资源激励机制还存在一些不足和问题。例如，激励目标不明确、激励标准不合理、激励方式不科学、激励程序不规范、激励监督不严格等。这些问题导致公共部门人力资源激励机制的实施效果不尽如人意，甚至出现反向激励的现象，影响了公共部门人力资源的工作积极性和主动性，降低了公共部门的工作效率和服务水平。相比于市场竞争机制下的企业人力资源，公共部门人力资源面临着更多的约束和挑战。一方面，由于公共部门承担着维护国家安全、社会稳定、民生福祉等重要职责，其工作具有较强的政治性、专业性、复杂性和风险性，要求公共部门人力资源具备较高的政治素养、业务能力、创新精神和奉献精神。另一方面，由于公共部门受到财政预算、行政规制、社会监督等多重因素的制约，其薪酬水平、晋升空间、退出机制等相对较低、较窄、较困难，难以充分调动公共部门人力资源的内在动力和外在动力。

一、激励理论在我国公共部门的应用

西方的激励理论为我国公共部门人力资源管理实践提供了宝贵的参考价值。早期，我国企业界首先引入并实践了西方先进的激励理念，这些理念在许多组织中取得了显著成效。随后，西方国家开始尝试将这些在企业管理领域验证的成功激励策略，应用于公共部门管理，旨在提升其公共服务的效率和质量。因此，我们可以在借鉴西方成功经验的基础上，在公共部门管理过程中应用西方的激励理论，借以提高我国公共部门的产出效率，建立起高绩效的政府。

行政生态学认为，要研究一个国家的公共行政，不应仅局限于行政系统本身，还应该考虑国家特有的社会环境。由于各国的国情不同，因此要结合实际对西方的激励理论因地制宜地加以应用。由于外部环境各异，个体之间也存在着差异，应用激励理论所产生的效果也不尽相同，我们要针对不同情况，采取不同的方法和措施。

（一）完善奖励制度，打破平均主义、"大锅饭"的体制和思想条框

完善奖励制度，打破平均主义和"大锅饭"体制是提升公共部门工作效率的关键步骤。当前，公共部门的奖励体系往往缺乏针对性和激励性，不能有效地激发员工的工作热情和创造性。物质奖励或其他形式的外在认可可以通过增加个人收入、提升地位和声望等来满足公职人员生理、安全、社交、尊重等层次的需求，从而激发其工作动机和积极性。但是，这种激励方式的效果取决于个人对奖励的价值和可获得性的认知。如果个人认为奖励对自己有价值，并且能够通过自己的努力和表现来获得奖励，那么奖励就会起到正向的激励作用。反之，如果个人认为奖励对自己无价值，或者无法通过自己的努力和表现来获得，那么奖励就会失去激励作用，甚至产生反向的效果。

因此，要根据不同岗位和层级的工作性质、责任和贡献，制定科学合理的奖励标准和分配原则，体现公平公正和效率优先，避免一刀切和平均主义。同时，要根据不同个体的需求差异和偏好，设计多元化、灵活化、个性化的奖励方式和内容，包括物质奖励和非物质奖励，如工资、津贴、补贴、福利、表彰、职称、晋升等。此外，要建立有效的绩效考核和评价机制，把奖励与绩效挂钩，确保奖惩分明、有功必赏、有过必究。同时，要注重过程管理和结果考核相结合，兼顾量化指标和质化指标，提高考核评价的客观性和公正性。最后，要加强沟通和宣传，让员工了解和认同奖励制度的目标、标准、方式和内容，消除误解和猜疑，增强员工对奖励的价值感和获得感。同时，要及时反馈员工的绩效情况和奖惩结果，鼓励员工树立自信心和进取心。

（二）提高领导者和管理者的管理水平，加强和完善各项人事管理制度

目前，我国公共部门的人事管理制度还存在一些不足和问题，如工作目标不清晰、培训指导不充分、岗位安排不合理、自主权和参与权不充分等。这些问题导致了公共部门人力资源的内在激励因素没有得到充分发挥，使得公共部门人力资源对工作本身缺乏足够的满足感和成就感、自我实现感等。在任何组织中，领导者和管理者都扮演着至关重要的角色，他们的管理水平、领导风格

和决策能力直接影响着员工的工作态度和绩效水平。因此，提高领导者和管理者的能力和意识，加强和完善各项人事管理制度，是实现有效激励的重要途径。任务本身的报酬、完成成效的期望和目标是内在激励因素。领导者和管理者应理解和应用这些激励因素，通过有效的沟通和管理，帮助员工找到工作的意义和价值，建立明确和可达成的工作目标。

因此，要根据不同岗位和层级的工作要求，制定清晰明确的工作目标和任务，给员工提供一定的工作挑战，激发员工的进取心和创新意识。同时，要根据不同个体的能力水平和发展潜力，提供适当的培训和指导，帮助员工提高自己的专业技能和综合素质，增强员工的自信心和成就感。此外，要根据不同个体的兴趣爱好和职业规划，提供合理的岗位安排和调整，使员工能够从事适合自己的工作，满足员工的个性化需求和职业发展。最后，要根据不同个体的责任心和主动性，提供充分的自主权和参与权，让员工能够对自己的工作负责，并且参与到组织的决策和管理中来，增强员工的归属感和荣誉感。

（三）领导者应该对全体员工一视同仁，公平合理地使用奖惩制度

目前，我国公共部门的奖惩制度还存在一些不足和问题，如奖惩标准不透明、奖惩方式不科学、奖惩结果不公正等。这些问题导致了公共部门人力资源对奖惩公平性的感知低下，使得公共部门人力资源对奖惩失去了价值感和可获得感，甚至产生了抵触和反感的情绪。因此，在领导者对全体员工一视同仁，公平合理地使用奖惩制度时，要建立透明公开的奖惩制度，让员工了解奖惩制度的目标、标准、方式和内容，并且接受组织内部或外部的监督检查。同时，要坚持全面依法治国，坚持以事实为依据、以德性为尺度、以民意为导向、以效果为考量的原则，对员工进行客观公正的奖惩。

（四）要进行细致的思想工作，帮助员工树立正确的公平观，引导他们客观地进行比较和平衡

任何激励措施的成功都高度依赖于员工对工作环境公平性的感知。公共部门应特别重视公正和透明度，因为这关系到公众信任和机构声誉。如果员工感觉到他们受到了公正对待，他们就更可能设定更高的个人标准，积极地对待工作。相反，任何不公或歧视的感觉都可能导致工作动机的丧失或消极情绪的产生。为了提高员工的公平感，需要加强内部沟通和信息共享。公共部门应该致力于建立一个开放的沟通环境，使员工了解组织目标、政策和决策过程，减少

误解和信任缺失。同时，通过团队建设和加强合作，促进一个支持性和互助互学的工作氛围，以增强员工间的信任和团队合作精神。此外，正确的期望管理也是关键因素，使员工理解在公共部门中，不同的公平层次和形式是为了实现整体的社会平衡和效益，在这个过程中，他们可能需要调整个人期望，理解和接受在实现公共利益的大局中，个人的利益可能会有所牺牲。最后，公共部门的领导者和管理者应该展现出以身作则的精神，通过实际行动来强化公平透明的价值观，从而树立员工的信心，激励他们为共同的目标努力工作。

二、建立公共部门人力资源管理的激励机制

正如前文所述，无论是西方的系统理论，还是我国古代历史上的成功经验，都存在着一定的历史局限性和地域差异性，任何一种理论和方法都不能原封不动地照搬到实践中来。这意味着要融合理论与实践，尊重历史与文化传统的同时，积极借鉴西方激励理论和现代管理方法。这个过程中，关键在于将这些理念与我国公共部门的具体实际相结合，以塑造出既具有理论支撑又具有中国特色的公共部门人员激励机制。同时，在全新的激励体系设计中，我们还必须注重全面性与人性化，这意味着在制定政策时要全面考虑政府部门的多元利益相关者和社会的复杂期望，同时强调公务员的职业发展、工作满意度、工作与生活平衡以及认同感和归属感的重要性。具体地说，可以从以下三个方面进行探讨。

（一）权力激励机制

在国家公共管理体系中，公职人员被赋予了特定的权力来治理和分配社会资源，旨在最大化公共福祉。权力是推动公共服务和政策实施的核心动力，它不仅是对公职人员行为的一种激励，也体现了政治权力结构的一种内在逻辑。公职人员在权力结构中的位置决定了他们在社会资源配置中的角色和影响力。

在我国的公共行政体系中，公务员通过行使法定的权力，不仅参与到公共资源的管理中，更显著的是，它影响着个体对物质资源的掌控、对于人际关系和社会地位的认知。在政治学的传统观点中，权力被视为一种零和游戏，即个体的权力增加意味着其他人权力的相对减少。然而，这种视角忽略了权力在公共部门的正面激励作用。通过权力，公职人员可以实现个人的价值和社会目标，这种权力行使的过程，符合马斯洛的需求层次理论，特别是与自我实现的需求相呼应，以实现公务员在公共行政中的最大价值。

但是，在构建和完善公共部门的权力激励机制时，我们需要从政治学和行政学的角度重新审视权力的概念。权力不应被简单地理解为个人利益的追求，而是一种责任和社会契约的体现。公职人员需要明确，他们所持有的权力来源于社会的授权，目的是实现社会整体利益的最大化。合理的权力激励机制应当强调透明度和责任。只有在公开透明的环境中，权力才不会被滥用，真正成为推动社会进步的力量。

因此，构建和完善权力激励机制在行政管理实践中显得尤为重要。首先，需要明确权力的界定和归属，强化公务员的服务意识和责任感。权力并不是为了个人私利，而是源于民意和法律，用以保障公共利益和社会公正。其次，在权力激励的机制设计中，应注重权力的监督和制约，确保公权力的透明和责任。为了避免权力腐败和集中化的倾向，权力激励机制还需要强调制衡和分权。这不仅意味着在公共管理体系内部要建立有效的监督机制，还要在社会各界营造对公职人员行为的监督和评估氛围。行政决策的民主化和参与性也是权力激励机制的重要组成部分，实行全过程人民民主，通过鼓励民众参与和社会各界的监督，可以使权力运行更加公开透明，从而增强公众对公共行政的信任和支持，促进政府部门的公信力和效能。通过这一系列综合措施，权力激励机制将在促进行政效率和提高公共服务质量方面发挥重要作用。有效的权力激励机制不仅能提高公共行政效率，激发公职人员的积极性，也能在更大程度上防止权力滥用，维护社会公平正义。

（二）竞争激励机制

在管理学领域，人力资源的开发和管理是组织绩效提升的关键。公共部门的竞争上岗机制通过激发员工的内在动力，建立公正的竞争环境，不仅优化了人才的选拔和使用，还极大地提高了组织的整体绩效。竞争上岗机制强调绩效导向，这是现代管理学中非常重要的观念。通过建立明确的评价标准和竞争机制，公职人员只有不断提升自身能力和绩效，才能在激烈的竞争中脱颖而出。这种绩效导向的思维模式有助于形成高效绩的工作氛围，促进公共部门及其成员目标的实现。在竞争的压力下，公职人员需要不断学习新知识、新技能来完善自我，这符合终身学习和可持续发展的管理理念，对于构建学习型政府组织和提升长期竞争力具有重要意义。

从提高行政效率的角度，竞争上岗制度最大的贡献是优化了公务员队伍的结构和质量。系统的竞争选拔过程确保了最有能力的人才担任相应职务，这不仅提高了行政决策的质量，也加快了行政程序的运行速度。更重要的是，通过竞争上岗，可以实现人力资源的最优配置，使得每个公务员都能在最适合他们的位置上发挥最大作用，这对提高整个行政系统的效率至关重要。竞争上岗机制在提高政府服务质量方面也发挥了重要作用。当公务员知道他们的晋升和工作保障取决于个人绩效时，他们更倾向于提供高质量的服务。同时，这一机制也促使公务员不断学习和提升，以适应不断变化的社会需求和技术环境，从而确保政府服务的现代化和专业化。

竞争上岗制度体现了社会主义民主政治的价值追求。它强调的是基于能力和绩效的选拔，这符合政治民主和公平的基本原则，减少了权力寻租和裙带关系对人才选拔过程的影响。竞争上岗制度通过公正透明的竞争选拔过程，减少了内部的保守和封闭，使得人力资源的流动和配置更加合理，是使得组织超越科层制的有力手段。通过竞争选拔的过程，不仅优化了人才结构，也提高了政府部门的透明度和民主程度，增强了公民对政府的信任和支持。同时，竞争上岗为政治权力运行提供了有效制约。在这一机制下，公职人员必须通过自身努力和公开竞争来获得职位，这种竞争机制也自然限制了权力的随意使用，是对权力运行的一种自我纠正和平衡。此外，竞争上岗制度有利于政治参与度的提升。它鼓励更广泛的群体参与到公共服务领域，这种开放性不仅提升了政治参与感，还有助于形成更加广泛的政治共识，这是社会主义民主政治发展的内在要求。

（三）自为激励机制

黑格尔在表述绝对理念发展的两个不同阶段时，采用了"自在"和"自为"两个专门术语，分别可引申为自发与自觉的含义。"自为"这一术语，在这里用以表述个人由于其自身具有的道德修养、政治觉悟等高尚品质而由内心产生的自我激励的自发过程。自为激励机制可以通过加强对公职人员的思想政治教育，提高其觉悟水平，树立其正确的人生观和价值观，以及通过典型模范榜样，培养良好的社会公众价值评价体系等方法来逐步建立和完善。

在社会主义市场经济的背景下，组织不仅需要追求经济效益，还需要承担社会责任和道德责任。因此，管理者必须重新思考他们的角色和管理方法。他们不仅是任务的分配者，还是员工潜能的开发者和引导者。他们的任务是创建一个能够激发员工自我激励的环境，使他们能够在追求个人目标的同时，也推动组织的共同目标。行政管理者应该认识到，激励不仅来自于物质奖励，更重要的是创造一个让公职人员感到自己的工作有意义和有价值的环境。这包括公平的晋升机会、对创新和创造力的鼓励，以及一个支持终身学习和个人成长的文化。通过结合这些元素，我们可以期待一个更具活力、适应性和人性化的公共服务体系。

我国向来重视精神层面的激励，历史和文化传统为建设高政治素质的干部队伍提供了丰富的资源。从科举制度到新时代的人才选拔机制，从儒家强调的"君子之德"到习近平总书记提倡的"江山就是人民，人民就是江山"理念，历史和现实都强调了选拔和培养具有道德素质、专业能力和奉献精神的公职人员的重要性。公职人员是连接政府和人民的桥梁，他们的信念、价值观以及道德准则直接影响着政策的制定和执行。在当前复杂多变的社会经济环境下，公职人员需要具备高度的自我认知和自我激励能力，以确保他们的行为符合公共利益的期待。通过强化政治意识形态教育，我们可以在公职人员中培养一种责任感和使命感，同时通过学习和内化社会主义核心价值观，使他们树立正确的世界观、人生观和价值观，从而在面对各种诱惑和压力时保持正确的政治立场和道德底线。

三、建立物质激励与精神激励并举的双轨激励机制

众所周知，几千年的封建历史把中国塑造成了一个典型的伦理型国家。孔孟之道，作为历代统治者治国的根本，主张"人性本善"，这在很大程度上塑造了我国传统的管理哲学，其中精神激励占据主导地位，而物质激励则相对边缘化。尤其在公共管理领域，这种倾向更是显著。相比之下，物质激励更多地与军事和经济管理联系在一起，现在看来，所谓的"重赏之下，必有勇夫"也常常被视为低级的激励手段。

新中国成立以来，我国社会主义建设经历了翻天覆地的变革，取得了令人瞩目的成就。这些变化在很大程度上得益于公共部门的精神驱动力，因为这种驱动力强调公仆精神和服务公众的意识。然而，随着经济发展的深入，公共管理者开始意识到，仅依靠精神激励已不足以应对新的挑战和需求。物质激励在激发人的工作热情、提高工作效率方面的重要性正变得越来越明显。因此，要实现公共服务的优化和公共部门的现代化，需要在人力资源管理中建立一种平衡机制，即物质激励和精神激励并重。在这个双轨制的激励框架下，物质激励提供基本的经济保障和职业发展动力，而精神激励则满足公职人员自我实现和认同感的需求。

（一）采取绩效挂钩的薪酬制度和灵活的福利形式

薪酬在激励人力资源管理中起着至关重要的作用。一些学者也曾指出，金钱往往有着比金钱本身更多的价值，它也可能意味着地位、权力和自我价值。

在我国公共部门，长期实行的传统人事管理体系采用等级工资制。在一些发达国家，一名高级行政官员的薪金可能与首相持平，虽然我国不能完全实行这套制度。但随着社会经济的快速发展和管理模式的不断更新，单一的、以职级为主的薪酬体系已经难以满足公共部门对高效能人才的需求。这不仅涉及公务员的物质待遇问题，更关乎于激励机制的现代化、人才流动的灵活性，以及公共部门效率和服务质量的整体提升。

在公共部门的人力资源管理中，薪酬管理是一个复杂而敏感的问题。与此同时，许多发达国家的公共部门已经实施了以绩效为导向的薪酬体系，这种体系强调"多劳多得"，突出个人绩效与薪酬的直接联系。在这样的体系下，公务员的薪资不再仅仅与职级挂钩，而是与其工作业绩、贡献程度以及市场竞争状况等多个因素紧密相关。在我国，随着事业单位人事制度改革的深入，相关部门也推出了一系列工资分配政策，以适应新的人事管理需求。这些政策主要强调实施按岗位、按任务、按业绩来决定薪酬的分配体系，旨在通过明确的绩效导向薪酬分配机制，激励员工提升工作效率和服务质量，进一步促进事业单位的发展和效率提升。

正是基于这样的背景，我国公共部门的薪酬体系改革势在必行。在具体操作上，薪酬改革首先需要清晰的绩效评估标准。这意味着，必须建立一套公正、透明、科学的绩效考核机制，对公务员的工作业绩进行量化评估，确保薪酬分配与个人绩效成正比。在绩效考核方面，应注重结果导向，强调实际贡献，同时考虑工作难度、工作量和工作质量等因素，确保绩效评估的全面性和公正性。

此外，薪酬改革还应强调内外部的公平性。这就要求在制定公务员薪酬标准时，不仅要考虑公共部门内部不同职务、不同工作表现的员工之间的薪酬公平，还需要关注与社会其他行业和领域的薪酬水平相比较的公平性。这样既能保持公共部门的吸引力，又能激发在职公务员的工作积极性。总体而言，公共部门薪酬改革的目标是实现"以人为本、绩效优先"的管理理念，构建公平竞争、优胜劣汰的人才激励机制。在此过程中，不仅要确保薪酬与绩效的挂钩，实现薪酬管理的科学化、系统化，还需要关注员工的长期发展和职业规划，提供必要的培训和发展机会，同时加强与员工的沟通，凝聚共识，以确保改革的顺利进行和持续推进。

（二）采取有效的精神激励手段

尽管我国经济快速发展，但精神激励在组织管理中所起的作用仍然不容忽视。马斯洛的需要层次理论强调了人的行为受其未满足需要的驱动，个体在满足了基本的物质需求以后，精神上的需求就变得更为迫切，此时在精神方面的激励往往会取得意想不到的效果。公共部门的管理者必须认识到，公职人员的需求不仅仅是物质的，还包括自我实现、尊重和归属感等精神需求。公共部门，作为一个特殊的组织形式，其员工往往具有较高的职业道德和服务意识，这决定了管理者在激励时不能仅依赖物质奖励。同时，通过表彰、提供发展机会和建立和谐的工作环境等方式，能够更有效地激发员工的工作热情，进而提高组织的整体绩效。

在现代管理实践中，精神激励被视为提升员工动力的关键手段，主要分为两类：个人激励和组织激励。个人激励是管理者通过个人影响力，如展现领导力、提供认可、表达关怀、给予信任和适度反馈等方式，来激发员工的内在动力。这种激励方式的例子包括但不限于尊重员工的个人价值、关注员工的职业发展、表扬员工的优秀表现，还包括在必要时提供建设性的批评。组织激励则涉及组织内部建立的一套完整的激励机制，它通过提供一个支持性的工作环境、确立公平的晋升制度，以及营造积极的组织文化等方式，来满足员工的心理和情感需求。这种激励方式强调了组织作为一个整体对员工行为和态度的影响。

在现代公共部门的人力资源管理中，这两种激励方式都至关重要。个人激励可以直接影响员工的日常表现和工作满意度，而组织激励则有助于长期塑造员工的行为和态度，从而提高整个组织的效率和效果。

在公共部门人力资源管理中，采用创新的激励机制对于提升员工的积极性和工作效率至关重要。组织激励强调制度体系对员工行为的影响，是探索有效激励方法的关键途径。因此，本部分重点探讨组织激励。组织激励主要包括发展式激励、参与式激励、目标式激励、分享式激励等。

1.发展式激励。公共部门人力资源管理应旨在平衡组织目标与公职人员的个人发展目标。传统公共部门倾向于关注组织目标的实现，而忽略公职人员的发展需求。为了促进个人和组织的共同成长，公共部门需要强调竞争和优选原则，避免基于关系或资历的选拔方式。引入现代企业管理的发展式激励策略，如提供专业发展机会和职业生涯规划，可以有效激发员工的积极性，增强组织效率和员工的工作热情。

2.参与式激励。让公职人员参与到管理决策中是一种有效的激励方法，能够显著提升员工的主人翁意识。尽管公共部门的管理体制具有其特殊性，实现全面的参与式管理可能存在挑战，但可以采取适应公共部门特点的措施，如有限范围内的参与。例如，允许公职人员参与到政策制定、工作流程设计、薪酬和福利计划的讨论中。这种参与不仅能增强员工对组织的归属感，还能提高决策的质量和执行效率。

3.目标式激励。洛克的目标设定理论强调，制定具体的具有挑战性且能为员工所认同的目标，能够最大程度地激励员工。然而，目标的制定是一项复杂的任务，即使是经过深思熟虑的目标也可能存在不足，比如与现实情况不符，或缺乏支持目标的配套措施。例如，如果目标设定不公平，或难度过于艰巨，员工可能会感到不满和挫败。同样，如果目标具有挑战性，但缺乏适当的质量控制措施，员工可能会忽视质量，单纯追求产量。这在公共部门尤其重要，因为与经济部门不同，公共部门提供的是公共服务产品。因此，在目标式激励中，公共部门在设定目标时需要更全面地考虑环境和社会因素，这不仅需要使短期和长期目标更实际、更可行，而且要确保它们符合广大公众的需求。这需要重视反馈信息的收集和分析，并根据这些信息适时地调整目标，使其更符合实际情况，兼顾目标设置务实、服务于社会和员工需求的特性。

4.分享式激励。分享式激励是一种以员工的分享行为作为激励手段的管理方法，旨在通过鼓励员工积极分享自己的经验、知识和创新想法，促进团队合作和整体进步。作为一种将员工的分享行为作为激励手段的管理方法，分享式激励在我国这样强调集体主义的文化背景下尤为重要。

分享式激励最早发轫于企业管理中，因为企业领导者认识到组织的成败与每位员工的贡献紧密相关。通过培育和发展和谐、团结、进取、创新的企业文化，员工不仅能够完成日常工作，还能提升个人素养，激发热情和创新欲望。这种方法同样适用于公共部门。在公共部门，分享式激励可以提升公务员的工作积极性和创新能力，促进团队合作和整体进步。借鉴企业的成功经验，公共管理领域可以通过建立分享机制，培育优秀的组织文化，充分利用分享带来的激励效用，更好地为公众服务。我国历来注重个人的道德修养、公务员的政治特性和为人民服务的原则，使公职人员在艰难的环境中展现出奉献精神，成为普通大众学习的榜样。因此，在当前的新形势下，我们应该更加提倡这种公仆精神，弘扬我国公共部门的优良传统，同时也要努力提高公职人员在思想、道德和政治上的素养，培养他们的社会主义道德风尚，鼓励他们为了公众利益而作出个人牺牲和贡献。

未来，随着管理理论的不断发展，可以预见个人激励和组织激励这两种激励方式将进一步融合和创新，以更好地适应不断变化的工作环境和员工需求。

（三）物质激励与精神激励的结合要适度

传统的人事管理模式强调精神激励，在历史的长河中已经深深扎根。这种做法在很大程度上受到社会政治背景、历史传统以及经济发展水平的共同影响。但在现代社会，随着经济的快速发展和个人需求的多样化，物质激励和精神激励并重成了必然趋势。我们需要认识到，激励员工并不仅仅是一种简单的奖赏机制，而是一种复杂的平衡艺术，它要求管理者在物质和精神之间找到恰当的平衡点。

不容忽视的是，物质激励在很大程度上满足了人们对于基本生活品质的追求，这在西方的激励理论以及我国的管理实践中都得到了充分体现。在当代，物质回报不仅关乎生存，更与个人的尊严、社会地位以及个体价值的实现紧密相连。然而，精神激励的重要性也不可轻视，它关乎员工的内心满足感、职业认同感和归属感。特别是在我国，正处于社会主义建设的关键时期，公职人员的精神追求、奉献意识以及社会主义核心价值观的培养显得尤为重要。

在人力资源管理实践中，一些成功的激励案例教会我们一个重要原则：激励措施并非一成不变，而需要根据组织的实际情况、员工的个性差异以及社会文化背景进行灵活调整和创新。物质激励与精神激励并非孤立存在，它们相互作用、相辅相成。如何有效地将这两种激励结合起来，不仅要避免"挤出效应"，导致过度依赖物质激励而忽视精神激励的重要性，还要根据不同情境下员工的实际需求和心理预期进行有针对性的设计。这种平衡不仅能够激发员工的工作积极性和创造性，还能在公共部门中营造一种积极向上、和谐统一的氛围，从而更好地实现服务人民的组织目标。

【复习思考题】

1. 什么是激励？

2. 人员激励的理论基础有哪些？

3. 我国公共部门人员激励的客观需求是什么？

4. 我国公共部门的薪酬制度有什么特点？

5. 结合自己所在的工作单位，谈谈我国公共部门人员激励中存在哪些主要问题？如何改进？

【案例与讨论】

草原上的"担当作为"之星

在内蒙古辽阔的大地上，一场关于勇于担当、积极作为的变革正在悄然发生。通过制定一系列的激励措施和容错纠错机制，内蒙古自治区旨在打造一支敢于担当、积极作为的干部队伍。

2022年9月，自治区党委首次举办了"担当作为好干部"评选活动。活动中，一位在草原深处服务多年的老干部李春华获此殊荣。她多年来坚守在基层，用自己的行动践行着为民服务的宗旨，无论是优化营商环境还是乡村振兴，她都勇敢地担当起重任。评选之后，李春华受到提拔，成为自治区某重要部门的"一把手"，继续在更广阔的领域贡献力量。在内蒙古的一个偏远村落，年轻的干部刘强正面临一个艰巨的任务——改善当地的生态环境。他凭借在自治区举办的专题培训班中学到的知识和技能，制定了一套详细的生态修复计划。他不仅在村民中宣传新的环保理念，还亲自带头实施各项措施。经过一段时间的艰苦努力，这里的环境得到了明显改善。刘强的事迹被自治区党委知晓后，他被评为"担当作为好干部"，并获得了更高层次的工作机会。

自治区党委鲜明地指出，"要做官先做事，要提职先担当"，切实以正确用人导向引领干事创业导向。2022年9月的"担当作为好干部"评选表彰活动中，评选出各条战线100名优秀干部，以自治区党委名义召开命名表彰大会、印发表彰通报，自此，全区吹响了奋勇担当的"集结号"。目前，获评"担当作为好干部"人选中已有60人得到提拔、重用或晋升职级，其中有7名同志从盟市党委、政府的副职提拔为自治区厅局"一把手"。在自治区党委示范带动下，全区各级党委（党组）及时发现、大力使用在疫情防控最前沿、高质量发展主战场和为民服务等一线敢于担当、积极作为的干部，一大批优秀干部走上了新的重要岗位。

思考题：

1.上述案例体现了公共部门人员激励的哪些原则和特点？

2.上述案例中的公共部门人员激励可以应用哪些理论分析？这对于激励和留住人才有什么作用？

3.上述案例中的公共部门人员激励方式还有何改进余地？

【现实思考】

危难关头勇担当 扎根奉献践初心

边境某地，枪声乍起，一场惊心动魄的生死追击在狭窄的山路上演。当慌不择路的毒贩弃车而逃，跳下山坡时，四川省凉山彝族自治州公安局禁毒缉毒支队（禁毒局）支队长（局长）周脉军毫不犹豫跟着跳了下去。在摔下20多米、近70度的陡坡后，他顾不得身上的伤痛，立刻又爬起来扑向毒贩，将他死死按在身下。从事禁毒缉毒工作9年来，周脉军一次次游走在生死边缘。"他是一个不要命不怕死的警察！"毒贩被捕后愤愤地说。关键时刻冲得上去，危难关头豁得出来。一大批公务员队伍中的先锋模范将人民利益放在首位，越是艰险越向前。

"大家靠后，我先上！"内蒙古自治区呼和浩特市玉泉区南二环路消防救援站站长巴特尔总会这样说。呼和浩特市一葡萄糖厂发生火灾，巴特尔带领灭火攻坚组毅然冲进火海。浓烟烈火中，铁质长廊被炙烤得滚烫，支撑厂房的铁柱随时可能断裂。巴特尔趴在廊上，用胸口压住水枪对着火点猛攻，回绝队员们的轮换请求，历经6个多小时鏖战，最终成功将大火扑灭。

当中东呼吸综合征病毒来袭，广东省疾病预防控制中心传染病预防控制所所长康敏迅速赶赴现场。他先后7次穿戴防护装备进入隔离病房，连续作战16天。病例零死亡、医院零感染、社区无传播的成果，他被世界卫生组织评价为新发急性传染病疫情处置的典范。

吉林省人民检察院驻长白山保护开发区管委会检察室主任王利斌先后在龙井市老头沟镇大箕村、泗水村担任驻村第一书记，扎根基层、苦干实干。为村里修路、建安居房、建自来水厂，王利斌带领党员干部消除了乡亲们多年来的生活困扰。好几次都是村民的困难解决了，他自己却累倒了。

党的二十大提出要激励干部敢于担当、积极作为。在祖国的山河大地上，正有一大批党和国家的干部面对危险义无反顾、挺身而出，为党和人民建功立业、保驾护航。脚下有泥土，心中有责任，他们枕戈待旦、守土尽责，坚持以更高标准干在实处、走在前列。饱含对人民的真挚情感，在平凡的岗位上勤勉尽责、忠于职守，他们以实际行动彰显了新时代公务员的风采。

思考题：

　　1.为什么会有一大批党和国家的干部面对危险义无反顾、挺身而出？

　　2.你认为激励党员干部担当作为的方式有哪些？

【拓展阅读】

[1]曾湘泉.构建责任与权限相统一的公务员薪酬制度和治理体系[J].中国人民大学学报,2018,32(03):135-144.

[2]韩小芳.中国国有企业薪酬制度改革的演化动因与未来取向[J].江海学刊,2018(02):214-219.

[3]黄雯怡,宋典,尹轶帅.知识驱动的人力资源管理与员工越轨创新行为关系研究:基于自我决定理论的视角[J].中国人力资源开发,2023,40(12):84-95.

[4]雷蒙德·A·诺伊.人力资源管理:赢得竞争优势[M].刘昕,译.9版.北京:中国人民大学出版社,2018.

[5]李建军,雷志勤,苗豫东.新形势下公立医院绩效薪酬制度改革探讨[J].中州学刊,2018(03):78-81.

[6]刘昕.薪酬管理[M].6版.北京:中国人民大学出版社,2021.

[7]卢闯,张文婷,焦焰.薪酬—级别倒挂与公司环保投资——基于国有企业集团的经验证据[J].中南财经政法大学学报,2023(06):3-15.

[8]任广乾,周雪娅,石晓情.国有控股、高管薪酬与企业业绩[J].郑州大学学报(哲学社会科学版),2019,52(04):46-51.

[9]姚佩怡,姚正海.基于时间差异的员工薪酬决定博弈分析[J].软科学,2018,32(10):58-61.

[10]俞卫,陈玉倩.医生相对薪酬水平与医疗服务质量——基于OECD国家非平衡面板数据的实证检验[J].学习与探索,2021(05):100-108.

[11]张丽芬.从社会认同度看社会工作职业化的制度建设[J].学海,2021(03):66-76.

[12]朱玉成,金雪军.按"知"分配何以可能?——中国特色社会主义新时代的高校教师薪酬改革[J].浙江大学学报(人文社会科学版),2022,52(3):150-161.

[13]BALDWIN J N.Perceptions of public versus private sector personnel and informal red tape:Their impact on motivation[J].The American Review of Public Administration,1990,20(1):7-28.

［14］CIOBANU A，ANDRONICEANU A，LAZAROIU G.An integrated psycho-sociological perspective on public employees' motivation and performance［J］.Frontiers in Psychology，2019，10：362811.

［15］KONG G，KONG T D，LU R.Political promotion incentives and within-firm pay gap：Evidence from China［J］.Journal of Accounting and Public Policy，2020，39（2）：106715.

［16］LEE M J，PETROVSKY N，WALKER R M.Public-private differences in incentive structures：a laboratory experiment on work motivation and performance［J］.International Public Management Journal，2020，24（2）：183-202.

［17］LOCKE E A.Personnel attitudes and motivation［J］.Annual review of psychology，1975，26（1）：457-480.

［18］VAN KNIPPENBERG D.Work motivation and performance：A social identity perspective［J］.Applied psychology，2000，49（3）：357-371.

［19］VAN TRIEST S.Incentives and effort in the public and private sector［J］.Public Administration Review，2024，84（2）：233-247.

第三部分

实践探索篇

本书的实践篇聚焦于公共部门人力资源管理的核心议题，探索它在现代治理背景下的重要性和所面临的挑战。通过这些精选案例，本书旨在通过理论与实践的结合，揭示如何在实际环境中有效解决人力资源管理中的具体问题。这些案例涵盖了公共部门人力资源管理的各个关键领域，每个案例都经过精心挑选，以确保其能体现这一领域的复杂性和多样性。通过这些案例的学习，希望读者能够获得宝贵的知识和技能，特别是提升解决实际问题的能力。

案例一　民俗街从"拆"到"改"的变迁

民俗古巷（化名）位于C市中心地带，是当地民俗社区的核心区域之一，有着悠久而丰厚的历史文化底蕴。这里不仅有民俗寺庙、古官邸、民居等历史建筑，还有砖雕、木雕、蛋雕等非物质文化遗产。然而，在长期的历史积淀和城市发展中，这里也面临着老旧、破败、拥挤、落后等问题，严重影响了居民的生活质量和城市形象。

为了改善这些问题，C市于2015年启动了民俗古巷综合保护改造工程，旨在保护和传承这里的历史文化遗产，提升居民的生产生活条件，打造特色文化旅游景区。该项目执行"文化为先、利民为本、一巷一特色"的原则，不拆一间房，不搬迁一户居民，而是对街巷道路、基础设施、景观环境、民居建筑等进行系统改造，同时对河流进行综合治理，将其从臭水沟变成景观河。该项目分为两期进行，一期是古巷综合改造试点工程，二期是确立了"两点、四带、一中心"的文化景观艺创方案的全面改造工程。

该项目的目标是通过改造提升民俗古巷的历史文化价值、生态环境价值、社会公益价值和经济发展价值，使其成为国家4A级旅游景区，争取被评为国家级旅游休闲街区、A省示范步行街等。同时，该项目也要保障和提高居民的生活质量和收入水平，使他们能够享受到改造带来的红利。

一、从"拆"到"改"的转变

2015年初，C市政府接到上级部门下达的旧城改造任务书，要求在年底前完成民俗古巷等几个老旧街区的拆迁重建工作。市政府立即成立了专项领导小组，由副市长任组长，下设拆迁办公室负责具体实施。拆迁办公室根据任务书的要求，制定了拆迁方案，主要内容是按照市场价值对居民房屋进行补偿，然后将整个区域拆除，再由开发商进行重建，建设现代化的商业住宅区。拆迁办公室认为，这样做既可以快速完成任务，又可以为政府和居民带来经济收益。

然而，当拆迁办公室的工作人员进入民俗古巷进行实地勘察和入户宣传时，却遭到了居民的强烈反对和抵制。居民们不愿意搬离他们生活了几代的家园，也不满意政府的补偿方案，认为政府没有尊重他们的历史文化和民俗习惯。他们纷纷表示，他们不会同意拆迁，也不会签署任何协议。有些居民甚至向上级部门和媒体投诉和举报，要求政府停止拆迁行动。

拆迁办公室的工作人员感到非常棘手和无奈，他们觉得自己是为了居民的利益而工作，却遭到了居民的误解和反对，他们试图通过各种方式说服居民，比如讲解政策、展示效果、提高补偿、安排安置等，但都收效甚微。有些居民阻挡工作人员和施工队伍，造成了一定的损失。

拆迁办公室的负责人王强（化名）感到非常焦虑和无助，他觉得自己陷入了一个两难的境地：如果继续推进拆迁，就会引发更大的抵制和冲突，甚至可能导致流血事件；如果放弃拆迁，就会辜负上级的信任和期望，也会影响市政府的形象和信誉。他不知道该怎么办，只能向专项领导小组求助。

领导小组在听取了王强的汇报后，决定暂停拆迁行动，重新对民俗古巷进行工作分析。他们认识到，之前的工作分析存在一些缺陷和偏差，没有充分考虑到民俗古巷的历史文化价值、群众的心理感受、民俗和宗教的特殊性等因素，也没有充分征求和尊重群众的意见和建议。为了实现这一转变，领导小组采取了以下几个措施。

一是邀请了一些专家学者参与工作分析，包括历史学家、民俗学家、文化学家、规划师、设计师等。这些专家学者对民俗古巷进行了深入的调查研究，从不同的角度分析了民俗古巷的历史文化价值、现状问题、改造潜力等，并提出了一些可行性建议和方案。二是广泛征求了群众和社会各界的意见建议。领导小组通过召开座谈会、发放问卷、开展走访等方式，与民俗古巷内外的居民、商户、宗族代表、宗教界代表等进行了广泛沟通和交流，了解了他们对改造工程的期待和担忧，并尽可能地消除他们对政府工作的误解和不信任。三是成立了居民监督小组。领导小组从民俗古巷内选出了一些有影响力和公信力的居民代表，组成了居民监督小组。该小组的职责是监督改造工程的进展和质量，反映群众的意见和诉求，协助政府开展宣传和动员工作。该小组的成员既是政府的合作伙伴，又是群众的代言人，起到了桥梁和纽带的作用。

最终领导小组认为，拆迁不仅是一个技术问题，更是一个政治问题、民意问题、文化问题。他们决定从"拆"到"改"转变思路，从单纯的城市建设转向综合的文化保护，从强制性的行政手段转向参与性的协商机制，从忽视群众利益转向满足群众需求。

二、工作人员专业化，倾情服务群众

2016年1月，领导小组为参与一期改造试点工程的工作人员安排了一次集中培训。培训地点在街道办的会议室，培训时间为两天。培训的主要内容是介绍一期改造试点工程从"拆"到"改"的转变过程，各部门需要执行的具体工作，对当地民众的补偿政策，以及如何与群众沟通交流等。培训的主讲人是领导小组的成员和专家顾问，他们分别从不同的角度和层面对项目进行了系统详细的解释。

领导小组组长首先向大家介绍了项目从"拆"到"改"的转变原因和过程。他说："大家都知道，我们最初接到上级部门下达的旧城改造任务书时，要求我们在年底前完成民俗古巷等几个老旧街区的拆迁重建工作。我们按照任务书的要求，制定了拆迁方案，并开始了实施。但是，在实施过程中，我们遇到了很多困难和阻力。首先，民俗古巷内居住着近万名群众，他们有着深厚的历史文化传统和宗教信仰，对于自己的家园非常有感情，不愿意搬迁或改变。其次，民俗古巷内有很多历史建筑和非物质文化遗产，如果进行拆迁重建，会破坏这些珍贵的文化资源。再次，民俗古巷内有很多商户和经营者，如果进行拆迁重建，会影响他们的生计和收入。最后，民俗古巷内有很多社会组织和力量，比如宗族、宗教、社区等，如果进行拆迁重建，会损害他们利益、伤害他们的情感。因此，我们在实施拆迁时，遭到了居民的强烈反对和抵制，甚至出现了一些暴力抗拆的情况，给我们的工作带来了巨大的压力和风险。在这种情况下，我们意识到，之前的工作分析存在着一些缺陷和偏差，没有充分考虑到民俗古巷的历史文化价值、群众的心理感受、民俗和宗教的特殊性等因素，也没有充分征求和尊重群众的意见和建议。我们认为，拆迁不仅是一个技术问题，更是一个政治问题、民意问题、文化问题。我们决定从'拆'到'改'转变思路，从单纯的城市建设转向综合的文化保护，从强制性的行政手段转向参与性的协商机制，从忽视群众利益转向满足群众需求。这样做既符合中央提出的'创新、协调、绿色、开放、共享'的五大发展理念，也符合C市'文化为先、利民为本、一巷一特色'的改造原则。"随后，领导小组的成员分别向大家介绍了各部门需要执行的具体工作，每个部门都详细汇报了自己的工作内容、标准、流程、时间表等，并回答了大家提出的问题。

首先，领导小组邀请了一位来自省民政厅的专家，向大家介绍了对当地民众的补偿政策。专家说："根据中央和省里关于旧城改造工程补偿政策的规定，我们为民俗古巷内居民制定了以下几种补偿方式：一是货币补偿，即按照市场价值对居民房屋进行现金补偿，并提供一定比例的搬迁补助费；二是安置房补偿，即按照面积比例或等价原则为居民提供新建或改建后的安置房，并提供一定比例的搬迁补助费；三是回迁补偿，即在改造后将在原住址或附近地区为居民提供新建或改建后的房屋，并提供一定比例的搬迁补助费。这三种补偿方式都是以居民的自愿为前提，政府不会强制居民选择任何一种方式。政府还会根据居民的特殊情况，如低收入、老年、残疾等，给予一些额外的补贴和优惠。我们希望通过这些补偿政策，让居民感受到政府的关心和尊重，也让他们能够享受到改造带来的好处。"

该专家还用一些具体的案例和数据，说明了这些补偿政策的实施效果和影响。比如，在一期改造试点工程中，对巷内的居民进行了补偿安置。巷内有800户居民，其中有300户选择了货币补偿，平均每户获得了20万元的现金补偿和2万元的搬迁补助费；有400户选择了安置房补偿，平均每户获得了80平方米的新房和2万元的搬迁补助费；有100户选择了回迁补偿，平均每户获得了60平方米的新房和2万元的搬迁补助费。这些居民都表示对政府的补偿政策很满意，也很乐意配合政府的改造工作。

此外，领导小组还邀请了一位来自省宣传部的专家，向大家介绍了与群众沟通交流的技巧和方法。专家说："与群众沟通交流是我们工作中非常重要的一环，它可以增进我们与群众之间的理解和信任，也可以促进我们与群众之间的合作和共识。与群众沟通交流时，我们应该注意以下几点：一是尊重群众，不要对群众有任何歧视或轻视的态度，要尊重他们的历史文化和民俗习惯，耐心听取他们的意见和建议；二是倾听群众，不要只是单方面地宣传或教育群众，要耐心听取他们的诉求和困惑，及时回答他们的问题和疑虑；三是说服群众，不能用权威或压力来影响群众，要用事实和道理来说服群众，用利益和感情来打动群众；四是服务群众，不要只是完成自己的工作任务，要关注群众的生活状况和需求变化，积极地为群众解决实际困难和问题。"

同样地，省上宣传部门的专家也用一些具体的案例和经验，说明了这些沟通交流技巧和方法的运用效果和影响。专家说："比如，在一期改造试点工程中，我们与巷内的居民进行了广泛而深入的沟通交流。我们通过召开座谈会、发放问卷、开展走访等方式，了解了他们对改造工程的期待和担忧，并尽可能地消除了他们对政府工作的误解和不信任。我们还通过组织文化活动、开展志愿服务、建立微信群等方式，与居民进行了多样而密切的互动和联系，增进了我们与居民之间的友谊和感情。这些沟通交流工作，使得我们与居民之间建立了良好的合作关系，也使得居民对改造工程有了更多的认同和支持。"

通过这次培训，工作人员对一期改造试点工程有了更加清晰和全面的认识，也掌握了更加有效和实用的知识和技能，使他们对项目有了更多的信心和责任，也对项目有了更多的热情和创造力。

三、昔日臭水河，今日景观河

进入C市民俗古巷，走在干净整洁的青石路上，眼见错落有致的传统建筑，顺着潺潺水声的指引，就来到了民俗古巷的细巷。河流从这里穿流而过，河水清澈见底，白玉护栏温润洁白，桥上亭台水榭，仿佛置身江南水乡。孩童在廊厅中嬉戏，老人在河边晒太阳，游客在观光中陶醉。

C市境内有三大河流，其中两条穿城而过。近年来，C市实施沿河风情线防洪及生态环境综合治理项目、河流综合治理和河道整治工程，成功打造了两条美丽的旅游景观河，有力提升了流域生态环境质量。如今，无论是民俗古巷的江南水韵，还是河畔的风情长廊，都成了C市亮丽的风景线，让生活在这里的百姓幸福感越来越强。

这些美丽的变化背后，是一群默默奉献的城市管理者和环保工作者。他们用心用情用力地做好河道治理工作，为家乡的发展和美丽贡献自己的力量。他们不仅是工作人员，也是这里的居民。他们深深地爱着这片土地，对这里的每一条河流都有着深厚的感情。

"这都是我们街道干部们的功劳啊！"一位老人感慨地说，"他们不怕脏不怕累，每天都在河边巡查、清理、宣传，让我们这里变得越来越美。"

"是啊！我们也要感谢他们。"一位年轻人附和道，"他们不仅治理了河道，还保护了我们这里的历史文化，让我们能够继承和发扬。"

"其实，我们也是为了自己。"街道干部吕一（化名）笑着说，"我们也是这里的居民啊！我们也想让自己的家乡变得更好。我们也想让自己的孩子能够在一个干净美丽的环境中成长。我们也想让自己的父母能够享受一个安宁舒适的晚年。所以，我们不仅是在为别人做事，也是在为自己做事。"

"我从小就住在河边，小时候经常跟小伙伴们一起下河玩水。那时候的河流水清鱼多，我们还会捉些小鱼小虾回家煮着吃。"孙涛（化名）说，"后来随着城市的发展，河流变得越来越脏了，有时候走过去都要捂住鼻子。我心里很难过，觉得我们失去了童年的乐园。"孙涛是C市城市管理执法局副局长，也是河流治理项目的负责人之一。在2011年启动河流防洪综合治理工程之前，他就一直想着做些什么来改善河流的状况，"我觉得作为一个城市管理者和一个C市人，我有责任也有义务去保护我们的母亲河。"

孙涛不仅自己投入到了河流治理工作中，还带动了身边的同事和朋友。他说："我跟他们说，我们要为我们自己和我们的子孙后代留下一条清澈美丽的河流。我们要让我们的家乡变得更加美好。"

在孙涛的感召下，越来越多的城市管理者和环保工作者都主动参与到了河流治理工作中。他们不怕苦不怕累，不分昼夜地清理河道垃圾，修复河道渠道，建设河道景观，为恢复河流往日的风采而努力。

"我们都是C市人，我们都爱这里。我们希望通过我们的努力，让河流恢复往日的风采，让更多的人能够享受到河流带来的美好。"孙涛说。

马玉（化名）是河流段的河长，也是街道的一名社区干部。他从小就住在街道，对这里的每一条巷子、每一座桥都很熟悉。"我小时候经常跟着爷爷奶奶去河流边散步，听他们讲过去的故事。那时候的河流是我们的骄傲，是我们的灵魂。"马玉说。他很高兴能够成为河流段的河长，为自己生长的地方做些贡献。"我觉得这是一份荣誉，也是一份责任。"马玉每周都会对自己负责的河段进行巡查、检查、督导，协调解决存在的问题，履行好河长职责。他说："除了常规巡视，我还入户宣传，向群众发放资料，告知他们不要乱扔垃圾，要爱河，护河。"

现在，干部们最大的愿望就是让本地的河流段成为一条有小桥有流水的清水河、景观河。

【观点争鸣】

观点一

工作分析是公共部门人力资源管理工作的基础和前提，它是对工作目标、内容、过程、要求、条件等方面进行系统的搜集、整理、分析和评价的活动。

工作分析的重要性体现在以下几个方面：一是工作分析可以帮助公共部门明确工作目标和任务，制定合理的工作计划和方案，提高工作效率和质量。例如，在上述案例中，领导小组通过重新进行工作分析，从不同的角度和层面对民俗古巷进行了深入调查研究，从而确定了从"拆"到"改"的思路转变，制定了综合的文化保护方案，为旧城改造工作提供了科学的依据和指导。二是工作分析可以帮助公共部门合理配置人力资源，确定工作岗位和职责，制定有效的招聘、培训、考核、激励等措施，提高员工的能力和绩效。例如，在上述案例中，领导小组通过重新进行工作分析，邀请了专家学者参与工作分析，成立了居民监督小组，充分发挥了各方的专业知识和社会影响力，为旧城改造工作提供了技术支持和社会监督。三是工作分析可以帮助公共部门有效沟通协调各方利益相关者，建立和谐的工作关系，增强员工和群众的认同感和满意度。例如，在上述案例中，领导小组通过重新进行工作分析，广泛征求了群众和社会各界的意见建议，尽可能地消除了群众对政府工作的误解和不信任，为旧城改造工作提供了民意支持和社会共识。

综上所述，工作分析是公共部门人力资源管理工作中不可或缺的一环，它可以帮助公共部门更好地完成其服务于人民、服务于社会、服务于国家的职能和使命。

观点二

公共部门人力资源培训是提高工作人员能力和绩效的重要手段，它可以帮助工作人员掌握必要的知识和技能，提高工作效率和质量，增强工作信心和责任，激发工作热情和创造力。通过公共部门人力资源培训，使得民俗古巷的改造项目得以顺利推进，主要有以下几个原因。

一是，培训使得工作人员对项目有了更加清晰和全面的认识。通过培训，工作人员了解了项目从"拆"到"改"的转变过程，以及各部门需要执行的具体工作。这样，他们就能够明确自己的工作目标和任务，制订合理的工作计划和方案，避免出现重复或遗漏的情况。例如，在培训中，他们学习了民俗古巷的历史文化价值、现状问题、改造潜力等专业知识，也了解了改造方案的设计理念、实施步骤、预期效果等具体内容。他们还参观了一期改造试点工程的现场，亲眼看到了改造前后的对比和变化。这些都使得他们对项目有了更加深刻和全面的认识。

二是，培训使得工作人员掌握了更加有效和实用的知识和技能。通过培训，工作人员学习了对当地民众的补偿政策，以及如何与群众沟通交流的技巧和方法。这样，他们就能够更好地解决群众的实际困难和问题，消除群众的误解和不信任，说服群众配合政府的改造工作。例如，在培训中，他们学习了如何根据不同居民的情况和需求，为他们提供合适的补偿方式，并给予一些额外的补贴和优惠；如何用事实和道理来说服居民接受改造方案，并用利益和感情来打动居民支持改造工程；如何用尊重、倾听、服务等态度来与居民沟通交流，并用文化活动、志愿服务等方式来与居民互动联系。这些都使得他们掌握了更加有效和实用的知识和技能。

三是，培训使得工作人员对项目有了更多的信心和责任。通过培训，工作人员感受到了政府对他们的关心和支持，也看到了项目对群众和社会的好处。这样，他们就能够更加主动和积极地投入到改造工作中，不怕困难和挑战，克服各种阻力和风险。例如，在培训中，他们听到了领导小组组长对他们的肯定和鼓励，也听到了专家顾问对项目的评价和建议；还有一些已经完成补偿安置的居民对政府工作的赞扬和感谢，以及参观过改造后景观的游客对民俗古巷的称赞。这些都使得他们对项目有了更多的信心和责任。

四是，培训使得工作人员对项目有了更多的热情和创造力。通过培训，工作人员接触到了专家学者、居民代表等不同角色，也参与了文化活动、志愿服务等多样的互动和联系。这样，他们就能够拓宽自己的视野和思路，激发自己的灵感和想象，为改造工作提供更多的创意和方案。例如，在培训中，他们与专家学者进行了深入的讨论和交流，从专家学者们那里学习了一些新的理论和方法，也向专家学者们提出了一些自己的想法和建议；与居民代表进行了亲切的对话和沟通，从居民那里了解了一些真实的感受和需求，也向居民展示了一些自己的设计和方案；此外，还与文化活动、志愿服务等组织者和参与者进行了有趣的互动和联系，从而感受到了一些新的氛围和情感，也向组织者和参与者们传递了一些新的信息和价值。这些都使得他们对项目有了更多的热情和创造力。

综上所述，公共部门人力资源培训对于民俗古巷的改造项目顺利推进起到了至关重要的作用。它不仅提高了工作人员的能力和绩效，还增强了他们与群众之间的沟通协调能力，也体现了他们对自己、对群众、对社会、对国家的责任感和使命感。

观点三

公共部门人力资源激励是提高干部活力和工作绩效的重要手段，它可以帮助干部增强工作动力和积极性，提高工作效率和质量，增强工作满意度和忠诚度。比如案例里主要是从以下几个方面激发了干部的认同感。

一是，激发干部的归属感和荣誉感。通过公共部门人力资源激励，能让干部感受到自己是公共部门的一员，是为国家和社会服务的一分子，是为家乡和民众贡献的一支力量。这样，他们就能够更加自豪和自信地覆行自己的职责和使命，也能够更加坚定和忠诚地维护公共部门的形象和信誉。

二是，激发干部的责任感和使命感。通过公共部门人力资源激励，能让干部感受到自己的工作是有责任和义务的，是要为国家和社会、为家乡和民众承担责任、履行义务、解决问题、创造福祉的。这样，他们就能够更加主动和积极地面对工作中的困难和挑战，也能够更加坚持和勇敢地克服工作中的阻力和风险。

三是，激发干部创新和学习的动力。通过公共部门人力资源激励，能让干部感受到自己的工作有创新和学习的空间，需要不断地探索和尝试新的理念和方法、不断地学习和借鉴先进的经验和技术、不断地提高和完善自己的知识和能力。这样，他们就能够更加开放和灵活地思考和行动，也能够更加主动和积极地参与。

综上所述，通过公共部门人力资源激励，可以从非经济角度激励干部的活力与工作绩效，也就是通过激发干部的归属感、价值感、责任感和创新动力等内在动机，使得干部更加认同和热爱自己的工作，更加高效和优质地完成自己的工作，更加满意和忠诚于自己的工作。

【思考题】

1.你认为还能从人力资源管理的哪些角度分析此案例？

2.如果你是案例中的一名工作人员（责任领导、工作人员均可），你还能如何优化案例中的执行方式？

案例二　油烟污染小问题，困扰四年长时间

正值盛夏，J步行街可能是Y县最红火的地方，小龙虾、烤肉、火锅等美食云集，吸引了大批食客欢聚于此，分享美食与喜悦。光鲜的步行街角落还残留有一些斑驳的油渍，这些污渍是步行街楼上J小区百余户居民四年辛酸的证明。自2015年起，步行街持续升温，餐馆越开越多，严重的油烟扰民问题也日益凸显。住户不堪其扰，投诉却无人处理，百户居民在炎炎酷暑也只能关窗生活。回首过往，今日的他们还常感叹，那段日子是怎么熬过来的……

一、城市创文：主动作为　奈何无果

Y县县城大量餐饮商户未按照中华人民共和国生态环境部2001年颁布的《饮食业油烟排放标准（GB18483-2001）》加装油烟净化设备，油烟污染扰民问题严重。该地方的食品药品监督管理局（以下简称"食药监局"）希望借2017年Y县创建文明城市（以下简称"创文"）的东风，彻底整治这个问题。说起缘由，Y县食药监局时任办公室的F主任这样说："我想全国都有这种体验，随着城市化建设，高楼林立，住在三四楼的居民，他们面临的就是一二楼的商铺，若有餐饮必有油烟味，这对他们造成了很大的困扰。"同时，Y县食药监局也同样想通过餐饮单位提升改造工作，在本地创文工作中"取得一定的成绩"。

基于这些考量，2017年2月Y县食药监局向县政府提交了《餐饮单位改造提升实施方案》（以下简称"方案"），除去本单位常规工作和创文工作外，还将餐饮场所通风排烟设施要求及整改方案纳入其中，方案细化分解了各项工作的实施步骤，将改造提升工程分为了动员、组织实施和验收三个阶段[①]。

县政府批复该文件后，食药监局便开始了餐饮单位改造提升工作。经过详细的摸排调查，Y县县城644家餐饮服务单位中，近20%都存在排烟设施不到位，油烟扰民的严重问题。由于食药监局对餐饮单位的油烟排放没有法定管理权，在动员阶段敦促指导企业自行改造后，组织实施阶段即出现了难题。油烟污染问题被纳入环境治理领域，由于缺少环境执法权，食药监局对拒不整改的

---

① 资料来源：《Y县餐饮服务食品安全改造提升实施方案》（2017年2月6日）。

商户毫无办法，急需相关部门的配合。油烟污染治理问题涉及食药监局、住建局和环保局多个部门，其权责各有交叉。在交叉模糊的问题上，掌握"权力"的单位通常更加有话语权，对此，F主任表示："我们的工作是以法律为准则，并不是说我们想怎么做就可以怎么做。我们必须依法行政，但职权不在我们，而在环保部门或住建部门。"

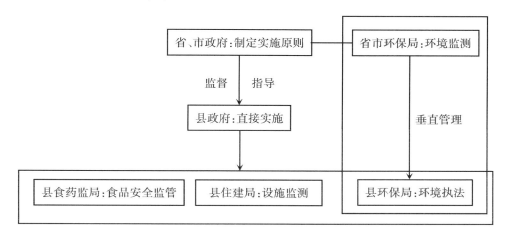

图1　Y县油烟污染治理的权责配置

据此，食药监局负责人决定请示县政府以期获得协助，食药监局向县政府呈送了《关于对创建全国文明城市工作中餐饮单位油烟排放问题整改落实情况的报告》，提出了由县政府出面协调住建局与环保局回应该报告的请求。

报告呈送至县政府后，迟迟未得到正式回复。原来，当时Y县的"创文"工作正进行得如火如荼，油烟污染问题虽被归于大气污染问题，但《全国文明城市测评体系（2014年版）》只对地方的空气污染指数做出了要求，并未将油烟问题单作为一项考核标准，Y县面对的最重要的工作就是"创文"，对于这类没有作出明确要求的工作只能选择"放一放"，县政府时任办公室的D主任这样说："文明创城不光是一个油烟污染的问题，翻开我的本子上面还有几百项的处理清单。"

在新下发的"创文"工作清单中，食药监局、住建局和环保局也被安排了其他"更重要的任务"，县政府希望各单位能够专注于完成这些重要任务[1]。因此，食药监局只得将注意力先转向了县政府制定的"创文"重点工作（任务包括：督促各餐饮场所设置文明餐桌提示牌和开展"创建文明城市，文明餐桌在

_____

[1] 资料来源：《Y县创建全国文明城市重点工作推进责任清单》（2017年3月9日）。

行动"等特色活动），这些任务的统一特点是，"更容易看到"。就这样，"创文"工作如火如荼地进行着，但油烟污染问题却未能得到妥善解决。

二、久病成疾：油烟扰民　住户投诉

美食街的楼上，H阿姨回到家开窗户通风，如此平常的生活，她却等了四年。"房子本来就老，窗户一关又闷又黑，现在终于可以开窗了。"H阿姨倒了杯水，站在窗边说，"我们小区一百多户人，可算是盼出来了！"

J步行街位于Y县城关镇中心区域，是商住一体楼，一二层为商业用房，主要经营商户都是餐饮娱乐业。随着人民生活水平的提升，这里逐渐成为Y县的美食中心，这里全天人头攒动，食客络绎不绝。截至2017年，以J步行街为中心的J小区范围内，大大小小坐落了50余家餐厅，其中大量餐厅未按照《饮食业油烟排放标准（GB18483-2001）》加装油烟净化设备。楼下的食客大快朵颐，楼上的住户却遭了殃，成为餐厅违规排放油烟的直接受害者。

H阿姨居住的3号楼正下方是烤肉店和茶餐厅，从上午十点开始直到凌晨一直排出油烟，这股油烟不但熏黑了楼面，也熏得H阿姨不敢开窗。"唉，其实关窗也没啥大用，还是有味儿。"H阿姨回忆道，"那时候老觉得胸闷，爬个楼梯气短得不行。家里环境太差，我儿子上高中就住校去了。"

住在10号楼的W先生比H阿姨还要烦恼，他也一样从来不敢开窗。W先生说："那时候我们家里面感觉都还是有味道呢！我们一家子都是鼻炎，只要开窗，就鼻子痒，打喷嚏，时间长一点鼻子就不通气了。怪得很，在单位就好好的，回来就不行。"

"那会院子里面到了下午就呛得很，开的换气扇在那放烟，只能走远点，就当锻炼了吧！"12号楼的M大爷这样说。M大爷已经73岁了，退休多年的他爱好是下象棋，J小区内的绿化不错，花园内还有凉亭和象棋案，以前M大爷只有早晨在这里活动，午餐时间开始后，他就要转移到两公里外的人民公园去。

2017年8月，不堪其扰的H阿姨向12345民情通服务热线投诉了J步行街的油烟扰民问题，自此拉开了一场长达四年的油烟治理工作的序幕。

三、无能为力：12345接案　食药监局犯难

2017年8月18日，12345民情通热线接到H阿姨的投诉，J步行街油烟严重扰民，请求政府解决该问题。19日Y县政府即将该问题转送至Y县食药监局。

　　在接到投诉后，食药监局组织执法人员赴现场核查，发现被诉餐馆确实存在油烟扰民问题，随即编制了《关于餐饮油烟噪声污染的情况说明》，将《中华人民共和国大气污染防治法》《饮食业油烟排放标准GB18483-2001》和中共中央、国务院下发的《关于推进城市执法体制改革　改进城市管理工作的指导意见》中关于油烟污染问题的意见进行摘录，提出由其他部门配合的诉求，却由于同样的原因再一次未有回音。在这样的情况下，食药监局只能核查涉事商户，并在无奈之下给出一个回复："经我局执法人员现场检查，该餐饮店持有有效的健康证及食品经营许可证，对存在的食品卫生安全隐患进行了依法处理，因我单位对油烟排放无法律明确规定的处理权限，遂要求经营者积极联系环保部门对油烟排放给予指导验收，为群众营造一个良好的用餐居住环境。"①

　　食药监局出于无奈的回复，被群众认定是政府不作为的例证："让自己联系环保局不可笑吗？要是自觉还用得着投诉吗？"对此，食药监局工作人员也表达了无奈："大部分人都是以结果为导向的，你无论再怎么努力，但是他们看到的结果就是你没有解决，那就是没有意义的，所以就会给人一种你没有担当作为的印象。"

　　据食药监局时任负责人L局长回忆："当时也是没办法，我们局根本没有权限管这个事，但是群众投诉了，肯定要去现场核查的。"原来，翻阅有关的食品安全法规和食药监局的法定职权，均没有明确规定该部门有管理油烟问题的权限。"油烟这个问题确实普遍存在，但又确实很难办。我们接到这类问题投诉的时候，面临着牵扯的部门多，没有专业部门牵头指导的问题，我们一家实在是解决不了。"L局长说。那么究竟有哪些单位应该在餐饮油烟治理工作中承担责任呢？

　　根据《A省2017年大气污染防治工作方案》，餐饮油烟治理一节中规定："在餐饮业推广使用天然气、电等清洁能源，2017年9月底前，市州政府所在城市建成区内所有餐饮经营场所要全面完成清洁能源改造，并加装集气罩、高效油烟净化设施和专用烟道；其他县市区餐饮业要逐步实施清洁能源改造和油烟治理。油烟排放达到《饮食业油烟排放标准（GB18483-2001）》要求，禁止将油烟排入下水管道等地下通道。加强监督检查，督促餐饮户定期对油烟净化设施进行维护保养，从严查处擅自停运设施和超标排放行为。加大露天烧烤整治工作，清理取缔市区道路、车站、广场等公共场所从事露天烧烤、店外设炉灶、

_____

① 资料来源：《Y县12345民情通服务热线/文明城市创建热线诉求件记录表》（2017年8月27日）。

流动经营等餐饮摊点。"该工作方案将主责单位定为各级政府，配合单位定为食药监局、住建部门和环保部门。

对此，L局长评价道："当时我们局也参考了当地《A省2017年大气污染防治工作方案》，这个方案把我们定成了配合单位。可是投诉直接到了我们这里，住建部门和环保部门跟我们是平级单位，如果没有一个领导统一负责，工作确实很难开展。"

面临着没有相关执法权、平级单位协同困难的问题，食药监局只能核查涉事商户，作出了无相关执法权限，建议由专业部门牵头，食药监局配合的回复。

四、痼疾难治：权责交叉　投诉石沉

既然食药监局面临着没有相关执法权、平级单位协同困难的问题，那么该问题的其他责任单位又为何没有参与这宗投诉问题的处理呢？他们也遇到了相同的问题吗？

首先走访了Y县住房和城乡规划建设局（以下简称"住建局"）以及Y县环境保护局（以下简称"环保局"）了解情况。住建局的W主任这样说："当时食药监局没有跟我们沟通过这个事，不过就算当时沟通了，油烟治理也没有被明确纳入到我们的职责里，这是个问题。"他展示了《Y县住房和城乡规划建设局（Y县房地产管理局、Y县人民防空办公室）主要职责内设机构和人员编制规定》。根据该规定中的责任划分，住建局的主要职责共十五项，其中负责综合协调全县住房和城乡规划建设和管理工作，似乎与油烟治理问题有一定的联系。对此，W主任则认为，该工作的主要任务是负责组织研究、编制、修改和调整全县城镇体系规划、城乡总体规划、县域城镇体系规划、控制性详细规划、修建性详细规划和重要建设项目的选址定点、规划建筑方案的审查审批和工程竣工验收，审批核发'一书三证'等，这些都与油烟治理问题无关联。十五条主要职责中，仅有"承办县委、县政府及上级业务部门交办的其他事项"一项，与该工作有关。"如果当时县政府部署了任务，我们肯定要执行的。"W主任如是说，"不过住建局是行政单位，没有执法权，部署了工作，我们也需要有其他执法单位配合。如果我们当时越权去解决这个问题，也算是抢了人家环保局的活。"

至于环保局，其主要职责涉及"监督管理废水、废气、固体废弃物、土壤、噪声、振动、有毒有害化学品等污染防治工作。组织实施排污许可证制度和限期治理制度，协调指导环境综合整治工作。负责全县污染物排放总量控制工作"和"负责环境执法工作，依法征收排污费，依法对辖区的污染源排放污染物情况和污染治理设施的运行情况现场监督检查，依法查处违反环境保护法律、法规的行为，调查处理污染事故，调解处理污染纠纷"。现行的《饮食业油烟排放标准（GB18483-2001）》则规定："排放油烟的饮食业单位必须安装油烟净化设施，并保证操作期间按要求运行。油烟无组织排放视同超标，县级以上环保部门可视情况需要，对饮食单位油烟排放状况进行监督监测。""本标准由县级以上环境保护行政主管部门负责监督实施。"可以说环保局既具有环境执法权，油烟问题又属于其责任范畴内，可他们此前却对H阿姨的投诉浑然不知。环保局C科长这样说："从当时的情况来看，投诉根本没有走到环保局，我们确实不清楚这个情况，投诉在食药监局回复之后就算办结了。平常也比较忙，没有特别关注其他单位的工作，后来县里面研究要解决这个事情了，我们才算是知道。"

　　H阿姨投诉的油烟污染问题，竟然让三个单位没招使，各有不能办的理由，各有自己的难处。

　　回顾《A省2017年大气污染防治工作方案》，将餐饮油烟治理的主责单位定为各级政府。而根据《中华人民共和国大气污染防治法》第八十一条第一款规定"排放油烟的餐饮服务业经营者应当安装油烟净化设施并保持正常使用，或者采取其他油烟净化措施，使油烟达标排放，并防止对附近居民的正常生活环境造成污染"、第一百一十八条第一款规定"违反本法规定，排放油烟的餐饮服务业经营者未安装油烟净化设施、不正常使用油烟净化设施或者未采取其他油烟净化措施，超过排放标准排放油烟的，由县级以上地方人民政府确定的监督管理部门责令改正，处五千元以上五万元以下的罚款；拒不改正的，责令停业整顿"。政策及法规均点明了地方人民政府需要承担主要责任。我们来到Y县人民政府（以下简称"县政府"），向政府办公室油烟污染整治工作负责人Z主任了解情况。原来，在接到投诉时，由于投诉内容涉及餐饮行业，县政府遂将该问题直接转至食药监局，未充分考虑到食药监局的职责。

　　其实，中共中央、国务院《关于推进城市执法体制改革　改进城市管理工作的指导意见》第二部分第七项早已作出明确指示，"重点在与群众生产生活密切相关、执法频率高、多头执法扰民问题突出、专业技术要求适宜、与城市管理密切相关且需要集中行使行政处罚权的领域推行综合执法"。具体执法范围内就规定了环境保护管理方面的"社会生活噪声污染、建筑施工噪声污染、建筑施工扬尘污染、餐饮服务业油烟污染、露天烧烤污染、城市焚烧沥青塑料垃圾等烟尘和恶臭污染、露天焚烧秸秆落叶等烟尘污染、燃放烟花爆竹污染等的行政处罚权"。

至于《A省2017年大气污染防治工作方案》《X市实施大气污染防治法办法》《X市大气污染防治总体工作方案（2013—2017年度）》等政策，均将"餐饮油烟治理任务规定为市州政府所在城市城区内完成清洁改造"作为工作目标，同时也没有明确提出各部门职责和合作办法。"前面我也有提到因为油烟污染这个问题没有明确的管理部门，其他各个部门，也包括市场监督管理局，都只是负责整个事件的其中一部分，它存在多头监管的问题，需要各个部门的相互配合，我们没有协调好。"Z主任诚恳地说。

困扰J小区百余户人的油烟扰民问题，在四个单位之间兜兜转转，最终未能得到实质性解决。而H阿姨则认为，她在投诉后只接到了回访电话告知其食药监局已检查涉事商户的经营资质，此后，再没有收到任何的消息。

问题未解决，怎么就没有了回音呢？民情通热线的考核机制是怎样的呢？翻看当时的民情通热线相关管理办法，原来，当时12345民情通热线的投诉率考核办法并不完善，责任单位核查并向投诉人回复后，即视为案件已办结，若再未收到意见反馈，则默认为案件涉及的问题已经解决。就这样，诸多因素耦合，油烟问题竟成了J步行街的痼疾，H阿姨的投诉也就石沉大海了。

五、一波三折：难以裁量　自行协商

群众的诉求难以得到回应，既然其他部门无法协同，基层干部能否因事制宜，为群众办实事？"基层习惯了执行上级政策，怎么说就怎么做，没什么可以自主发挥的。"食药监局执法大队的K主任给出了否定的答案。"严格按照规章制度办事，法无授权不可为。"对于一些基层干部而言，在政策框架约束下，自由裁量权被认为是"不存在的"，食药监局的F主任同样认为："万一犯错了肯定没有什么空间挽回。"并表示："大多干部都这么想。"可当被问及这种思潮的来源，无论食药监局、环保局、住建局又或县政府均表示似乎没有上级单位对此作出过任何指示或规定，但经验就是这样。"你去网上搜一下，挺多的。"环保局执法协调队工作人员B这样说。种种声音达成了出一个共识，即在基层干部们的认知中似乎将自由裁量为群众办事与被问责画上了等号。

事实上，当地人民政府出台的《鼓励改革创新　干事创业　容错纠错实施办法（试行）》明确在8种情形中出现失误或者错误的，视程度应当予以免责或者从轻、减轻处理，其中就包含：在解决历史遗留问题、化解矛盾纠纷过程中，

立足维护稳定和全局利益，积极主动破除障碍、打破僵局的。然而受访干部均表示不了解该办法，或很难界定办法中的描述是否与该案件情境相符。

政府部门难以裁量，但J小区的居民不甘心就这样放弃。他们找到了物业公司，希望物业公司能够代表住户与商家协商解决问题。但物业公司以"确实可以理解住户，但政府都不管，他们真的没办法""商户租了地方做生意，物业公司总不能去砸店、赶人吧"和"以前也沟通过，确实没有用"的借口回绝了他们。物业公司的行为在J小区居民的眼里就是两边不得罪，是"和稀泥"行为。那么社区有没有可能管管这事儿呢？"社区的人看到我都烦了。"M大爷这样回忆，隔三差五去社区找人说理，成为J小区退休职工们的日常活动，但每次得到的答复都大同小异，比如"职权所限，实在没办法，要求居民拨打12345"，又或者"我们也能理解，但是也处理不了"。到了后来，去社区就成了定期的聊天和诉苦。"其实社区能干啥呢！上面都不管，他们更指望不上。"M大爷如此评价道。

既然政府、物业都不管，那求人不如求己，小区住户决心自行与商户交涉。

2017年9月，H阿姨、W先生以及小区的6名住户代表上门与步行街上的一家烤肉餐厅交涉。据当时在场的几位住户回忆，他们本是抱着交流协商的态度前往，但烤肉店老板的态度却相当跋扈，气氛剑拔弩张，后来隔壁几位店主也参与其中，搞得喧闹不止，恰逢周末的下午，凑热闹的围观群众堵塞了这条步行街。最终，围观群众报警。W先生这样描述当时的情况："当时不知道谁报警说打架了，警察就来了，不过也没有干啥，了解了一下情况，让我们赶紧走。说是严重了要罚呢！"

就这样，协商成了整个事件中的一场闹剧，W先生现在还有些委屈："我们又没有啥坏心思，谁知道能变成这样了。"这么一闹，确实吓到了J小区的住户们，大家都是老实本分人，去餐馆也是想要解决问题，谁知道闹到连警察都出动了，差点闹成了社会事件。"警察都来了我们还敢找去吗！警察还让我们联系政府解决问题，不要私下解决。索性就忍着算了，也没办法了。"自此，H阿姨和其他住户们心灰意冷，对油烟问题绝口不提，继续这着从前那种难熬的日子。

六、难题破解：中央督办迎来曙光

直到2019年，中央第五生态环境保护督察组进驻当地，事情才迎来了转机。当年7月，中央环保督察组进驻，督察时间为一个月，期间设立了专门举报电话和邮箱。看到新闻的H阿姨，又燃起了希望："当时看到新闻就觉得最后试一次，这事儿要是中央都不管，那我们小区的人就彻底放弃算了。"

7月20日，中央环保督察组同时收到三件投诉，均为J步行街餐饮油烟污染问题。X市整改办将三件投诉案件转至Y县，责令其按照《关于转发市整改办关于开展中央第五生态环境保护督察组交办环境信访件办理情况自查核查的通知》文件要求，对其进行整改。

接到X市整改办转办投诉，Y县政府当天即牵头成立联合调查组，由城关镇政府、县市场监督管理局（原食药监局与工商局、质监局合并组成）、县环保局和县住建局配合，整改J步行街餐饮油烟污染问题。联合调查组虽得以成立，但Y县除去油烟污染问题外，还存在其他大量须整改问题，因此，油烟污染问题实质上仍由市场监督管理局负责处理。

得益于"创文"时期的工作沉淀，仅用一天时间，市场监督管理局便精准排查了受到油烟污染问题困扰的小区范围内的75家餐饮商户，发现投诉涉及的23家商户未安装油烟净化器；随后，委托专业机构对其油烟排放浓度进行了检测，发现12家商户油烟净化器长时间未清洗，排放超标。排查结束后，市场监督管理局依据《中华人民共和国大气污染防治法》及《中华人民共和国行政处罚法》对每户给予罚款1000元的行政处罚，并向违规商户下发《责令整改通知书》，要求未安装油烟净化器的必须在7月23日19点前安装油烟净化器；油烟排放超标的，必须在7月22日前清洗维修油烟净化器，涉事商户整改期间不得继续经营，待验收通过后方可营业；同时，向涉事小区物业公司下达督办通知书，责令其加强物业管理，全面跟进督促经营户及时清理油烟。

7月22日，联合调查组即向Y县保障中央生态环境保护督察工作协调联络组出具书面文件，报告三宗投诉问题的办理情况。除此之外，联合调查组还确定了未来工作计划，一是坚持常态化检查，保障净化设备正常运行。对已完成整治的餐饮场所，开展"回头看"专项督导检查工作，确保油烟净化设施正常运行，取得实效；对新增餐饮场所，要求安装油烟净化器；对已安装油烟净化设施但不能正常使用的问题单位，严格按照要求进行停业整顿，确保餐饮户达标使用油烟净化设施。在检查过程中提醒经营者定期对油烟净化设施进行清洗维护，确保油烟净化设施正常使用。二是加强宣传教育，提高经营者环保意识。由市场监督管理局将宣传教育融入日常监管中，营造出全民参与、共同治理油烟噪声污染的良好氛围，不断巩固油烟污染治理的成效。在日常检查工作中，耐心向餐饮户讲解Y县污染防治和环境保护工作的基本要求，以及餐饮油烟净化的相关政策规定，不断提升他们的环境保护意识。在餐饮户办理"营业执照"

"食品经营许可证"的过程中，要求落实环境保护主体责任和油烟噪音治理措施，及时告知经营者餐饮油烟和噪音必须达标排放，做到守法经营。

7月23日，市场监督管理局对J步行街所有餐饮商户负责人展开集体约谈，宣传了相关法律和政策要求，以增强经营者环保意识。待涉事商户全面整改问题后，市场监督管理局对J小区全体住户进行入户调查，住户满意率达100%。2020年8月19日，Y县人民政府网站公示了该问题的整改情况，2021年5月，本级整改办正式同意该问题销号。就这样，困扰J小区百余户人的油烟污染问题，竟然在三天内就得到了解决，而这时，距离H阿姨第一次投诉，已经过去了700多天。

七、干部担当如何保障

如今，H阿姨坐在窗明几净的客厅里，W先生的鼻炎有了好转，而M大爷也能在自家小区内下棋了，往日的问题已经不再困扰他们和J小区内的百余户居民。

Y县的油烟污染治理实践里，中央环保督察组的介入成为解决问题的关键，换言之，是压力型体制产生了作用。在这种体制的作用下，基层政府在协同问题上存在的权力、责任、执行、承担和协调等多重困境均得以解决，基层干部担当作为的环境得以保证。油烟污染问题困扰Y县已久，在群众投诉前，相关责任部门就已发现问题并试图解决，但由于政策执行环境限制，承办的基层干部将自由裁量视为"不可触碰"的红线，而将该问题拖延了两年之久。当中央环保督察组介入后，Y县面对百余件整改问题，虽然成立了联合调查组，但因资源限制，油烟污染问题最终仍由市场监督管理局处理。在处理过程中，市场监督管理局借由调查组的名义解决了缺少执法权的问题，并完成了实质的执法过程，作出了实际且存在一定越界的自由裁量行为。同时，在中央环保督察组将督察结果作为被督察对象领导班子和领导干部综合考核评价、奖励任免重要依据的机制下，基层干部的自由裁量可能产生的问题似乎也显得相形见绌。

"其实到现在，我还是不能理解这么小的问题为什么一定要中央才能解决。"H阿姨感叹道，"我们老百姓不关心他们所谓的权力，解决问题就行了。"的确，如果所有类似问题都要以高层政府介入的形式来解决，那么政府的行政效能何以保障？或许为基层干部营造干事创业的环境，保障其担当作为才是基层治理能力提升的必由之路。

【观点争鸣】

观点一

组织角度，干部为什么会不作为，这是一个复杂而又重要的问题，涉及组织文化、组织结构、组织氛围、组织激励等多个方面。首先，组织文化不健康，导致干部缺乏担当精神。组织文化是指组织成员共同认同和遵循的价值观、信念、规范和行为方式，它对组织成员的思想和行为有着深刻的影响。如果组织文化缺乏正向的价值导向，强调权力而非责任，强调形式而非实效，强调保身而非进取，那么干部就很容易形成不担当、不作为的心态和习惯。从案例中可以看出，油烟污染问题困扰群众已久，但在中央环保督察组介入前，相关部门并没有及时有效地解决问题，甚至有些部门对群众的投诉置之不理。这说明，在这些部门中存在着一种消极应付、敷衍了事、推诿扯皮的组织文化，使得干部缺乏对工作的责任感和使命感。

其次，组织结构不合理，导致干部缺乏工作动力。组织结构是指组织内部各个部门或岗位之间的关系和分工，它决定了组织的运行效率和协调能力。如果组织结构过于复杂、僵化、层级化，那么干部就很容易陷入信息不畅、沟通困难、协作低效的困境。从案例中可以看出，油烟污染问题涉及城关镇政府、县市场监督管理局、县环保局和县住建局等多个部门，但各部门之间缺乏有效的协调机制和责任划分，在中央环保督察组介入后才成立了联合调查组，并由市场监督管理局负责处理。这说明，在这些部门中存在着一种权责不清、职能重复、资源浪费的组织结构，使得干部缺乏对工作的主动性和创造性。

再次，组织氛围不良好，导致干部缺乏工作热情。组织氛围是指组织内部成员之间的情感交流和心理感受，它影响着组织成员的工作态度和满意度。如果组织氛围缺乏正向的激励和支持，充斥着消极的批评和压力，那么干部就很容易产生厌倦、沮丧、抵触的情绪。从案例中可以看出，在油烟污染问题得到解决后，相关部门并没有给予市场监督管理局及时的表扬和奖励，也没有给予其他干部有效的培训和指导，而是继续要求他们进行常态化检查、宣传教育等工作。这说明，在这些部门中存在着一种苛责无感、功劳无赏，只顾埋头苦干的组织氛围，使得干部缺乏对工作的成就感和荣誉感。

最后，组织激励不科学，导致干部缺乏工作效果。组织激励是指组织对成员的工作表现给予相应的奖励或惩罚，以调动其工作积极性和主动性。如果组织激励缺乏公平性和合理性，忽视了成员的个性化需求和差异化贡献，那么干部就很容易失去工作动力和目标感。从案例中可以看出，在油烟污染问题得到解决后，相关部门并没有给予市场监督管理局与其他部门相应的差别化激励，也没有给予其他干部与群众相应的参与感和归属感，而是继续要求他们按照统一的标准和要求进行工作。这说明，在这些部门中存在着一种一刀切、一视同仁、一成不变的组织激励，使得干部缺乏对工作的创新意识和变革能力。

观点二

公共部门人力资源管理的目的是提高公共部门的效率、效果和公信力，实现公共利益和社会目标。因此，公共部门人力资源管理应该以绩效为导向，建立科学、合理、公正、透明的考核机制，激励和约束干部担当作为。从案例中可以看出，油烟污染问题是一个典型的城市管理问题，涉及多个部门的协作、群众的诉求、政策的执行和干部的担当等方面。从公共部门人力资源管理的角度来看，如何更合理地进行干部考核，更能让干部担当作为呢？

首先，明确责任分工和考核指标。在案例中，油烟污染问题涉及城关镇政府、县市场监督管理局、县环保局和县住建局等多个部门，但各部门之间缺乏有效的协调机制和责任划分，在中央环保督察组介入后才成立了联合调查组，并由市场监督管理局负责处理。这说明，在平时的工作中，并没有明确各部门在油烟污染问题上应该承担什么样的责任和任务，并没有制定具体的可量化、可操作、可考核的指标和标准。因此，在进行考核时，应该首先明确各部门的责任分工和考核指标，使之与上级目标和群众诉求相一致，避免推诿扯皮和形式主义。

其次，强化过程监督和结果反馈。在案例中，油烟污染问题困扰群众已久，但在中央环保督察组介入前，相关部门并没有及时有效地解决问题，甚至有些部门对群众的投诉置之不理。这说明，在平时的工作中，并没有建立有效的过程监督和结果反馈机制，使得干部缺乏工作的压力和动力，也缺乏工作的成就感和满意度。因此，在进行考核时，应该强化过程监督和结果反馈，及时发现和纠正工作中的问题和不足，及时表扬和奖励工作中的优秀和创新，增强干部的责任感和荣誉感。

最后，注重综合评价和激励机制。在案例中，油烟污染问题最终得到了解决，但这并不意味着相关部门的工作就可以松懈了，还需要持续不断地进行检查、宣传、培训等工作，以巩固油烟污染治理的成效。这说明，在平时的工作中，不能只看结果、还要看过程，不能只看数量、还要看质量，不能只看短期、还要看长期。因此，在进行考核时，应该注重综合评价和激励机制，综合考虑干部的工作数量、工作质量、工作效果、工作创新等多个方面，给予干部合理的评价和激励，鼓励干部持续改进和创新。

【思考题】

　　1. 你认为还能从人力资源管理的哪些角度分析此案例？

　　2. 你认为应当如何激励干部担当作为？

案例三　让青春在基层绽放绚丽之花

　　小杨，一个在 C 市的大山深处长大的孩子，从小就跟随父母辛勤耕作，目睹了他们日夜劳作却收入微薄的生活。她心中种下了一颗梦想的种子——学习先进的农业技术，改变家乡的贫困面貌。从小学到高中，她的成绩一直名列前茅，高考后，她瞒着父母报考了一所农业大学，选择了农业管理专业。走出大山，小杨第一次来到城市，感觉周围的一切都是新奇的，被城市的繁华和夜晚的霓虹灯深深吸引。

　　在大学期间，小杨不仅系统地学习了农业管理知识，还利用寒暑假同学们组团去旅游的时间回到家乡，和父母亲人一起干农活，将所学知识应用于实践，研究土壤成分，分析农作物生长周期。大学毕业后，尽管许多企业向她伸出了橄榄枝，但她坚定地选择回到家乡，选择去追求她的梦想。"如果留在城里工作，那我的梦想可能这辈子都实现不了了。"收拾好行囊，她回到那个"农业梦想"开始的地方。面对父母的指责和乡邻的不解，小杨加入了家乡的一家规模化农业种植企业做起基层工作。刚开始，意气风发的小杨要求"下基地"。但公司却安排让她做蔬菜销售员。称重、分发、运输……每天两头见不到太阳的工作，令她内心中打起了"退堂鼓"。"销售员其实就是做最普通的、体现不出专业的工作，我很不甘心。"有一次在送货的过程中，小杨发现当时蔬菜基地附近有块某农业科学院的试验地，每天都有专家在那里做农业研究。"只要时间允许，我每天就去看、去学，慢慢地和专家熟悉了，有些不懂的问题，他们也细心地为我解答。"两年后，通过自身努力，小杨从销售员成长为技术员。但，这终究不是她的"农业梦想"。在一次偶然的机会中，小杨看到手机上推送的一条"消息"，得知招聘大学生村官的消息，小杨选择报考。她搜集备考学习资料，白天上班，晚上复习。"没想到，一下子就考上了。"成绩出来后，小杨蹲在宿舍的角落里，喜悦的泪水，从眼角滑落。被招录大学生村官中她的排名靠前，也有去其他相对富裕村工作的选择权。最终，小杨选择了回到了家乡 S 村——生她养她的地方。

　　一切都是那么熟悉，又是那么陌生。"回到农村就回到了家，这里的山山水水我都很熟悉。但作为第一书记，我所面临的工作是陌生的。"小杨说。回到村里的第一件事，就是规划发展 S 村的特色农业。S 村有 30 多年的蔬菜种植历史，是一个老蔬菜基地。种植技术落后，品种比较单一，产量不高，农户收入也很低。很多村民纷纷放弃菜田，外出务工。当时，镇里在推广大棚蔬菜种植，收到通知后，小杨带着村支部人员走家串户去做调研。然而，由于农户考虑到投入大而且看不到效益，没有人愿意建大棚。急不来，也等不来。乡亲们"不配合、不愿意"的声音，成了她工作上的"拦路虎"。本来就对她"将信将疑"，乡亲对她更加不信任。有人甚至直言不讳地说："一个女娃娃能有多大本事。""当时真的很难。"一连几天下来，她的脚上已经磨出了水泡，嗓子也变得沙哑起来，还是没有农户愿意建大棚。但她没有放弃，而是动员自己的父母，把自己家的地建成大棚。

小杨将自己上班时攒下的嫁妆全部拿出来，建大棚。没有地方住，就在大棚旁边搭起了一个小帐篷，每天处理完村支部的工作，就钻进大棚里，泡在菜田里。"肯定成不了""就是在瞎折腾""是不是在给自己镀金呢"……面对村民刺耳的声音和不信任的质疑，小杨顶着压力，选择坚持。四个月后，小杨的大棚蔬菜比其他村民的早上市一个多月，赶上了好价钱，而且质量更好，产出更高。回忆起冬冷夏热的"大棚蜗居"，小杨笑着说："那段日子特别苦，但想到能带动群众富起来，自己感觉很充实，一咬牙就这样挺过来了。每亩大棚年收入近2万元，收益是露地种植的2到3倍。"这下，看到效益的村民主动找到小杨，都愿意跟着她一起干。在小杨的带领下，越来越多的村民陆续建起了几百亩蔬菜大棚，实现收益的突飞猛进……

"大棚的收益只是一方面，筛选更多的蔬菜品种才是关键。"小杨说。进一步调研后，小杨发现S村的农作物品种杂乱，农民的种植技术还停留在祖辈传下来"老黄历"的传统水平上。思考成熟后，她一方面教农户怎么铺大棚地膜、栽种、控制亩行距、搞蔬菜嫁接，另一方面筛选品种，在自己的大棚内栽种了几十个品种的蔬菜。经过试验后，脆莲白这一蔬菜成了S村主打蔬菜品牌之一。"之前这种本地作物不被看好，种植面积在村里也就只有三四百亩地。"对比是明显的。原来一亩地也就3000元左右的收成，现在基本都能超万元的收入。经济效益有了，村民的腰包越来越鼓。小杨将精力转向了另一个"阵地"：丰富乡亲们的精神生活，一起建设美丽新农村。

她学习先进村建设经验，在村里积极推行"积分制"，以小院群众自评互评积分为主，奖惩双行的方式推动村民改正不文明习惯。"你一计，我一计，合起来就是乡村发展的内动力。"实施乡村治理"积分制"后，环境的改善让村民们逐渐意识到自己就是乡村的主人，许多外出务工的村民都回来了。邓家院子就是一个典型的改造例子。之前，这里乱搭乱建，生活的院落满是鸡鸭粪便，臭气熏天，芭蕉树倒在院里没人收拾，村官前去劝说没人理，发放生活用品作为改正奖励也只能起到一时的效果，十分影响整个村的环境。现在，邓家院子焕然一新，变成了一个干净整洁的田园村落，还获得了"流动红旗小院"荣誉。看见这样翻天覆地的变化，小杨特别欣慰，"只要我们继续做实事，把事情做到百姓心里，效果自然反映得出来。"同时，在她的建议下，S村每年都要开展"好婆婆""好媳妇""文明家庭"评选活动，让村民们有实实在在的获得感、荣誉感和幸福感。

2017年，小杨利用R区发展村级集体建设试点项目的契机，率先在S村建立了产业发展协会、村股份经济合作社和农产品销售公司3个平台。成立仅一年后，3个平台就开始盈利。产业经济发展协会开展资金互助服务72万元，股份合作社开展土地代耕服务1200余亩。农产品销售公司购买物流车2辆，建立冷库660立方米，每年统一销售莲花白、黄瓜等蔬菜1000余吨。笫二年，S村荣获了全国"一村一品示范村"荣誉称号，村民年人均可支配收入突破15000元。如今，S村成为远近闻名的蔬菜专业村，也成为了富裕村、文明村。

小杨说："十年的时间，我在这里成家，也在这里成长，每天穿梭在田间地头，行走在农家小院，我早已经成为S村不可分割的一分子了。今后我也将竭尽所能，为美丽乡村建设贡献自己的力量。"对于S村未来的规划，小杨提出了"田园美、人心美、环境美、家庭美、生活美"的建设目标，她相信，只要全村人民共同努力，这些目标一定能够早日实现。

习近平总书记深刻指出，"把到基层和艰苦地区锻炼成长作为年轻干部培养的重要途径"，为广大年轻干部成长成才指明了前行方向，提供了重要遵循。年轻干部唯有扎根基层、深耕基层、热爱基层，让青春之花在祖国最需要的地方绽放，方能不负党和人民的殷切期待。小杨的故事，只是中国这片广袤大地上的一个缩影，在乡村建设与乡村振兴的征程上，无数个"小杨"坚守在乡村一线干事创业，扎根基层艰苦奋斗，用一段段关于梦想、坚持和奉献的旅程共同汇聚成中华民族共同富裕、伟大复兴的中国梦。小杨用自己的行动诠释了什么是真正扎根基层，什么是真正的乡村发展和振兴。她的故事告诉我们，只要有梦想、有坚持、有奉献，就能够实现自己的目标，改变家乡的面貌，为社会的发展贡献自己的力量。

【观点争鸣】

观点一

　　青年扎根基层是实现人才回流和城乡均衡发展的重要途径，这一点从小杨的故事中得到了生动的体现。她的选择和行动不仅为个人成长提供了舞台，也为乡村的振兴注入了活力。

　　人才回流的示范效应：小杨回到家乡的行为，可以作为人才回流的一个成功案例，激励更多受过高等教育的青年认识到基层的潜力和需求。这种回流有助于缩小城乡之间的发展差距，促进知识和技能的地域性均衡分配。

　　促进资源的合理配置：随着更多青年人才的加入，基层社区能够更有效地利用和分配资源。青年人才带来的新观念和新技术，能够提高资源的使用效率，促进当地经济的多元化发展。

　　激发乡村发展活力：青年人才的加入，为乡村带来了新的发展思路和创新模式。他们通常更加开放和适应变化，能够引入新的生产方式和管理方法，从而提高农业生产效率和产品质量。

　　提升公共服务水平：青年人才在基层的公共服务领域中，能够运用现代信息技术和公共管理理念，提高服务效率和质量，满足乡村居民日益增长的服务需求。

　　培养社会责任感：在基层工作的过程中，青年人才能够更深入地了解社会现实和民众需求，这有助于培养他们的社会责任感。通过解决实际问题，他们的社会参与意识和责任感将得到加强。

　　增强实际操作能力：基层工作需要解决各种复杂问题，这对青年人才的实际操作能力提出了挑战。在实践中学习和成长，能够使他们的理论知识得到应用和验证，增强解决实际问题的能力。

　　为国家发展储备人才：通过在基层的工作经历，青年人才不仅能够为当地发展做出贡献，同时也在为自己积累宝贵的经验。这些经验对于他们未来的职业生涯和国家长远发展都具有重要意义。

　　政策引导与激励机制：政府和公共部门应当通过政策引导和激励机制，如提供创业支持、职业发展机会、生活补贴等，鼓励青年人才到基层工作。这些措施可以降低他们的生活和职业发展风险，提高他们投身基层的积极性。

　　建立长效合作机制：鼓励高校、研究机构与基层社区建立长期合作关系，为青年人才提供研究和实践的平台。这样的合作机制有助于将科研成果转化为实际应用，同时也为青年人才提供了学习和成长的机会。

强化文化与情感联系：青年人才回到家乡工作，有助于强化他们与本土文化的联系，促进文化传承和创新。同时，这种情感联系也能够增强他们对基层工作的投入和热情。

通过上述措施，可以有效地促进青年人才扎根基层，实现人才回流，推动城乡均衡发展，为实现全面小康社会和乡村振兴战略目标贡献力量。

观点二

青年扎根基层不仅是公共部门人力资源管理的宝贵资产，更是推动社会进步和乡村振兴的关键力量。小杨的案例生动地展示了青年人才如何以其活力、创新精神和专业知识，成为基层发展的重要驱动力。

首先，青年人才如小杨所展现的，具有强烈的事业心和责任感。他们愿意深入基层，直面乡村发展中的各种挑战，这体现了青年一代的社会担当。小杨通过实际行动，不仅改善了当地的农业生产条件，还提升了农产品的质量和市场竞争力，这对于提高农民收入、缩小城乡差距具有重要意义。其次，青年人才的引入为基层公共部门带来了新鲜血液和创新思维。小杨在农业管理方面的专业知识和对新技术的掌握，使得传统农业得以与现代科技相结合，提高了农业生产效率。此外，她在乡村治理上的创新实践，如推行"积分制"管理，不仅改善了乡村环境，还增强了村民的归属感和荣誉感。这些都是青年人才在基层所能发挥的独特作用。

公共部门在人力资源管理中应当更加重视青年人才的培养和使用，这包括但不限于以下几点。①建立青年人才发展计划：为青年人才提供定制化的职业发展路径，包括定期的职业培训、领导力发展项目和实践机会，以帮助他们快速成长。②提供多元化的工作平台：鼓励青年人才参与到不同的项目和工作中，通过轮岗、项目负责等方式，让他们在实践中学习和成长。③实施激励和认可机制：通过绩效考核、奖励制度等手段，对青年人才的工作成果给予及时的反馈和认可，激发他们的工作热情和创新动力。④创造良好的工作和生活环境：改善基层工作条件，提供必要的生活支持和福利待遇，解决青年人才的后顾之忧，使他们能够更安心地投入到基层工作中。⑤加强继续教育和终身学习：鼓励青年人才参与继续教育，不断提升自己的知识和技能，以适应快速变化的社会和工作环境。⑥建立跨部门和跨领域的交流机制：促进不同地区、不同部门之间的青年人才交流，通过分享经验、协作项目等方式，拓宽他们的视野，增强解决复杂问题的能力。

通过这些措施，公共部门不仅能够吸引和留住像小杨这样的优秀青年人才，还能够充分发挥他们的潜力，促进基层治理体系和治理能力现代化，为实现乡村振兴战略和可持续发展目标提供坚实的人才支撑和智力支持。

【思考题】

1.你认为还能从人力资源管理的哪些角度分析此案例？

2.你认为公共部门应当如何更好回应青年干部扎根基层奉献青春的热情？

案例四　基层干部应该怎么选

党的二十大报告强调，"全面建设社会主义现代化国家，必须有一支政治过硬、适应新时代要求、具备领导现代化建设能力的干部队伍。"基层作为我国社会治理的关键一环，干部队伍的建设显得尤为重要。基层干部不仅要政治素质高，更要具备适应新时代发展的各项能力。这不仅包括对政策的理解与执行能力，还包括对复杂社会问题的应对能力、对民意的敏感度以及创新思维和领导能力。那么，如何实现高质量的基层干部选拔任用目标，真正选出有能力、肯作为的干部？B市T县谋划的一系列凭工作实绩选用干部专项考评探索，以其具体而严谨的制度化安排，使得真正躬身一线深耕的基层干部站上了C位，激发了基层干部的干事创业热情，让有为者安了心、让观望者动了心，盘活了T县的干部队伍。

基层治理是国家治理体系的基础，基层干部的选拔与任用直接关系到社会治理的质量和效率。然而，传统的选拔机制往往存在诸多问题，如"熟人社会"的干扰、评价标准的不明确等。T县通过一系列创新实践，探索出了一条符合当地实际需求和新时代要求的干部选拔之路。为做到一把尺子量干部、减少不合规操作和不公正提拔，T县县委明确换届选拔方案，用"先定标尺"代替"先议人头"作为基本原则，确保了选拔过程的公正性。T县县委通过年度绩效考评、个人年度考核以及近5年来所获市级及以上荣誉等六个方面的综合评价，建立起一套科学的考评体系。同时，T县想出了改造常规干部评价内容的新机制新办法。一方面，推行年度绩效考评"一票赞成"机制。具体而言，"一票赞成"指凡是工作取得重大突破、重大成效的，经验做法在全国全省推广，获全国全省表彰奖励的单位，只要没有受到"一票否决"事项的处分，就直接将单位评为绩效考核一等单位，主要领导年度考核定为优秀。另一方面，广泛开展"晒实绩比担当、晒亮点比作为"评比活动。"晒实绩比担当、晒亮点比作为"的主要内容是各乡镇和县直单位派出代表上台介绍本单位上一年度主办或承办的重大活动、完成的主要任务和创新亮点，由观众现场投票打分，最终成绩直接作为干部选拔任用的参考。

以科学的年度绩效考评为基础，在今年T县乡镇领导班子的换届工作中，T县领导班子在深入调研后，印发了《T县关于突出凭工作实绩用干部 高质量做好乡镇换届工作的实施办法（试行）》，明确了评比的具体标准和程序，并据此来评比全县各乡镇三大班子主要领导和县直单位党政主要领导近5年来的工作实绩。具体而言，评比共包括6个项目，其中单位评比4个项目、个人评比2个项目，全部项目的成绩折合成一定数量的A，以参评干部获A多少，判定其工作实绩表现。T县县委常委、组织部长老林立下决心，在实绩评比中，决不搞一言堂，一家说了不算而是要多方联合据实认定，并且要求个人充分举证，增强干部个人在考评过程中的主动性和参与度，最后对结果签字认可才作数，这不仅提高了考评的透明度，也增强了干部的责任感。考核结果一经产生，县委组织部就将考评排名分序列做了出来，"赛场选马式"的干部提拔就此获得了清楚参照。此外，在本次换届工作中，T县还增加了科级领导干部任职意向调查环节，优先考虑将每个序列排名前三的干部安排到其意向岗位，这不仅体现了对干部个人意愿的尊重，也提高了干部的工作积极性和满意度。

基层工作繁重，很多干部苦于职业发展瓶颈和职业高原而晋升无望，T县通过树立正确的选人用人风向标，将工作实绩作为任用干部的首要关键词，有效激励了干部的干事创业热情和担当作为决心。T县Y镇党委书记小隆就是新办法换届的受益者之一。她回忆，以往任劳任怨埋头苦干的"老黄牛"和敢想敢干的"愣头青"这样两类人很难遇到自己的伯乐，长时间难以获得推荐提拔，而今年县里推行的干部总A值实绩排名办法，为实干家干部提供了明确的晋升路径，确保了优秀干部能够得到应有的认可和提拔，给他们吃下了定心丸。有同样感触的还有L镇新上任的80后镇长小梁。在一轮换届考评中，小梁成绩突出，表现得非常亮眼，这位深耕一线、奉献青春的外来干部再也不必担心在县领导面前曝光率低而难以提拔了。"一线工作以来我从没想过自己有一天会被提拔重用，"小梁说，"县里新出台的考核办法让大家都眼前一亮心中一喜，让老实人、踏实人也能够有盼头有奔头、不吃亏不心寒。"

取得如此亮眼的成绩，T县在此次干部选拔任用的改革中坚持了什么？做对了什么？基层干部的选拔任用讲业绩是重要且必要的，其中鉴别真成绩与面子功夫很关键，也对一个地区的治理成效和民生保障有着重大的影响。T县干部换届选拔任用改革，坚持了科学设置干部评比的标准和指标，延长了考察时限，注重了多方评判和核验，打破了一言堂，真正实现了听群众说话。这一改革不仅提高了干部选拔的质量和效率，也为其他地区提供了可借鉴的经验。基层干部的选拔任用是公共部门人力资源管理的重要组成部分。T县的实践表明，通过制度创新和科学管理，可以有效提升干部队伍的整体素质和工作效能。未来，公共部门应进一步探索和完善干部选拔任用机制，以适应新时代的发展需求。

【观点争鸣】

观点一

以工作实绩为导向的选拔任用机制是提升基层治理效率的关键，其核心在于通过客观的业绩评价来选拔和晋升干部，这在公共部门人力资源管理中是一个重要议题。一方面，以工作实绩为导向的选拔任用机制能够明确干部的职责和目标，将个人的努力与组织的需求紧密联系起来。这种机制通过奖励那些在岗位上取得显著成绩的干部，激励所有干部提高工作效率和质量。当干部的晋升与工作实绩直接挂钩时，他们更有可能采取创新方法来解决问题，推动基层治理项目的成功，这种创新精神有力促进了基层治理的活力和效率，是基层治理现代化的关键。同时，量化的考评标准和透明的评比过程减少了选拔过程中的主观性和偏见，确保了所有候选人在同等条件下竞争，提高了选拔制度的公正性和公信力。通过选拔那些在实际工作中表现出色的干部，组织能够确保关键岗位由最合适的人选担任，从而提高整个组织的运行效能和服务质量。

但是另一方面，以工作实绩为导向的选拔机制也可能会在实际操作中出现异化，进而背离选拔任用干部的初衷，造成负面效果。如果选拔机制过分强调短期工作实绩，可能会导致干部为了迅速获得认可而采取短期行为，忽视了长期规划和可持续发展。并且工作实绩的量化评价可能无法全面反映一个干部的综合素质，包括领导力、团队协作能力、道德品质等，这些因素同样对基层治理至关重要，而这可能导致一些具有领导潜质但尚未展现的干部被埋没。在实际操作中，工作实绩的评价标准可能存在局限性，如评价指标可能过于简化，无法涵盖所有重要的工作方面，或者评价过程可能受到主观因素的影响等。为了确保评价的全面性和准确性，需要建立更多的配套措施，如多元化的评价体系、定期的能力评估和发展反馈机制，以及对干部潜力和长期贡献的考量。

在实施以工作实绩为导向的选拔机制时，公共部门需要平衡短期成果与长期发展的关系，确保选拔过程既能够激励干部追求卓越，又能够全面评价干部的潜力和综合素质。此外，组织应建立一个动态的评价体系，不断调整和完善评价标准，以适应不断变化的社会需求和工作环境。同时，通过提供培训和发展机会，帮助干部提升自身的能力和潜力，为基层治理的长远发展打下坚实的基础。

观点二

群众参与的选拔机制是实现民主监督和提升治理透明度的有效途径，也是公共部门人力资源管理中一个重要的议题，它涉及到如何将民主监督和公众意见纳入干部选拔过程。一方面，群众参与选拔机制能够让干部的选拔更加贴近民意，增强了干部与群众的联系，使得选拔结果更加符合公众的期望和需求。群众的参与和监督有助于提高选拔过程的透明度，让公众能够了解选拔的标准、程序和结果，从而增强公众对选拔结果的信任。同时，民主监督作为一种有效的反腐败机制，通过群众的参与，可以及时发现和纠正选拔过程中的不正当行为。此外，群众的直接参与有助于选拔出那些真正能够代表和服务人民利益的干部，这些干部更可能在工作中考虑民众的需求和利益。

但是另一方面，群众参与可能受到信息不对称和认知偏差的影响，缺乏对干部工作全貌的了解，对干部的专业能力和综合素质评价可能不够准确，并且群众的评价可能受到个人偏好、社会舆论等因素的影响。在实际操作中，设计和实施群众参与的机制可能存在操作难度，需要确保群众意见的收集、整合和应用过程既公正又高效，而如何确保群众意见的代表性和公正性是一个挑战。此外，群众的直接参与可能会增加选拔过程的复杂性，延长选拔周期，影响决策的效率。

为了平衡群众参与的积极作用和潜在问题，公共部门可以加强信息公开，如通过公开透明的信息发布，减少信息不对称，让群众在更充分了解干部工作的基础上进行评价；建立多元评价体系，结合群众评价和其他专业评价，形成一个多元的评价体系；设计合理的参与机制，如通过问卷调查、公开听证会、在线平台等多种形式，确保群众意见的有效收集和表达；提高群众参与的质量，如通过教育和培训，提高群众对干部选拔标准和程序的理解；确保代表性和公正性，如采用随机抽样、分层抽样等方法，确保参与群众的代表性；技术与方法的创新，如利用大数据分析、人工智能辅助决策等信息技术手段，提高群众参与的效率和评价的准确性。

【思考题】

1.你认为还能从人力资源管理的哪些角度分析此案例？

2.你认为在基层干部的选拔任用中有哪些环节需要优化？

案例五　盘活存量编制，打通关键堵点

　　党的二十届二中全会通过了《党和国家机构改革方案》，深化国务院机构改革是其中的一项重要任务。必须以习近平新时代中国特色社会主义思想为指导，以加强党中央集中统一领导为统领，以推进国家治理体系和治理能力现代化为导向，坚持稳中求进工作总基调，适应统筹推进"五位一体"总体布局、协调推进"四个全面"战略布局的要求，适应构建新发展格局、推动高质量发展的需要，加强科学技术、金融监管、数据管理、乡村振兴、知识产权、老龄工作等重点领域的机构职责优化和调整。以乡村振兴为例，H省针对乡镇一级面临的"工作多、任务重、人手少"的痛点，面对存量编制分割固化的现实问题，鼓励从上往下跨层级调剂使用编制，部分县级机关盘活存量编制资源，探索减县补乡机制，以期破解乡镇"没人办事，没编养人"的难点，打通基层治理关键堵点，为乡村振兴提供坚强的人力资源保障。

　　乡镇一级在人力资源配置上长期面临编制分割固化的问题。2005年前后实施的"双减"改革，虽然精简了机构编制，但也导致了干部队伍更新缓慢，人员老化日渐突出的问题。45岁的L县D镇镇长老李已在乡镇工作了近20年，2005年乡镇"双减"改革时，他刚参加工作两三年。"从2005年以来的10来年间乡镇上基本没进过新人，之后通过公务员考试才零星增加了几个人，干部队伍出现老化，人手严重不足等问题。"老李回忆道。而在目前阶段，乡镇在大量日常工作中不时穿插重点工作，如美丽乡村建设、人居环境整治、信访稳定排查、禁烧禁燃禁放等工作任务都压在肩头。基层工作多、任务重，乡镇干部时常被催着干、撵着干。与此同时，在政策变动、机构调整、技术进步等因素推动下，一些县直机关出现岗位多、工作少、人浮于事的现象。"比如以前的计划生育指导站，曾有大量差供（差额供养）和自筹编制人员。现在不少人没了具体工作，经费来源也断流，基本收入都难以保障。"L县编办工作人员小王说。截至2015年底，L县共有差供、自筹编制人员4000余人，"无事干、工资低、不上班"成为部分差供、自筹编制人员的常态。同样地，B县全县有事业编制12000多个，除教师、医生外，可统筹使用的编制达5500多个。但一段时间内，编制被分割固化在各个部门、单位中，有部门编多人少，有单位求编不得，这种编制固化与岗位需求的冲突，导致了人力资源的浪费和基层工作的瓶颈。如何实现闲人实用、人岗适配？B县县委赵书记提出："编制是县级管理各类公职人员的重要抓手，要想打通这个堵点，就得全县一盘棋，以面向基层、面向一线为原则，统筹编制、用活编制。"

同时，L县还实施了年度转编考核制度，激励下沉人员扎根乡镇、干事创业。为解决编制固化、缓解乡镇人手不足的问题，L县于2017年进行人事管理制度改革，从县直事业单位差供、自筹编制人员中先后招聘、选派人员到乡镇（街道）一线和县直单位一线岗位工作。截至目前，共招聘、选派2700余人到基层一线工作。B县则建立了统一的"编制池"，将编制由单位资源变为县域资源，通过空编收回，撤并职责相近、重复分散的事业单位，核减相应编制等举措实现编制的活用和下沉。一方面，将所有单位共300多个空编收回，由县级统一使用；另一方面，撤并职责相近、重复分散的事业单位，核减相应编制。从2019年起，B县从县直差供、自筹编制等人员中，选调人员充实乡镇，还利用空编招收大学生到乡村一线工作，两年下沉编制500个。减县补乡、编制下沉、内部挖潜后，L县D镇增加了50余名转编人员，基层工作队伍达130余人。选派下来的人员年富力强，并且素质能力也相对较高，极大地缓解了乡镇人手不足的问题。马上30岁的小张是L县原安监局自筹工作人员，人事管理制度改革后，他申请到L县H镇工作。下沉乡镇后，他的本职岗位是应急办工作人员，同时还担任G村的包村干部，后又成为管理5个村的片区副区长。在小张看来，乡镇工作点多面广，平时会比较辛苦，但同样地也是能够锻炼能力、提高能力的地方。L县H镇镇长老马提及下沉干部的工作情况时说："除了要安排相应的对口岗位，大部分人还需要兼任20多个村的包村干部职务，他们极大地缓解了乡镇人手紧缺的燃眉之急，同时还优化了乡镇干部队伍结构，成为增强基层治理能力、提高基层治理成效的重要力量。"

从人力资源管理的角度来看，编制管理的改革和优化是提升公共部门效能的关键。L县和B县的实践表明，通过跨层级调剂使用编制，在一定程度上可以有效解决编制分割固化的问题，实现人力资源的合理流动和配置。而在人员流动、编制活用的梗阻打通以后，如何引导激励下沉人员扎根乡镇、干事创业则成为了下一个亟待解决的问题。L县人社局的工作人员小吴说："减县补乡并非一劳永逸。"按照"减上补下，能上能下，能进能出"的选人用人原则，L县要求，选派到乡镇一线岗位的差供、自筹人员工作满一年后，必须要进行年度转编考核，其中前30%的人员可以纳入所在乡镇全供事业编制，处于中间层次的60%则可以保持现有的乡镇工资待遇，而后10%不合格的下沉人会被退回到选派前的原单位。曾在L县财政局负责出纳工作的小杨是差供编制人员，在2005年"双减"机构改革后，因财政局对出纳岗位的需求减少，小杨每月只能从财政局领到几百元的基本生活费。直到2017年底，小杨被选派到D镇工作，才重新拿到了有保障的岗位工资。从刚下沉时没有按点上下班的观念到现在放假之后反而不知道干什么的状态，小杨逐步适应了乡镇的工作节奏，在感到精力足够的情况下还主动申请到Z村担任包村干部。2018年，小杨在同一批下沉D镇的50余名选派人员中综合评比排名第一，顺利转为全供编制人员。如今，小杨已在D镇工作近5年，逐步成长为D镇财政所负责人。可见，科学合理的激励机制也是激发干部队伍活力的重要因素。L县的年度转编考核制度，不仅解决了下沉人员的岗位待遇问题，还通过差异化的考核激励优秀人员，促进了干部队伍的良性发展。

　　总体而言，减县补乡和考核差异化改革，破解了乡镇人手紧缺和队伍老化的难题，激发了干部队伍的干事创业热情，使得乡镇受益；选派人员解决工资待遇，优秀人员转为全供编制，使得干部本人受益；选派下沉解决部分差供、自筹编制人员的岗位待遇问题，使得原单位受益。在乡镇机构改革、规范招录制度和待遇倾斜基层等政策的加持下，乡镇干部队伍有望实现良性动态平衡。从公共部门人力资源管理的角度出发，通过编制管理的优化、激励机制的创新、培训与发展的重视、绩效管理的科学化等多维度改革，可以有效提升公共部门的人力资源管理水平，为实现国家治理体系和治理能力现代化做出贡献。

【观点争鸣】

观点一

　　强化顶层设计与基层实践的结合是实现政府机构改革成功的关键。首先，顶层设计的重要性不言而喻，政府机构改革需要有清晰的顶层设计，确保改革的方向和目标与国家治理体系和治理能力现代化的要求相一致。顶层设计的深化与细化需要明确改革目标、制定实施细则并考虑到地方差异。案例中提到的《党和国家机构改革方案》就是顶层设计的一个体现，它为改革提供了指导思想和行动框架。其次，基层实践的创新与反馈也是不可或缺的，在顶层设计的框架下，基层实践需要有创新精神和灵活性，以适应地方实际情况。基层政府在执行顶层设计时，应具备充分的应变能力，能够根据实际情况及时调整策略和方法。案例中的L县和B县通过实施年度转编考核制度和建立"编制池"等措施，展现了基层在人力资源管理上的创新实践。最后，顶层设计与基层实践的互动能够进一步提升改革成效。政府机构改革应建立一个有效的反馈机制，通过定期的评估和反馈对顶层设计进行必要的调整和优化，同时为基层实践提供必要的激励和支持，包括政策、资金和技术支持，以鼓励基层在改革中发挥更大作用。从而使顶层设计能够根据基层实践的经验和问题进行调整和优化，形成一个良性的互动循环。

同时需要认识到，必须通过强化跨层级沟通、共享资源与信息，以及联合解决问题等措施，实现跨层级协调与合作，并且在改革过程中，要始终保持持续改革意识、鼓励创新尝试和加强学习与借鉴等。通过上述措施，可以确保顶层设计与基层实践的有效结合，形成政府机构改革的强大动力，推动国家治理体系和治理能力向现代化迈进。

观点二

提升人力资源管理的系统性和战略性对于公共部门的长期发展至关重要。首先，公共部门的人力资源管理应具有系统性，不仅要考虑当前的人力资源配置，还要预见未来的需求和挑战。系统性人力资源管理的深化要求进行人力资源的全面需求分析，包括当前和未来的岗位需求、技能需求以及潜在的人才缺口；基于需求分析，制定长期的人力资源规划，确保人力资源的配置能够满足长远的发展目标；并建立动态调整机制，根据社会经济发展和组织变革的需要，及时调整人力资源配置策略。案例中的跨层级调剂使用编制，就是一种系统性思考的体现，它有助于平衡不同层级和地区的人力资源需求。其次，人力资源管理应具有战略性，与政府的长远发展规划相结合。战略性人力资源管理的实施需要确保人力资源管理策略与政府机构的整体战略目标相一致，实现人力资源与组织目标的同步发展；制定和实施人才储备计划，通过教育和培训提前培养未来所需的关键岗位人才；并采取多元化的人才引进策略，包括国际人才交流、行业专家引进等，以丰富组织的人才结构。再次，在人力资源管理中，绩效考核和激励机制需要平衡。绩效考核不仅要关注工作成果，还要考虑工作过程、团队合作、创新能力等多方面因素；差异化激励则根据员工的不同特点和需求，实施差异化的激励措施，包括物质奖励、职业发展机会、工作认可等。案例中的年度转编考核制度，不仅关注员工的绩效，还通过差异化激励，促进了员工的积极性和忠诚度。从次，把握技术和培训的融合，随着技术的发展，公共部门需要将技术培训纳入人力资源管理中，提高员工的技术应用能力，以适应数字化、信息化的治理需求。最后，政府机构改革还应关注组织文化和价值观的塑造，通过培养服务意识、团队精神和创新思维，提升员工的整体素质和工作动力。

人力资源管理改革是一个持续的过程，需要不断地评估、调整和优化。通过这些措施，公共部门的人力资源管理将更加系统化和战略化，能够更好地适应未来的挑战，支持政府机构的持续发展和创新。

【思考题】

1.你认为还能从人力资源管理的哪些角度分析此案例？

2.除了盘活存量编制资源外，公共部门改革还应当着重从哪些方面着手？